Koen Peeters

DER MENSCHEN HEILER

Roman

Aus dem Niederländischen von
Stefan Wieczorek

Osburg Verlag

Titel der niederländischen Originalausgabe:
De mensengenezer
De Bezige Bij Amsterdam 2017

This book was published with the support of Flanders Literature.

FLANDERS LITERATURE

Die Arbeit des Übersetzers am vorliegenden Text wurde vom Deutschen Übersetzerfonds gefördert.

Erste Auflage 2021

www.osburgverlag.de

Lektorat: Clemens Brunn, Hirschberg
Korrektorat: Mandy Kirchner, Weida
Satz: Hans-Jürgen Paasch, Oeste
Druck und Bindung: CPI books GmbH, Leck
Printed in Germany
ISBN 978-3-95510-241-8

Inhalt

Carabouya, carabouya.
Jedermann soll leben,
Weiß und Schwarz, carabouya!

Teil 1

Die Westhoek

1

Das Wesen dieser Landschaft, vielleicht gibt es das ja tatsächlich, ein solches Wesen. Möglicherweise ist es ein Geist, ein Daimon, ein Genius – etwas, das körperlich nicht existiert, das aber hier herumspukt und Westflandern, die Westhoek, beherrscht. Immer wieder aufs Neue erscheint dieser Geist: in den Häusern, den Dörfern, auf den Straßen. Als würde er die ganze Zeit abwechselnd aufsteigen und dann wieder auf die flache Landschaft niedergehen. Fast grazil. Vielleicht lösen die Sonnenstrahlen diese Bewegung aus, oder die Drosseln und Lerchen, vielleicht gibt es einen unsichtbaren Katalysator, einen unbekannten Kreislauf oder Stoffwechsel. Man kann sein Keuchen hören, zwischen den Worten der Leute, in den wiederkehrenden Sätzen und Geschichten, die man einander erzählt.

Wenn dieser Geist eine Erscheinungsform hat, dann vermutlich diejenige der Geschichten.

Es gibt Menschen, die den Geist im dicken Nebel, der über der Westhoek hängt, sehen können. Ein Nebel wie eine Aschendecke. Wie zerrissene alte Gardinen. In den Nebelschleiern unter dem Herbstmond, der die Äcker erhellt.

Der Geist.

Dieser Geist, der Genius, der Daimon – oder wie sollen wir ihn nennen?

Was ist eigentlich ein Daimon? Wie nennt man diese Kraft, die jemanden ruhelos umhertreibt, aus der Bahn wirft, über Generationen, Kontinente und sogar Zivilisationen hinweg?

In allem, was in der Westhoek gesagt wird, hallt sie wider. Ein kleines, surrendes Trommeln, nur der empfängliche Beobachter nimmt es überhaupt wahr. Vielleicht geben die Fährten der Hasen den Rhythmus, die Resonanz in die Erde weiter. Hasenabdrücke.

Das wäre ein schönes Bild, dass Vergangenes über Hasenpfoten aufsteigt, niedergeht in allem, was wächst. Vielfältig, unausrottbar, jedes Jahr neu. Diese Geschichten verlieren sich in Blütenblättern. Zarten, blutroten Blütenblättern, im Klatschmohn.

In Flanders fields the poppies blow
Between the crosses, row on row,
That mark our place; and in the sky
The larks, still bravely singing, fly
Scarce heard amid the guns below.

»Oder in Kornblumen, das wäre auch möglich«, sagte Onkel Marcel schlecht gelaunt, während er sich mit einer Hand über die Stirn rieb; die zitternden Augen geschlossen. »*Larks*, was waren das noch mal, Junge?«

»Das sind Lerchen, Onkel.«

»Und *amid*, was bedeutet das, Remi?«, fragte Onkel Marcel.

»Zwischen, Onkel. Das Gedicht besagt: Die Lerchen singen tapfer, sie fliegen, aber niemand kann sie zwischen dem Lärm der Waffen hören. In der Schule haben wir das Gedicht auswendig gelernt.«

»Auswendig?«

»Ja, eigentlich haben wir noch gar kein Englisch in der Schule.«

»Also davon handelt das Gedicht«, sagte Onkel Marcel und wischte sich die verschwitzte Stirn mit einem Taschentuch ab. »Darum dreht sich immer alles. Überall gibt es Geheimnisse und Aufträge, traurige Erinnerungsspuren. Sie gehören niemandem, deshalb bleiben sie zwischen den Menschen hängen. Weißt du, warum?«

Das wusste ich nicht.

»In unserer Gegend ist zu viel passiert.«

Er zeigte auf drei Hügel, die sich in der Ferne aneinanderreihten: den Kemmelberg, den Rodeberg und den Zwarteberg. Die übrige Landschaft war flach. Wie ein straff gespanntes

Betttuch. Manchmal schienen die Scheunen über den Getreidefeldern zu schweben, schon bei geringer Hitze flimmerte die Luft. Stromleitungen stolzierten auf Stelzen zu den Höfen und überall waren die Bauern bei der Arbeit, auch im strömenden Regen oder wenn ein peitschender Wind vom Meer her wehte.

Onkel Marcel sagte: »Diese Gegend ist verflucht. Der Geist infiziert jeden Einzelnen von uns mit einer Art Milzbrand.«

»Was für ein Geist Onkel? Und was ist Milzbrand? Wieso verflucht?«

»Der Geist selbst ist unsichtbar, aber er besteht aus den Überresten von toten Körpern. Der Geist schaut uns aus seinem weggeschossenen Gesicht an. Seine Geschichten rattern wie eine Elster, zwitschern. Sie pfeifen wie eine abgefeuerte Granate.«

Ich schwieg.

»Remi?«

»Ja, Onkel Marcel?«

»Milzbrand ist der Name einer Soldatenkrankheit.«

Ich blickte zu meinem Onkel hinüber, dafür musste ich in die Sonne schauen. Wovon redete er da, warum zogen sich dabei tiefe Falten über seine Stirn?

»Da kann man nichts machen.« Er schnäuzte sich, faltete langsam das Taschentuch zusammen. »Remi, da kann man nichts machen«, wiederholte mein Onkel beschwörend. »Wir geben es aneinander weiter, weil wir eine Familie sind«, sagte er, dann zählte er die Namen von Frauen und Männern auf. Böse spie er diese in mein Gesicht.

Durch ihn spricht jetzt wieder der Geist, dachte ich.

Es waren die Namen von Familienmitgliedern. Manche von ihnen lagen auf dem Friedhof, andere waren noch am Leben. Mein Onkel Marcel streckte den Brustkorb vor, richtete den abwesenden Blick nach oben. Er trug einen kleinen, eleganten Schnurrbart. Dann rieb er sich lange die Hände.

»Wenn wir Bauern das Land bearbeiten, nimmt der Geist von uns Besitz. Er ist ein unsichtbarer Riese, der uns aussaugt. Wenn wir schwitzen, stinkt unser Schweiß nach ihm.«

»Ein Geist in unserem Schweiß? Wie soll das gehen?«, fragte ich.

»Der Geist schenkt uns sowohl Herzklopfen als auch Magenleiden. Wenn ich an Krebs sterbe, dann seinetwegen.«

Ein Geist? Ein Riese? Das ist alles unmöglich, dachte ich.

Onkel Marcel sollte übrigens nicht an Krebs sterben, sondern an einer Lungenentzündung.

Eins

Ein Geist, ein Genius, ein Daimon? Was der alte Professor damit bloß meinte? Diese Aufzählung hätte auch eine Zeile eines Dichters sein können, ein Vers aus einem klassischen Gedicht, eine poetische Anrufung dreier mythischer Wesen.

Der Professor nickte mir ermutigend zu.

Der Geist, der Genius, der Daimon – ich konnte sie durchaus mit dem Gefühl in Verbindung bringen, das auch mich jedes Mal in der Westhoek überfiel. Der Professor, der mich gleich bat, ihn mit seinem Vornamen, Remi, anzusprechen und ihn zu duzen, erzählte gelegentlich von einem Riesen, der sich im Nebel verbarg, einem Monster, das aus den Körperteilen gefallener Soldaten bestand.

Noch einmal nickte Remi mir zu, als hätte ich gerade etwas gesagt, dabei schwieg ich. Er berichtete von den Gesprächen, die er als Zehnjähriger mit seinem Onkel geführt hatte.

Ich brauchte eine Weile, bis ich verstand.

Der alte Professor schaute mich mit einem überlegenen Blick an. Meine wöchentlichen Besuche bei ihm machten mich nervös. Wenn ich etwas über bestimmte, schwierige Phasen in seinem Leben erfahren wollte, bekam ich Antworten zu hören wie: »Es war eintönig, aber nicht unbedingt langweilig.«

Oder: »Das war so normal, dass ich es nicht als erniedrigend empfand.«

2

Immer wenn mein Onkel mir von dem Geist erzählte, konnte ich danach nicht einschlafen. Mein Zimmer war in das warme, graue Licht des Vollmonds getaucht. Ein Hund in der Ferne bellte dreimal heiser. Neben dem Haus glomm noch die Glut des Kartoffelkrauts; ich konnte den schweren, erdigen Geruch bis ins Bett riechen.

Draußen flatterten die Betttücher im Wind der Nacht. Der Geist. In der Wäsche flüstert der Geist, dachte ich.

Den Atem der toten Soldaten, so hatte Onkel Marcel das genannt.

Vielleicht hatte mein Onkel ja recht. Vielleicht gab es so etwas tatsächlich. Es war ein merkwürdiger Nebel. Wenn man am Abend an den Feldern vorbeiging, tanzten einem plötzlich turmhoch die Mücken über dem Kopf. Gewitterfliegen, die aus dem Nichts angriffen. Starenschwärme und sich überschlagende Kiebitze zeichneten aufgeregt Bilder in den Himmel.

Was sagen die Zeichen?

Wie nennt man Zeichen, die so schemenhaft und unzugänglich bleiben? Gespenster?

Vielleicht spricht der Geist auch aus den leisen Totenglocken?

Wenn die Brombeeren reif wurden, waren sie bis zum Platzen mit schwarzem Blut gefüllt, das glaubte ich wirklich. Schon deswegen traute ich mich nicht mehr, davon zu essen. Auch wenn der Wind über die Felder pfiff, immer aus dem Westen, musste ich an den Geist denken.

Ängstlich fuhr ich auf dem Fahrrad an den schützenden Weißdornhecken entlang.

Unser Hof lag abgelegen, im Weiler Den Abeele. Vierhundert Meter von der Straße entfernt.

Die nächsten Nachbarn lebten einen halben Kilometer entfernt. Nur zweihundert Meter hinter dem Hof lag die

Grenze zu Frankreich. Man konnte ihren Verlauf an den Farben der Dächer erkennen: Die blaugrauen Dachziegel waren französisch, die roten belgisch. Es war ein einsamer Landstrich, auch wenn über die Feldwege im Grenzgebiet fleißig geschmuggelt wurde. Schmuggeln war bei uns ein Sport, ein ehrbarer Nebenerwerb für die Knechte auf den Höfen.

»Schmuggler? Ich kann über die Leute nichts Schlechtes sagen«, pflegte mein Vater das Thema zu kommentieren.

Alle hier nahmen es damit nicht so genau, wie er wusste. Unauffällig beschützten Bauern wie er die Gelegenheitsschmuggler. Die Zöllner soffen sich fast zu Tode an ihrem Anteil und den Schmiergeldern.

Die Schmuggler trugen weite blaue Jacken, in die große Innentaschen eingenäht worden waren; sie stopften diese mit weißen Bohnen, Tabak und Flaschen voll. Jedes Mal fuhr mir der Schreck in die Glieder, wenn die Schmuggler mit ihren Flachssäcken auf Bauch und Rücken in der Dämmerung auftauchten. Manchmal kamen sie zu viert oder fünft auf unser

Gehöft. Schweigend verschwanden sie in der Scheune; sie versteckten sich dann im Stroh und warteten.

»Es ist heute merkwürdig still«, sagte ich zu meinem Vater.

Vater entgegnete nichts.

»Was hat das zu bedeuten?«, wollte ich wissen.

»Gar nichts. Wenn es still ist, bedeutet das gar nichts.«

»Aber manchmal höre ich doch etwas.«

»Ein brütendes Huhn. Oder eine Ratte sucht ihren Schatz.«

Bei Sturm wimmerte der Dachstuhl der Scheune wie ein Mensch.

Dicht an der Grenze bewirtschafteten mein Vater und meine Mutter, Omer und Bertha, den Hof. Sie bestellten die Felder und hielten auch Vieh. Wir waren drei Kinder, ein Mädchen und zwei Jungen: Agnes, Joris und ich, der Jüngste. Onkel Marcel war der ältere Bruder meines Vaters Omer, er war unverheiratet und half auf dem Hof als fester Knecht. Außerdem war er mein Patenonkel.

Morgens betrachtete sich mein Vater im Spiegel, mit erhobenem Kopf. »Guten Morgen«, begrüßte er laut sein eigenes rundes Gesicht. Blaue Augen, kurzes, dunkles Haar. Er lachte sich zu. Wenig später hockte er unter den Kühen und melkte sie. Im Stall hielten wir vierundzwanzig Stück Milchvieh, alle hörten sie auf katholische Frauennamen. Außerdem besaßen wir einen Stier, einen richtigen Champion, der aber abgetrennt von den Kühen stand. Der beste Deckstier in der ganzen Gegend. Tausend Kilo Lebendgewicht, er hatte den ersten Preis in Westflandern gemacht.

An den Augen der Tiere konnte mein Vater erkennen, ob ihnen etwas fehlte oder ob sie brünstig waren. Nachts unterstützte er den Tierarzt, wenn zügig ein Kaiserschnitt durchgeführt werden musste, weil die Fruchtblase schon geplatzt war, denn die muskelbepackten Doppellender-Kälber sind viel zu groß für eine normale Geburt. Sie mussten das Kalb buchstäblich aus der Kuh heraussägen, dabei floss das Blut in

Strömen. Mein Vater liebte die harte, produktive Arbeit und sein störrisches Vieh.

Ich half ihm, wenn er den Stier aus dem Stall trieb. Das reizbare Tier schnaubte: Eine Kuh wurde im Hof vorgeführt. Vater hielt den Bullen mit einer Eisenstange im Zaum, die mit dem Nasenring verbunden war. Dadurch gehorchte ihm das erregte, gefährliche Ungetüm. Pflichtbewusst, aber nicht ohne Hingabe, bestieg der Stier die Kuh, die mit den Hinterbeinen in einer flachen Senke stand. Ich beobachtete die Erschütterung und das Beben, das den massigen Leib durchfuhr. Etwas Merkwürdiges war an diesen Krämpfen. Breitbeinig stand ich neben meinem Vater, der selbst hundert Kilo wog und groß gewachsen war. Geübt lenkte er den Stier, kontrollierte dessen Geilheit. Kurz sah ich, wie Vater die Flecken und Spritzer auf seinen Kleidern betrachtete. Sah er die Kuhscheiße überhaupt?

Zwei

Der Professor hatte über den Nebel in der Westhoek erzählt, wie dieser ihren Bauernhof buchstäblich verschluckte und von der Welt abriegelte. Ich kannte dieses Wetterphänomen vom Autofahren nur zu gut, denn ich bin selbst einige Male blind wie ein Maulwurf in der Westhoek unterwegs gewesen. Aber für mich war der Nebel auch ein Bild für den Geist. Das alles hatte mit vergessenen Geschichten zu tun, über denen ein Mantel des Schweigens lag.

»Du wirst das nie ganz verstehen können«, flüsterte er mir zu, während er erzählte.

Trotzdem – manchmal, so bildete ich mir ein, erschien der Geist auch mir, wenn ich in den Dörfern der Westhoek war. Ich sah, wie er in die Häuser kroch, in die Menschen. Er lebte in ihnen, zehrte sie aus und wurde selbst nur noch stärker dadurch. Als würden sie unter einem Joch schwitzen. Gleichzeitig löste sich das Bild, das sie von sich selbst hatten, immer mehr auf. Der Geist machte auch vor den Kleinsten keinen Halt, befiel auch Kinderschuhe. Wie einen Jäger stellte ich mir ihn vor, einen alten finsteren König. Seine Untertanen mussten diese Last tragen, waren für immer von ihm besessen. Der Geist war aber nicht böse, eher ungeschlacht. Er starrte ins Dunkel. Vor allem, wenn Nebel aufzog, starrte er auch mich an.

(Ich ertappte mich dabei, schon so zu denken und zu reden wie dieser Onkel Marcel.)

3

»Hast du das Gatter zur Weide richtig zugemacht?«, fragte meine Mutter. Ich saß schon auf dem Rad. »Ist das Gatter zu?«

»Doppelt verschlossen mit der Kette«, rief ich. Unser Hund Mirza lief neben mir her zum Feld, in Richtung der französischen Grenze. Ich schaute mich kurz um. Wenn meine Mutter patrouillierende Zöllner entdeckte, wedelte sie auffällig mit einem Lappen oder Putzlumpen am oberen Fenster, um die Schmuggler zu warnen. Wenn der Weg über die Grenze frei war, sperrte sie die Fensterläden weit auf. Jeder wusste das, auch die Zöllner.

Ich fuhr über den Gemeneweg, den man auch Chemin Mitoyen nannte. Diese Straße mit den zwei Namen verlief genau auf der Grenze, gehörte weder zu Belgien noch zu Frankreich. Mit dem Fahrrad schlingerte ich von links nach rechts und wieder zurück. Von zu Hause ins Ausland und wieder zurück. Ich stellte mir vor, ich könnte damit den Grenzverlauf bestimmen und verschieben, wie eine Regenfront, die über den Acker wandert. Von links nach rechts und wieder zurück.

Hundert Meter von mir weg spielte ein Hase das gleiche Spiel. Er hatte große Läufe, die aus einem Meccano-Metallbaukasten zu stammen schienen. Auch er lief von links nach rechts und wieder zurück. Kurz wartete er auf mich und raste dann weiter, von links nach rechts und wieder zurück.

Ich wurde langsamer. Der Hase blieb ebenfalls stehen.

Ich fuhr weiter, über die Grenze. Jetzt sauste der Hase panisch über das Feld. Darauf hatte Mirza nur gewartet; jaulend schoss er in vollem Tempo dem Hasen hinterher. Der schlug Haken, um seinen Verfolger in die Irre zu führen, aber Mirza hielt geradewegs auf seine Beute zu. Als würde der Hund schon wissen, für welche Richtung sich sein Opfer entscheiden würde. Mirza packte den Hasen im Genick und biss zu. Er rührte sich nicht mehr. Ich warf mein Fahrrad an den Wegrand und lief keuchend auf den Hund zu. Ich schüttelte Mirza am Nackenfell, bis er losließ.

Ich spürte das verängstigte Herz, das noch im kleinen Körper des Hasen schlug. In meinen Fingerspitzen pulsierte die dunkelrote Panik des Hasenbluts. Dann machte ich Folgendes: Ich gab dem Hasen einen kleinen Schubs, als würde ich damit die Hasenmechanik wieder in Gang setzen, und das Tier rannte tatsächlich weg. Ich hinderte Mirza daran, ihm hinterherzuhetzen.

Morgens, beim Frühstück erzählte ich das alles. Was ich erlebt hatte, gab ich wie einen Traum wieder, in diesem Traum hatte ich den Herzschlag des Hasen gespürt. Mit dem Zeigefinger klopfte ich den Rhythmus auf den Tisch, *to tom to tom to tom.*

»Was für ein schöner Traum«, sagte meine Mutter.

»Und ich habe schon davon geträumt, dass es morgen Hasenbraten gibt«, brummelte mein Vater.

»Achte gar nicht auf ihn«, sagte Mutter.

Die Knechte nannten sie *la dame Bertha.* Als kleines Mädchen brachte man sie vor dem Krieg in Sicherheit und sie lebte drei Jahre lang in Frankreich. Ihre Zerbrechlichkeit hatte mit der Unterernährung in dieser Zeit zu tun. Aber sie sprach fantastisch Französisch. Meine Mutter, Bertha Mabesoone, hatte mehr von der Welt gesehen, als Bauern das normalerweise tun. Gelegentlich schrieb sie etwas in ihr Tagebuch, das niemand lesen durfte. Wenn es auf Vaters Seite ein Familientreffen gab, hörte man ein Raunen: »Wer ist denn diese Frau?«

»Bertha ist aus Frankreich rübergekommen«, sagte man dann.

Meine Mutter hörte gerne den Experten zu, wenn diese über die Modernisierung des Landbaus sprachen. Wenn jemand den Hof besuchte, lebte sie auf: Sie wollte dann alle Nachrichten und Neuigkeiten aus der Zeitung mit dem

Besuch diskutieren. Auf dem Hof kümmerte sie sich um die Kühe. Sie berührte die Tiere vorsichtig und aufmerksam, fast schon freundschaftlich, sogar einfühlsam. Wenn sie melkte, beruhigte sie nervöse Tiere, indem sie mit ihnen sprach. Sonntags ging sie mit uns Kindern zur Frühmesse. Sie sang zur Heiligen Jungfrau Maria, zu *Unserer lieben Frau von Flandern*: »Liebe gab dir tausend Namen«, und ging danach nach Hause, um das Mittagessen vorzubereiten.

Währenddessen saßen die Männer in der Kneipe, auch mein Vater. Nach dem sechsten oder siebten Bier schoben sie ihre Filzhüte zurück, um die schwitzenden Stirnen zu kühlen. Untereinander stachelten sich die Bauern gegenseitig auf. Jeder wollte die anderen übertrumpfen. Sie schafften immer größere Landmaschinen an und kauften das Land der kleinen Bauern auf. Bewundernd sprachen sie über ihre ausgewanderten Vettern in Frankreich, Kanada oder Australien.

Rund zwölf kam Vater mit roten Backen nach Hause. Auf den Rand des Tisches legte er dann immer zwei Schokoladenriegel von Côte d'Or. Mutter war schon mit dem Kochen fertig, aber meinen Vater übermannte vor seinem Teller der Schlaf. Er sagte: »Es sieht vielleicht so aus, als würde ich schlafen, aber das ist nicht so. Und wenn es doch so sein sollte, liegt es daran, dass ich müde bin.«

Er streckte sich auf dem Sofa aus und erledigte seinen Mittagsschlaf.

»Das ist die einzige Freiheit, die sich Papa nimmt«, sagte Mutter sanftmütig.

Später am Mittag schaute Tante Maria vorbei, die Schwester meiner Mutter. Während sie Socken stopften oder Gardinen nähten, ging Maria auf das neueste Getratsche aus dem Dorf ein. Sie scheute auch nicht davor zurück, das Trinken meines Vaters zu kritisieren. Um vier gab es Kaffee und Weißbrot mit Ochsenwurst, Johannisbeermarmelade und Käse.

Drei

Ich muss noch erklären, wie es dieser alte Professor geschafft hat, mich um den Finger zu wickeln. Das alles kommt erst nach und nach zur Sprache, wie bei einem Psychiater. Zu Beginn schien alles recht klar: Ich wollte mein früheres Studium an der Universität wieder aufgreifen, da gab es noch eine Abschlussarbeit, die nie zu Ende geschrieben worden war. Stattdessen bin ich in einer Geschichte gelandet, die hundert Jahre umspannt und zwei Kontinente. Diese Geschichte beschreibt eine Welt, die schon lange verschwunden ist: ein bäuerliches Leben, das es so nicht mehr gibt, und eine Kolonialzeit, die man kaum noch begreifen kann. Dieses vergangene Jahrhundert möchte ich zum Leben erwecken; zwischendurch werde ich erzählen, was passiert, wenn jemand stirbt, was man unter Geistern versteht und auch wie Aberglauben und bestimmte Objekte und Formeln funktionieren, wie sie uns lenken können.

Wie können wir manche Dinge erklären? Wo wir doch davon ausgehen, dass wir rationale Wesen sind?

Wie etwa das, was heute Nacht geschah. Ich hätte erwartet, das Haus würde nachts endlich abkühlen, aber ich spürte, wie es von innen von einem wärmenden Licht erhellt wurde. Ich hatte einen Albtraum, in dem ich tot in einem Zimmer aufgebahrt lag. Ich richtete mich auf und betrachtete meinen Schatten an der Wand. Ich konnte ihn einfach abzeichnen. Im Mondlicht wurde ich mir selbst fremd, ein blaues Licht umspielte meinen Kopf, ich zeichnete eine schwarze Fassung von mir selbst.

Mehr als vierzig Jahre nach dem Studium hatte ich meinen Professor angerufen, ich erkannte seine Stimme sofort. Ein wenig heiser, mit winzigen westflämischen Nuancen im Tonfall. Ich bat darum, ihn besuchen zu dürfen.

»Ja, mach das, aber sage Remi zu mir«, antwortete er. »Komm vorbei.«

Seit Kurzem war er emeritiert und praktizierte nun als Psychiater.

Remis Gesicht war so gut wie nicht gealtert. Er lachte, merkte an, dass er mittlerweile auf einen Schnurrbart verzichten würde – einen Schnurrbart, den ich offensichtlich vergessen hatte. Wir tauschten kurz ein paar Erinnerungen aus. Er hatte meinen Werdegang verfolgt, da ich ihm jedes meiner Bücher geschickt hatte. Mittlerweile waren es schon zwölf, und im Gegenzug hatte er mir jedes Mal seine wissenschaftlichen Beiträge zukommen lassen.

»Warum schreibst du eigentlich?«, fragte Remi ohne Umschweife. »Was bedeutet dir die Kunst des Schreibens?«

Ich konnte ihm keine klare Antwort geben. Er sagte, er bewundere meine Leichtigkeit, fast schon Schalkhaftigkeit. Er benutzte damals schon dieses Wort, das mir noch unbekannt war, und das ich immer noch nicht richtig erklären kann: *malice*.

Meine früheren Begegnungen mit Remi waren durch das typische Verhältnis eines Studenten zu seinem Professor bestimmt gewesen. Mir schien er damals an der Universität, in seinen Seminaren, eher distanziert. Er sprach gleichmäßig, ohne in lange Monologe zu verfallen, und wir Studenten hingen an seinen Lippen. Ich traute mich kaum, ihn etwas zu fragen oder ihn überhaupt anzusprechen; und das ging nicht nur mir so. Sein Fachgebiet war die Anthropologie, in einer praxeologischen Ausrichtung, aufbauend oder inspiriert von Lévi-Strauss, Merleau-Ponty, Bourdieu – um nur die Wichtigsten zu nennen.

Seine Theorie war anspruchsvoll, hoch spezialisiert. Seine Ausführungen gelehrt und überwältigend. Er benutzte Wörter, die ich nie zuvor gehört hatte: *umbilical cord, orifice, menarche, weaning*. Dieses körperbezogene Vokabular vermischte er mit einer ausgeklügelten freudianischen Perspektive. Nichts war, was es schien, alles hatte oder bekam in seiner Welt eine tiefere Bedeutung. Ich ließ mich von seinen rätselhaften Texten mitreißen, ich verschlang sie geradezu. Sein anthropologischer Jargon, die Geschichten über Rituale und Mythen, die Objekte fremder Kulturen faszinierten mich. Seine Analysen waren ebenso tiefgehend wie undurchdringlich, rannen wie Sand durch die Finger. Ich brachte es kaum fertig, seine Theorie anderen zu erklären.

Aber er berichtete von den großen, tapferen Anthropologen, die sich an einem fernen Ort niederließen, in einer anderen Sprache lebten, um über diesen Umweg die eigenen Rätsel zu ergründen.

Ist das nicht das, was wir alle wollen?

4

Ich war zwölf. Onkel Marcel sagte zu mir: »Wir machen das jetzt einmal anders, ganz lässig. Mit *malice*.«

»Was bedeutet *malice*, Onkel?«

Onkel Marcel konnte meine Frage nur indirekt beantworten. Gelassenheit, Geduld, aber auch Schlitzohrigkeit, spielten eine wichtige Rolle. Mein Onkel wartete immer erst ab, beobachtete genau, wenn sein Bruder Omer, also mein Vater, schon längst laut und böse geflucht und mit seinem Holzschuh zugetreten hätte.

Dieses Gewitzte, Listige, Gerissene: das war *malice*. Es bedeutete, die passenden Werkzeuge richtig zu handhaben, die Kräfte zum eigenen Vorteil einzusetzen.

»Nimm die Kurve einmal so«, sagte Onkel Marcel, als er mir beibrachte, wie man pflügt. »Schau nach hinten, was siehst du dann?«

»Eine Linie«, sagte ich, das große Lenkrad des Traktors in den Händen.

»Ist die Linie gerade?«, fragte Marcel kritisch.

»Sie könnte gerader sein«, gab ich zur Antwort.

»Du koppelst zu schnell aus. Ich zeige dir, wie es geht.«

Ich schaute auf Marcels sehnige Oberarme. Er war aufgeschossener als mein Vater, aber Vater war stärker, waghalsiger, aber auch unbesonnener. Und gedankenloser.

Während Marcel ganz exakt pflügte, spielte ich mit einem lockeren Zahn. Plötzlich hatte ich den Zahn zwischen den Fingern und zeigte ihn voller Stolz meinem Onkel.

Marcel hielt den Traktor an. Feierlich stieg er mit mir vom Bock herunter und machte ein Kreuzzeichen, den Zahn in der Hand. Er warf ihn hinter sich und deklamierte: »Lieber Herrgott, schenk mir doch ein Knöchelchen, kriegst du von mir ein Kieselchen.«

»Konzentriere dich«, sagte Onkel Marcel. »Was spürst du?«

Sofort merkte ich, wie in meinem Mund ein neuer Zahn zu wachsen anfing.

»Na, siehst du«, sagte Marcel.

An den Sommerabenden fuhren wir zusammen nach Lampernisse, einem Dorf in der Nähe. Wir besaßen dort fette Weiden mit einjährigen Stieren und jungen Färsen. Die Tiere blieben dort von April bis November. Der Traktor schien auf der langen, höhergelegenen Straße zwischen den Wasserläufen zu schweben. An einem Graben, der mit rauschendem Schilf bewachsen war, hielten wir an und setzen uns.

»Jetzt müssen wir ganz still sein, Junge«, befahl Marcel.

»Ich sitze ganz still, Onkel.«

»Nein, du wackelst herum«, sagte Marcel.

Wir schauten vor uns hin. Auf einem Halm schaukelte eine Goldammer.

»Hör genau hin«, sagte mein Onkel.

»Was soll ich denn hören?«

»Den Lärm, den der Wind macht, Junge. Schau auf den Schilfsaum, die Rohrkolben, die Pechnelken. Im Sommer umschmeichelt der Wind dich mit einer wunderbaren Wärme, oder? Manchmal heult er auch. Und manchmal schlägt er uns wie eine Flagge gegen die Stirn.«

»Und klatscht uns feste ins Gesicht?«

»Eher wie ein weiches Tuch. Das ist der Geist, mein Junge.«

»Der Geist?«

»Hör genau hin, wie der Geist den Wind entfacht«, sagte Marcel.

»Das klingt fast wie Buschtrommeln.«

»Ja, wie in Afrika.«

Wir schwiegen. Ein Schwarm Kiebitze warf einen schwachen, flüchtigen Schatten auf uns.

»Schau, wie die Bäume durch den Westwind schief gewachsen sind«, sagte Marcel. »Eines Tages werden sie umstürzen.«

»Nein«, entgegnete ich lachend.

»Du hast recht, das passiert nicht so schnell, Junge«, sagte Marcel und lächelte mir zu. Und dann sagte er: »Ich bin selbst auch so ein schiefer Baum.«

Als Marcel vier war, bekam er Kinderlähmung und sein linkes Bein wuchs nicht mehr richtig. Es blieb kürzer als das andere und der Fuß war krumm, eingerollt, weshalb er hinkte und immer etwas wacklig stand. Er trug einen orthopädischen Schuh, in dem er seinen eingewickelten Klumpfuß versteckte. Wegen seiner Behinderung bezog er eine magere staatliche Unterstützung. Er pflegte über seinen Fuß zu sagen: »Darüber rede ich nicht und sogar das ist schon zu viel gesagt.«

Wenn ich zu Hause unbedacht auf die Behinderung zu sprechen kam, wies mein Vater mich direkt zurecht: »Du darfst dich nicht über das Unglück meines Bruders lustig machen.«

»Ich wollte mich nicht lustig machen«, sagte ich.

»Du darfst auch nicht darüber sprechen. Er will das nicht.«

Das stimmte. Marcel konnte es nicht ertragen. Übrigens, obwohl er hinkte, lief Marcel immer voran, denn er kannte alle Abkürzungen. Er erledige die Dinge eben mit *malice*, grummelte er. Niemand war so geschickt wie er. Auf dem Hof war er für alle Maurerarbeiten zuständig, für alles Elektrische und die Weidezäune. Er arbeitete genau und hatte ein gutes Auge. Im September nahm Marcel das Jagdgewehr mit auf den Bock des Traktors und erlegte Hasen und Rebhühner. Aber auf dem Hof kam er nicht in die Nähe der Kühe und Schweine, da ein Rempler ihn komplett aus dem Gleichgewicht bringen konnte. Er konnte den Sturz dann oft nicht mehr mit einem Ausfallschritt abfangen.

Marcel war nicht verheiratet. Er wohnte ein Dorf weiter, in einem kleinen Haus in Kallebeke, zwischen Dahlien und Sträuchern mit verschiedenen Beeren. Auf dem Grundstück stand auch ein Gewächshaus mit Trauben. Er hielt Bienen und baute sogar Tabak an. Sechs Tage die Woche arbeitete

Marcel bei meinem Vater. Am Samstagabend rechnete Mutter seine Arbeitsstunden auf einem Zettel zusammen. Sie ging zum Kaminsims, auf dessen rotem Marmor die ein- und ausgehenden Rechnungen lagen. Sein Lohn wurde mit dem Ertrag aus dem Verkauf von Butter und Eiern bezahlt.

Schweigend nahm Marcel das Geld in Empfang. Er verschob die Kupferbüchse auf dem Sims ein wenig nach rechts, dann wieder nach links. Langsam faltete er die Scheine zusammen und schob sie in die Hosentasche.

»Du hast doch was«, forschte meine Mutter nach.

Marcel zuckte mit den Schultern. »Es ist nicht einfach, für den eigenen Bruder zu arbeiten.«

Als er das Zimmer verließ, ging Bertha ihm nach.

»Lassen wir es dabei«, sagte Marcel. »Und du darfst mir so auch nicht hinterherlaufen.«

Vier

Wie er den Zahn weggeworfen hat, das Gebet. Und wie sie dem Wind zugehört haben. Und diese Kupferbüchse. Das Schweigen. Kann ein Gegenstand eine Art Medium sein, ein Kanal, ein Fenster zu einer anderen Welt? Gibt es Menschen, die für diese Gegenstände empfänglich sind, von diesen sogar tief im Inneren verändert werden? Darüber grübelte ich nach.

Der alte Professor, jetzt Remi für mich, nahm eine kleine Figur vom Bücherregal. »Das hier, das ist der Gott der Yaka, Ndzaambi. Er ist eine große sphärische Macht – und hat nicht das Entfernteste mit dem zu tun, was die Katholiken unter Gott verstehen.«

5

Am Montagmorgen fuhr Onkel Marcel um halb zehn auf dem Fahrrad bei uns auf den Hof, er hatte seine blaugraue Stoffjacke an. Mein Vater runzelte die Stirn. Er selbst war schon seit Viertel nach sechs auf den Beinen und arbeitete im Stall. Marcel stampfte mit seinem Klumpfuß einen Rhythmus und pfiff unbeschwert eine Melodie. Er pfriemelte seine Ärmel zurecht. Gestern war er bei einem Hahnenkampf gewesen, im französischen Oost-Cappel. Er hatte einen toten Hahn mit nach Hause gebracht.

»Einer muss halt dran glauben«, sagte Marcel dann immer ohne Mitleid. Für meiner Mutter hatte er einen Lilienstrauß aus seinem Garten dabei, für mich einen Topf mit Honig. Sein unverheirateter Cousin Urbain, ein Imker, hatte ihm beigebracht, wie man Bienen hielt. Von ihm wusste er auch, wie man Trauben anbaute. Marcel liebte das Stutzen und Ausdünnen der Weinstöcke. Immer mit dem letzten Austrieb weiterarbeiten. Die anderen werden radikal abgeschnitten. Schnapp. Als wären sie die unverheirateten, kinderlosen Männer in der Verwandtschaft, die auch irgendwie weggeschnittene Seitentriebe waren. Schnapp.

»Heute müssen wir pflügen«, sagte Vater.

»Ach ja, das machen wir schon noch«, sagte Marcel. »Aber nicht, wenn es regnet.«

»Heute muss gepflügt werden«, betonte Vater.

»Ach ja«, sagte Marcel nur. Minutenlang starrte er in den Himmel. In der Werkstatt montierte er erst einen neuen Stiel an einen Spaten. Er pfiff schon wieder dieses Liedchen, das einen wahnsinnig machte. Er hatte es gestern in Frankreich aufgeschnappt, und es klang wie der Gesang einer hysterischen Nachtigall. Fast flüsternd stimmte er die Melodie an. Er schien die einzelnen Töne auszukosten, zeigte ein breites Lächeln. Dann spitzte er die Lippen und zerschnitt mit seinem grellen Pfeifen den Morgen. Er schaute noch einmal zum Himmel. Dort war nur eine verirrte Möwe zu sehen.

Erst dann war er bereit, den Traktor zu besteigen.

»Marcel ist heute ein wahrer Sonnenschein«, sagte Mutter. »Er lässt mal wieder niemanden an sich ran.«

»Na dann«, antwortete Marcel nur.

»Also, *allez*«, sagte er, und das war es dann für den Rest der Woche. Nur mit den Tieren sprach er noch: »Auf geht's, vorwärts.«

Nur wenn es keinen anderen Ausweg gab, bequemte er sich noch zu einem »Was willst du?« oder einem »Ach so«.

Aber mit mir schwatzte er gerne, unbefangen, vielleicht weil ich mich auch so gerne mit ihm unterhielt. Wenn ich von der Schule nach Hause kam, nahm mich Marcel auf dem Traktor mit. Wir fuhren aufs Feld und mitten auf dem Acker stellte Marcel den Motor aus.

»Hör mal«, sagte Onkel Marcel. »Hör genau hin, was ich heute hier entdeckt habe.«

Ich spitzte die Ohren.

»Hast du was gehört?«, fragte Marcel.

»Ich dachte kurz, dass ich etwas höre«, sagte ich. »Was war es denn?«

Marcel schwieg.

»Ja, jetzt habe ich es gehört«, bestätigte ich. Ein dumpfes Schlagen. Aber auch eine Art Brummen. Als wäre tief in der Erde eine Maschine in Betrieb.

Marcel sagte: »Als würde sich eine Glasscheibe in der Fensternut bewegen. Wenn im Krieg ein Flugzeug über uns hinwegflog, hörte sich das so an. Wir schauten dann auf die vibrierende Fensterscheibe und mussten automatisch mitzittern. Das ging bis ins Mark und erst danach kam alles wieder zur Ruhe.«

»Das ist ein merkwürdiges Gefühl«, sagte ich.

»Es sind die Schläge der Trommel.«

Jetzt hörte ich sie auch: die Trommel.

»Hörst du es?«, fragte Marcel.

»Ja, ein weit entferntes Trommeln.«

»Du wirst noch alles Mögliche hören. Aber zum Glück hast du ein starkes Kreuz«, und vorsichtig zog er meine zarten Kinderschultern nach hinten.

»Wir versuchen es genauso noch einmal, oder?« Marcel zeigte auf die Furche hinter uns. Einwandfrei und kerzengerade, als ob sie mit einem Lineal gezogen worden wäre. So brachte mir Marcel bei, perfekt mit dem Pflug umzugehen.

Während ich lenkte, erzählte er von früher: Als Baby litt ich immer wieder unter Nasenbluten, und Marcel hatte vorgeschlagen, mich zu den Patern in Westvleteren mitzunehmen. Die Pater wüssten sicher, wie man das Nasenbluten mit einem Gebet vertreiben könnte.

»Das kommt nicht in Frage«, hatte meine Mutter abgelehnt. »Das Kind ist noch zu klein für so eine weite Fahrt.«

Marcel brach dann mit einigen Kleidungsstücken von mir auf. Unterwegs begegnete er einer Frau, die beschwörend auf ihn einredete und ihm Angst machte: »Pass auf, dass du dort auch ankommst.«

»Wie meinst du das?«, fragte Marcel sie.

»Nun, Westvleteren ist noch weit weg«, antwortete die Frau, plötzlich im normalen Tonfall.

Seit dieser Begegnung wog die Kinderkleidung wie Blei. Marcel kam auf dem Fahrrad kaum noch voran. Viel später als geplant und erschöpft traf er in Westvleteren ein, wo ein Pater die Kleidung segnete. Auf dem Nachhauseweg traf er wieder auf die Frau.

»Hast du dein Ziel doch noch erreicht?« Dabei stieß sie Marcel heimtückisch an die Schulter, wodurch sein Fahrrad mit viel Lärm umkippte. Marcel verlor das Gleichgewicht und stürzte so unglücklich, dass er sich die Schulter brach. Aber seitdem hatte ich, der kleine Remi, nie wieder Nasenbluten. Das hat mir Marcel so erzählt. Mich beeindruckte die Geschichte sehr, vor allem das Segnen, eine Art Beschwören meiner Kinderkleidung.

Am Abend erzählte ich alles meinem Vater. Er schaute mich schweigend an. Er drehte sich eine Zigarette aus Semois-Tabak und leckte nachdenklich am Papier. »Soweit ich weiß«, sagte er, »hat sich Marcel niemals die Schulter gebrochen.«

Meine Mutter hatte die Szene beobachtet. »Komm mal zu mir, Junge.« Sie wollte wissen, ob ich gerne bei Onkel Marcel wäre.

»Er bringt mir bei, wie man pflügt.«

Mutter schaute zu Vater. Der zuckte nur mit den Schultern und war eigentlich schon unterwegs zum Stall, in dem eine Kuh störrisch muhte. Ich spürte, dass etwas nicht stimmte.

»Bist du auch gerne mit deinem Vater unterwegs?«, fragte sie.

»Natürlich, das auch«, sagte ich schnell.

»Morgen darfst du mit ihm nach Brügge.«

Dreimal im Jahr fuhr mein Vater nach Brügge und bezahlte dort die Pacht an einen alten Chorherrn in der Baron Ruzettelaan. Wir betraten das Haus über den Dienstboteneingang, durch eine Kellertür. Oben wartete der Chorherr auf uns. Mit zittriger Stimme nannte er meinen Vater *»mon cher ami Omer«* und beglückwünschte ihn zu seinem gut geratenen Sohn. Auf dem Nachhauseweg erzählte mein Vater, dass der alte Herr immer Französisch mit ihm sprach, aber mit seinem Dienstmädchen unterhielt er sich auf Flämisch.

Wir kamen an den Soldatenfriedhöfen vorbei. »Da liegen gefallene englische Soldaten«, sagte Vater.

Als wir den Hof erreichten, standen Marcel und Mutter draußen und beobachteten eine junge schwarze Promenadenmischung. Vermutlich hatte der Hund sich verlaufen oder war von einem Hof auf der französischen Seite fortgejagt worden. Er hatte einen dünnen Leib und ein freches schmales

Hinterteil. Geschmeidig und gut gelaunt erkundete er alles auf großen, langen Pfoten. Allerdings attackierte Mirza, unser eigener Hund, ihn heftig.

Vater versuchte den Streuner zu verscheuchen, aber der kam immer wieder zurück. Verspielt kniff der Eindringling in die Hände von Marcel, dabei wedelte er fröhlich mit dem Schwanz. In der Nacht suchte er bei uns etwas zu fressen. Erst blaffte Mirza den ungebetenen Gast noch an, biss sogar zu, aber der junge Hund versuchte trotzdem, mit ihm zu spielen und nach zwei Tagen hatte er es tatsächlich geschafft, sich in Mirzas Hütte zu zwängen.

»Jetzt besteht kein Zweifel mehr, der schwarze Hund muss hierbleiben«, beschloss Marcel.

»Warum denn?«, fragte mein Vater schlecht gelaunt.

Onkel Marcel schwieg. Neugierig beobachtete er das Tier. Es schien einfach so zu sein, sagte Marcel, dass der Hund seine Wahl getroffen habe.

Wenig später wurde Mirza von Wilderen vergiftet. Wahrscheinlich war er an Kaninchenfallen gegangen, denn ich fand ein angefressenes Brot, das mit einer giftigen blauen Paste bestrichen war. Zwei Tage lang lag Mirza in der Ecke und winselte, bevor er starb. Danach durfte der Streuner bei uns bleiben und Vater gab ihm einen Namen: Baron.

»Weshalb Baron?«, fragte Mutter.

»Weil er so hochnäsig gucken kann.« Vater mischte Futter zusammen. Für die Schweine machte er das selbst, er nahm dafür Bruchmais, Kleie, Knochenschrot und Fischöl. Manchmal gab er noch gemahlene Fischgräten hinzu, Leinsamen, Kalk und eine geheime Zutat von einem Agronomen aus Nieuwpoort. Es stank zum Himmel.

Meine Eltern arbeiteten hart und machten gutes Geld. Der landwirtschaftliche Betrieb wuchs stetig. Sie investierten in moderne Melkmaschinen und fließendes Wasser im Stall. Sie bauten Weizen, Flachs und Kartoffeln an, außerdem

Zucker- und Futterrüben. Marcel war vor allem für die Feldarbeit zuständig.

Wenn meine Geschwister und ich lernten, schaute uns Mutter über die Schulter und las in den Schulbüchern. Der schwarze Hund, Baron, lag dann zu meinen Füßen. Als meine Mutter einmal die Todesanzeigen in der Zeitung studierte, schaute sie mich plötzlich an. »Soll ich dir erzählen, warum wir dich Remi genannt haben?«

Ich nickte neugierig.

»Ich hatte einen Bruder mit diesem Namen«, sagte sie. »Er war mein Lieblingsbruder. Ihm gehörte ein prächtiges Gehöft in der Normandie, aber als er uns besuchte, stürzte er plötzlich bei einem Fahrradausflug auf dem Deich. Ein Jahr später ist er an einem Tumor gestorben, er war gerade mal zweiunddreißig.«

»Dann habe ich den Namen eines Toten?«, fragte ich beunruhigt.

»Ja, aber ja doch«, flüsterte sie schnell. »In unserer Familie geben wir die Vornamen seit jeher an die Kinder weiter.«

Ich fand diesen Gedanken schrecklich.

Sie sagte: »Das gilt auch für mich. Vor mir gab es schon ein Kind, das Bertha hieß. Es hat nur ein Jahr gelebt.«

Mir war, als hätte ich plötzlich einen toten Zwillingsbruder bekommen. Ich sagte ihr, dass mir das Angst machen würde.

»Nein, das muss es nicht«, versuchte Mutter mich zu beruhigen.

Ich ging zu meinem Vater und fragte ihn: »Warum benutzen wir die Vornamen in unserer Familie immer wieder?«

»Weil Vornamen unverwüstlich sind, Remi.«

Was Mutter mir aber vor allem sagen wollte: Sie vermisste ihre Verwandten, die weit weg in der Normandie lebten. Vielleicht dachte sie auch: Wir geben die Namen weiter, damit die Toten leichter aus unserem Leben treten können.

»Schau mal hier«, sagte Mutter und redete über etwas anderes, das sie gelesen hatte. »Stijn Streuvels steht in der Zeitung.

Sie sagen, er sei der bedeutendste Schriftsteller unseres Volkes. Man hat ihm wieder einen Staatspreis verliehen, weil er so schön schreiben kann.«

»Weil er über die Bauern schreibt«, ergänzte Vater.

Meine große Schwester und mein Bruder schoben ihre Hausaufgaben zur Seite und fingen mit einem Damespiel an. Ich schaute durchs Fenster hinaus, auf die flache, leere Welt, in der wir lebten. Nirgendwo konnte man einen anderen Bauernhof entdecken. Überall Weiden und Felder, säuselndes Schilf, radikal gekappte Kopfweiden. Im nassen Herbst verwandelte sich das Gelände in eine Schlammgrube, man kam dann nur noch mit Holzschuhen voran.

Ich ging nach draußen. Wedelnd begleitete mich Baron, mit weit aufgesperrtem Maul. Auf seinem ulkigen Hundekopf zeigte sich erstes graues, sprödes Haar, auch unter seiner Schnauze und über den Augen. Er sah dadurch ein wenig teuflisch aus. Wenn er gähnte, dann brummte oder winselte er beschwerlich. Dann schien er fast wie ein Mensch zu sprechen. Er klemmte vorsichtig meine Hand in seinem großen Maul ein und kniff mich behutsam.

Genau wie der Hund musste ich in der Abendluft schnaufen. Gemeinsam atmeten wir langsam ein und aus.

Wir spürten den kalten, feuchten Herbst. Das war unser Land, all die sumpfigen Felder, die verrottenden Blätter, der dampfende Mist. Im Stall sog sich das Stroh mit der Gülle voll. Ich blickte dem Hund ins schwarze Gesicht. Ungeschickt, aber freundschaftlich, sprang Baron an mir hoch, die langen Pfoten waren ihm immer im Weg. Mit offenem Maul hechelte er in alle Richtungen, zitternd und hungrig.

Fünf

Kurz nachdem ich meine Bekanntschaft mit dem Professor aufgefrischt hatte, besuchte ich in Brüssel eine Lesung des englisch-nigerianischen Autors Ben Okri. Ich musste an Remis Seminare denken: Beide hatten beim Reden keine Angst vor großen Ideen. Ben Okri hatte große Papierbogen dabei, voll mit handschriftlichen, wilden Überlegungen und fast fiebriger Poesie. In einem undurchdringlichen, literarisch hoch geladenen Wortstrom sprach der Autor über die kreative Kraft des Universums. Die Künstler seien darin die Priester der Nation, die Meisterträumer ihrer Zeit. Er redete über Mystik, die Götter, Weltbürgerschaft und vor allem darüber, Kind zu sein.

Okri nahm ein anderes Blatt in die Hand und führte aus: Im Kind sei noch präsent, was beinah vergessen worden sei, denn nichts in ihm gehe verloren. Das Kind sei ein Versprechen und erst viel später würden wir wissen, ob dieses Versprechen gehalten würde. Währenddessen nahm Okri das nächste Blatt und verkündete sehr bestimmt, dass das Kind ist, was es ist, aber es würde zu dem werden, was es sein könnte.

Denn das Kind sei immer ein Bild von Zeit und Ort.

Das Kind sei immer die Quelle.

Das Leben würde über uns ein Urteil fällen, wenn wir auf uns selbst als Kind zurückschauten, beendete er seinen Wort- und Gedankenstrom nach zwei Stunden.

In Okris Buch *A time for new dreams* las ich mehr darüber. Das Kind als Geheimnis und als der Embryo der Menschheit, als Rätsel zwischen Unbeflecktheit und Vorbestimmung. Ben Okri zitierte Hemingway: Reiche Männer und Frauen weinten nachts auf ihren Jachten, weil sie nicht mehr so rein schlafen könnten wie in ihrer Kinderzeit.

»Childhood is the inheritor of concentrated fictions invisible«, hat Okri geschrieben.

Wer wir letztendlich sind, bezeichnet Okri als Glücksspiel, darum ist das Kind »*the luck of the draw, an unsuspected gamble, an obscure mathematics of destiny or karma; an unspecified punishment or an unnamed blessing – for deserving the parents you have, the family you're stuck with, or the life you were born into*«.

6

Vom Buttergeld aus der Kupferbüchse zahlte Mutter Marcel den Wochenlohn aus. Überall in den Wohnzimmern in der Westhoek, ja überall in Westflandern, standen ähnliche Gegenstände, aus gelbem oder rotem Kupfer. Man hatte sie aus den Granaten des Ersten Weltkriegs getrieben. Eifrig wurden sie poliert, damit das Kupfer wie Gold funkelte. Vermutlich war diese Fleißarbeit auch eine Methode, die vielen Toten des Krieges und das große Unrecht, das damit verbunden war, zu bannen.

Als Vater und Marcel die alte Scheune abrissen, fuhren sie das meterhoch geschichtete Stroh mit der Schubkarre hinaus und verbrannten es. Auf der untersten Lage Stroh hätten noch englische und belgische Soldaten geschlafen, sagte Onkel Marcel. In der Scheune hatten sie sich ausgeruht, gewartet, Karten gespielt, Briefe nach Hause geschrieben. Marcel war damals noch ein kleiner Junge; er war vor allem darauf aus, von den Soldaten Zigaretten und Schokolade geschenkt zu bekommen. Wie er sich erinnerte, waren einige der Soldaten schrecklich entstellt.

Das Feuer loderte hoch auf. Das Stroh war voller Rattenkot, aber es befanden sich auch noch Schießpulver und alte Munition darin, die mit einem Knall explodierten. Auf den Feldern ringsum flogen die Tauben auf.

Am Abend fuhren Marcel und ich nach Lampernisse, um eine kranke Färse abzuholen. Unterwegs hielten wir an.

»Hör, wie der Wind heult«, sagte Onkel Marcel.

»Ich kann nichts hören«, sagte ich.

»Dann hör genau hin«, sagte Marcel, und ich hörte den Wind.

»Ja, du hast recht.«

»Im ersten Kriegsjahr«, fing Marcel an, »traf eine deutsche Granate die Dorfkirche von Lampernisse. Fünfundvierzig

Soldaten, die sich dort versteckten, starben. Ein Jahr später wurde die Kirche von den Belgiern vollständig in die Luft gejagt. Man baute an ihrer Stelle Baracken, mit einem behelfsmäßigen Lazarett für Notoperationen.«

Marcel war damals in meinem Alter. Aus Lettenburg wurden Verletzte von der Front herangebracht. Mit flachen Booten transportierte man sie über das Wasser, durch Wiesen, um jedes Rütteln zu vermeiden. Marcel hat die Boote nie mit eigenen Augen gesehen, aber er hat das Weinen und Winseln von den Wiesen her gehört.

»War Vater dann bei dir?«, fragte ich.

»Nein, Remi, denn er ist ja um einiges jünger als ich«, sagte Onkel Marcel. »Nach dem Krieg lagen alle Bauernhöfe in Schutt und Asche, die Felder waren verwüstet. Noch heute machen wir Bauern im Grunde nichts anderes, als diese Schäden zu reparieren. Was noch nicht erledigt ist, muss erledigt werden.«

»Wann wird die Arbeit fertig sein, Onkel?«

»Das wissen wir erst, wenn wir fertig sind«, sagte Marcel. Wir fuhren weiter. Auch an den folgenden Tagen, während die Scheune Stein für Stein abgerissen wurde, erzählte Marcel vom Krieg. Unser Hof lag damals hinter der Frontlinie und Soldaten aus Vladslo und Reningelst ruhten sich hier aus. Die Soldaten sprachen ohne Scheu von den Leichen, den Ratten, ihren Offizieren, von denen sie angeschnauzt wurden.

»Einer der Soldaten stotterte«, sagte Marcel. »Wenn er etwas erzählten wollte, fing er an zu stammeln, bloß beim Singen nicht. Wenn ich mich vor ihn hinstellte und so tat, als würde ich an einem unsichtbaren Knopf drehen, stotterte er wieder. Das war natürlich gemein von mir.«

Marcel machte den Soldaten nach. Es klang wie ein Fernschreiber. *Tüt tüttüt tüüt* – ein Code aus kurzen und langen Zeichen. Wie der Herzschlag eines Hasen, musste ich denken.

»Aber warum stotterte der Soldat manchmal und manchmal nicht?«, wollte ich wissen.

»Erst dachte ich, er würde uns etwas vormachen. Aber das war nicht so. Es lag daran, dass er zu viel gesehen hatte«, antwortete Marcel.

»Wollte er denn stottern?«

»Vielleicht stotterte er tatsächlich, um nicht alles erzählen zu müssen. Manchmal schweigen wir auch, damit wir nichts sagen müssen.«

Spät am Abend, kurz bevor die Sonne unterging, schlenderte ich zur Scheune, um zu sehen, wie die Abbrucharbeiten vorankamen. Ich kletterte auf die letzte noch stehende Mauer und schaute herab. In der Dämmerung spielten drei Hasen auf einem Stoppelfeld; eine Hasenmutter und zwei Junge, die übereinander purzelten.

Zwei Tage später stieg ich in den Vorratskeller hinunter und der Schreck fuhr mir in die Glieder. Eine kleine Kinderleiche, dachte ich zuerst. Auge in Auge stand ich dem Tod gegenüber, und dieser hatte die Gestalt eines kleinen, enthäuteten, bleichen, gestreckten Körpers. Zerbrechlich lag er da, mit nackten rosa Muskeln, die ein kaltes blaues Licht zu verströmen schienen.

Es war ein Hase, den Onkel Marcel geschossen hatte.

Nachts fand ich keine Ruhe. Ein Rabe krächzte rau im Kirschbaum. Ein menschlicher Schrei. Etwas veränderte sich, spürte ich. Plötzlich war da etwas in mir, das sich offenbaren wollte. Eine Stimme wiederholte die Worte meines Onkels: »Was noch nicht erledigt ist, muss erledigt werden.«

»Erledigt?«, fragte ich schläfrig.

»Zu einem guten Ende gebracht werden«, flüsterte der Geist beruhigend.

»Wer hat da gesprochen?«, fragte ich, hellwach jetzt. »Das macht mir Angst«, sagte ich in die Stille hinein.

»Du brauchst keine Angst zu haben«, antwortete der Geist. Oder war es ein Genius?

»Ich habe aber Angst«, flüsterte ich. »Ich habe aber große Angst.«

»In jeder Familie verbirgt sich etwas«, sagte die Stimme.

Das war kein Albtraum. Jemand sprach zu mir, mit eindrücklichen Worten, die sich in mir einnisteten.

Am Morgen fielen mir Veränderungen in der Landschaft auf. Zunächst die Gestalt des Nebels, ein unvertrautes Licht überzog die Gegend. Früher schüttete die Sonne manchmal ihr fröhliches Gold über die Ränder der Wolken, heute hatte der Geist oder der Genius alles in Blei gegossen.

Im Rauch, der aus den Schornsteinen des Dorfes aufstieg, entdeckte ich sonderbare Muster.

In der Woche darauf träumte ich, dass in manchen Häusern des Dorfes die Leute eine Wand hinaufkletterten. Diese Wand bestand aus Menschen, die selbst wiederum an einer Menschenwand hinaufkletterten. Verschwommen bewegten sich Körper an Bäuchen, Beinen und Füßen anderer Körper entlang. Jeder Mensch zog sich an einem anderen Menschen in die Höhe, und auch über ihn selbst kletterten wieder andere Menschen nach oben.

»Ich träume schlecht, Onkel«, sagte ich.

»Ist der Traum sehr schlimm, Junge?«

Ich nickte.

»Kannst du ihn nacherzählen?«

»Besser nicht, Onkel.«

»Kannst du in deinem Albtraum reden?«, wollte Onkel Marcel wissen.

Das hatte ich noch nicht versucht.

»Du musst in deinen Träumen sprechen, Junge. Du musst ihnen etwas erwidern. Das hilft.«

»Was soll ich denn sagen, Onkel?«

Marcel sagte leise: »*Carabouya.*«

»Carabouya?«

»Ja, carabouya. Das ist ein geheimes Wort, Remi. Der schwarze Soldat hat es mir im Krieg beigebracht.«

Ich wiederholte das Wort: »Carabouya.«

Meiner Mutter erzählte ich auch von dem Albtraum, verriet aber nichts über Marcels geheimes Wort. Sie kochte mir Tee aus getrockneten Lindenblüten und Lavendel. Beim Schlafengehen machte mir Vater ein Kreuz auf die Stirn. »Gott segne dich, Gott behüte dich«, sagte er dabei.

Vor dem Einschlafen sagte ich zehnmal »carabouya«. Der Albtraum kehrte nicht zurück. Als ich schon schlief, kam Mutter und gab mir einen Kuss – im Unterbewusstsein nahm ich den Duft des Eau de Cologne wahr.

Als ich das geheime Wort einmal vergessen hatte, fragte ich Onkel Marcel danach.

Er sagte: »*Carabouya est le message.*«

»Warum sprichst du Französisch?«

»Weil der schwarze Soldat Französisch sprach«, sagte Onkel Marcel.

»Du darfst das geheime Wort niemals aufschreiben. Es verliert seine Macht, wenn man es aufschreibt.«

So trat, quasi aus dem Nichts, ein schwarzer Soldat in mein Leben. Als ich an meinem elften Geburtstag einen Globus bekam, zeigte Onkel Marcel mir darauf die unterschiedlichen Kontinente.

»Und hier«, Marcel zeigte auf Zentralafrika, »von hier kam der schwarze Soldat.«

Sechs

An der Universität schien der Professor selbstsicher und nahezu allwissend gewesen zu sein, in unseren wöchentlichen Gesprächen wirkte er nun auf mich eher jungenhaft. So viele Jahre waren seit meinem Studium vergangen, aber er war noch immer ein ruheloser, suchender junger Mann. Er ist wie ich, dachte ich, nur älter.

Er wohnte in einem modernen Maisonette-Apartment, das vollgestopft mit Büchern und einigen afrikanischen Objekten war. Wir standen hoch über Löwen und überblickten die Stadt, aus der das Lachen von Studenten und leise Kneipenmusik emporstiegen. In der Ferne bellte ein Hund. In der Mitte der geräumigen Wohnung führte eine Wendeltreppe nach unten. Dort befand sich sein Büro, das er »die Praxis« nannte. Wir betraten den kleinen Raum, in dem sich ein Bücherregal und ein Tisch befanden. Für die Sprechstunden stand noch eine Chaiselongue dort, auf die sich der Klient legen konnte, mit ausgestreckten Beinen und aufgerichtetem Oberkörper.

»Du sollst doch Remi sagen«, unterbrach er mich jedes Mal, wenn ich ihn wieder mit Professor ansprach.

Wir saßen einander auf Stühlen gegenüber. Ich wollte mich nicht auf die Couch setzen, geschweige denn legen.

Warum ich meine Abschlussarbeit nun noch beenden wolle? Auch wenn es etwas vage und halbgar klingen mag, es gab für mich Fragen, die beantwortet werden mussten. Meine Vermutung war, dass noch Antworten auf mich warteten, auf die ich in meinem Leben noch nicht gestoßen war.

Früher, in seinen Seminaren, ließ der Professor nicht zu, dass man in seine Seele schauen konnte. Ich weiß noch, dass wir vollkommen überrascht waren, als er sich einmal als melancholisch bezeichnete. Er sprach von einem alten Schuldgefühl, das sein persönliches Interesse an Ritualen der

Heilung, Trauer und Hexerei erklären würde. Mit wenigen Sätzen deutete er seine Lebensgeschichte an.

Er lebte lange Zeit im Kongo, bei den Yaka in Kwango, Bandundu, an der Grenze zu Angola. Zunächst glaubten die Yaka, er sei ein protestantischer Missionar, der sie auskundschaften wollte und der später mit einem Flugzeug zurückkäme. In der ersten Woche während seines Aufenthalts im Dorf Yitaanda, erzählte er, habe eine Frau seine Hütte betreten. Sie hatte nur ein knappes Tuch um die Hüften. Sie schien alle Gerüche aufsaugen zu wollen, kam näher an ihn heran, berührte ihn. Die ganze Situation war sehr lasziv. Dann ging sie wieder weg. War sie eine Verrückte? Oder wollte sie ihn einfach nur verführen?

Eine Art Grenzüberschreitung, meinte der Professor. Die Yaka sagten: »Der Weiße hat die junge Frau angezogen.«

Wenig später sah er, wie dieselbe junge Frau, aufgeputscht von Trommeln und vom Klatschen, einen Tunnel in die Erde grub, darin verschwand wie eine Otterspitzmaus und an einer anderen Stelle wieder zum Vorschein kam.

Wir, die Studenten, konnten das erst gar nicht glauben, aber der Professor zeigte einen Film, den er damals gemacht hatte. Die Erzählung stimmte: Die Frau grub ein Loch in den Boden und kroch an einer anderen Stelle wieder hervor.

7

Ich schaute hinaus: Unter den Linden sprangen einige Mädchen umher, sie spielten Himmel und Hölle. In der Klasse wurden gerade die Namen von Hauptstädten und Ländern laut wiederholt, dann waren die Multiplikationstabellen an der Reihe. Wir sagten die Zahlen rhythmisch auf, stampften dabei mit den Füßen und schwangen mit dem Oberkörper leicht nach vorn und zurück. So wurden die Tabellen mit den ratternden Zahlenreihen nach und nach durchexerziert. Ohne nachzudenken, folgte ich den Anweisungen.

Danach las der Lehrer aus dem Katechismus vor: »Erstens ist die Hölle der unbegreifliche, schwer lastende Entzug des göttlichen Antlitzes. Zweitens das plagende schlechte Gewissen. Drittens das Entbehren von allem, was Trost spenden könnte. Viertens die Flammen des verzehrenden, unauslöschlichen Feuers. Fünftens und vor allem ist die Hölle ewige Hoffnungslosigkeit.«

Ja, das war die Hölle.

Dann kam der Himmel dran. Der Lehrer fragte: »Was werden die Seligen neben der höchsten Gnade noch erlangen?«

Wir Schüler schwiegen, neugierig oder gelangweilt. Ich beobachtete genau, wie eine Fliege lethargisch, fast schon wie eine Maschine, mit dem klebrigen Fliegenfänger kämpfte. Der Lehrer listete die Eigenschaften des Himmels auf: »Die reine Gesellschaft der Engel, die Gemeinschaft aller Heiligen, das wonnevolle Angedenken der immerwährenden seligen Ewigkeit.«

Wir wiederholten diese weihevollen Sätze, Wort für Wort. Diese Zeilen waren unmissverständlich und bindend. Sie ließen keine Relativierung zu. Und genau das bedeutete mir etwas.

Mir fielen die düsteren Gedanken von Onkel Marcel ein. Ich dachte auch daran, wie die Bauern am Sonntag den

Kaplan in der Dorfkneipe aufzogen. Sie luden ihn ein und versuchten, ihn betrunken zu machen. Sie piesackten ihn: »Wenn wir heute nicht in die Messe gehen, kommen wir bestimmt nächste Woche, oder etwa nicht?«

Ja, so ging es dort zu.

Brauchten die Bauern denn Gott etwa nicht?

Natürlich, auch sie brauchten ihn; aber er war für sie mehr eine Macht, die man am ehesten mit den Jahreszeiten vergleichen konnte. Die Bauern waren in der Lage, das Wetter vorherzusagen, und wenn sie recht hatten, ernteten sie, was sie gesät hatten, und dadurch schien es fast, als könnten sie sogar das Ineinandergreifen der Jahreszeiten lenken.

Aber warum musste ich dann an allen Grenzen des Hofs Palmzweige in die Erde stecken? Ob Gott sich von so etwas beeinflussen ließ?

Das machte man nur zur Sicherheit, wie es hieß.

Jeden Abend beobachteten mein Vater und auch die anderen Bauern den Zenit und den Horizont. Sie sahen, wie der Regen auf die Erde fiel, wie die Tropfen in den Pfützen kleine Bläschen bildeten. Die Bauern achteten auf Insekten und Vögel, hörten auf die Laute ihrer eigenen Tiere. Ihren Tieren gegenüber waren sie weich, sie sprachen sogar mit ihnen. Sie versuchten, ihnen keine Schmerzen zuzufügen – bis sie sie an den Schlachter verkauften.

So ein Bauer würde ich später auch einmal werden.

Nach der Schule bestieg ich mit meinem Klassenkameraden Hubert den Kirchturm, wenn der Küster das große Uhrwerk aufzog. Aus der Höhe sahen wir die Bauernhöfe rundum, auch die entfernten. Alle Höfe bestanden aus einem Wohnhaus, einer oder zwei Scheunen und immer öfter erhob sich daneben eine moderne Halle aus einfachem Beton. Die Bauern investierten mit vollen Händen und kauften ausgeklügelte Erntemaschinen, stählerne Kolosse mit offener Ladefläche. Die Bauern liebten ihre brandneuen Traktoren, in Rot oder Chartreuse-Grün. Ich zeigte auf unseren weit entfernten Hof und auf die Grenze dahinter, das Ausland.

Unten auf dem Kirchplatz spielten kleine Kinder unschuldig mit Murmeln und Kreiseln. Im Dorfladen kauften Hubert und ich Knaller und zündeten sie in einem offenen Rohr neben dem Kiosk an. Der Knaller explodierte in mein Gesicht.

»Jetzt bist du ein schwarzer Soldat«, lachte Onkel Marcel, als ich nach Hause kam.

Ich ein schwarzer Soldat? Das ließ mich nicht mehr los. Was, wenn ich ein schwarzer Soldat sein könnte? Würde ich dann mehr geheime Wörter wie »carabouya« lernen?

»Kannst du noch schnell dieses Päckchen bei den Zöllnern abgeben?«, fragte mein Vater ungerührt.

Ich wusch mich zuerst. Das längliche Päckchen machte ich hinten auf dem Fahrrad fest. Es war mit mehreren Lagen braunem Papier umwickelt und wurde von einem kräftigen Band zusammengehalten.

»Was ist da drin?«, wollte der Zöllner hinter dem Schalter wissen.

»Ein Geschenk für den Pachtherrn«, sagte ich.

Als ich wieder zu Hause war, fragte ich meinen Vater, was sich genau in dem Päckchen befand.

»Ein Hase«, antwortete er. Im gleichen Atemzug zählte er auf, welche kleinen Aufgaben an diesem Abend noch zu erledigen wären. Das war normal bei uns. Wir Kinder sammelten die Eier ein, misteten den Hühnerstall aus, halfen bei den Schweinen. In den Ferien strichen mein Bruder und ich alle Stalltore. Geduldig schlug ich mit Hammer und Meißel den Rost von dem eisernen Geflecht eines Zauns. Dann trug ich sorgfältig Mennige auf. Vater begutachtete meine Arbeit und sagte: »Junge, du musst dich ein bisschen beeilen.«

Aber wenig später holte mich Onkel Marcel mit dem Traktor ab.

Wir brachen auf und ich erzählte ununterbrochen. Marcel schwieg eine halbe Stunde lang. Plötzlich sagte er: »Weizen erntet man am besten spät am Tag.«

»Warum, Onkel?«

»Das Weizenkorn in der Hülse muss trocken sein«, sagte Marcel. »Und das ist es erst nach vier.«

»Jetzt ist es fünf.« Ich wollte die ganze Zeit über den schwarzen Soldaten sprechen, traute mich aber nicht. Und als ich es schließlich doch tat, ging Marcel nicht darauf ein.

»Am besten erntet man zwischen zehn und zwölf Uhr in der Nacht«, sagte Marcel. »Das Stroh fällt dann schön, ohne dass es aufstäubt.«

Am Abend zog ein heftiger Sturm über den Hof hinweg. Mutter betete mit uns das »Gegrüßet seist du, Maria« am offenen Kamin. Wie sie befürchtet hatte, sprangen die Sicherungen heraus. Sogar die allgemeine Stromversorgung fiel aus. Mutter zündete Kerzen an. Wir hatten Angst und sprachen nicht. Im Licht der Blitze schaute ich zu meiner betenden Mutter. Mit einem Palmzweig sprenkelte sie Weihwasser in die Zimmerecken. Um ihren Kopf lag ein bläulicher Glanz und Gott zeichnete schützende Schatten auf die Wände.

Der Blitz schlug weder in unser Haus noch in die Scheune ein.

Auf dem Löwener Ofen stand ein Topf mit Ruß bereit, mit dem man den Ofen putzte. Ich steckte den Finger hinein und bemalte mir damit das Gesicht. Übermütig zeigte ich mich so meinem Vater und fragte ihn, ob er je von einem schwarzen Soldaten gehört hätte.

»Das ist so eine Geschichte aus dem Krieg, eine von Tausenden«, antwortete er.

Ich hörte, wie er am Morgen zu Marcel sagte: »Musst du dem Jungen denn wirklich solche Flausen in den Kopf setzen?«

Sieben

Meine Besuche beim Professor hatten einen sehr praktischen, fast schon banalen Grund. Ich hatte mein Anthropologiestudium nie ordnungsgemäß beendet. Die Abschlussprüfungen hatte ich zwar vor langer Zeit bestanden, aber die schriftliche Arbeit war ich schuldig geblieben. Wie gesagt, das wollte ich jetzt nachholen, auch wenn es dafür nicht wirklich einen nachvollziehbaren Anlass gab.

Vielleicht lag es an meiner Faszination für das Dunkle, die Nacht, die Kräfte, die Menschen manchmal haben.

Ich wollte über eine sonderbare Geschichte schreiben, auf die ich zufällig im Internet gestoßen war. Im Wesentlichen ging es um eine Angstpsychose in Popokabaka, die in Zusammenhang mit Krokodilen stand. Der Ort liegt in der Provinz Bandundu, etwa vierhundert Kilometer von Kinshasa entfernt. Die Angstpsychose war ein neues Phänomen unter den Yaka. Im Internet stieß ich auf ein bräunlich-graues Foto einer Obduktion. Auf ihm war ohne jeden Zweifel ein menschlicher Fuß zu sehen sowie ein Bein und eine Hand – und zwar in den auseinanderklaffenden Eingeweiden eines Krokodils. Man vermutete in der Gegend allerdings, so stand es in dem dazugehörigen Beitrag, dass es sich bei den gefräßigen Krokodilen eigentlich um verkleidete Menschen handeln würde. Das Foto wurde als gegenteiliger Beweis nicht akzeptiert. Der ganze Sachverhalt war zwar noch nicht ausführlich dokumentiert, aber meine Abschlussarbeit würde sich auf eine Diskussion der einschlägigen Literatur über die Yaka-Kultur beschränken können, ergänzt um Interviews mit in Belgien lebenden Kongolesen.

Das Krokodil von Popokabaka.

Das klang wie der Titel eines Comics, wie *Der dunkle Diamant*, *Das Geheimnis des Schwertfischs*, *Tim im Kongo* – oder wie *Die Krokodile von Yamoussoukro* von V. S. Naipaul. Remi fand das Thema etwas merkwürdig, allzu exotisch angehaucht, aber er schlug mir folgende Variation des Themas vor: Das Krokodil in verbreiteten Erzählungen und in zeitgenössischen Vorstellungen.

Dann wollte er wissen: »Willst du wirklich etwas lernen? Oder geht es dir nur um die Urkunde?«

»Beides«, gab ich zur Antwort.

»Warum fliegst du dann nicht in den Kongo?«, fragte Remi. Er selbst verfolgte die aktuelle Krokodildebatte kaum, denn in seiner Zeit hatte es so gut wie keine Krokodile im Kwango gegeben. Damals sprach man bei den Yaka vor allem über Leopardenmänner, *N-syoonya*, Menschen, die sich als Leoparden verkleideten und am helllichten Tag angriffen. An Händen und Füßen trugen sie Krallen und mit speziellen Stöcken imitierten sie Leopardenfährten. Sie schnitten Brustbein und Rippen ihrer Opfer auf und rissen die Herzen heraus, die sie dann ihrem Meister brachten.

»Aber möchtest du denn nicht selbst in den Kongo?«, fragte der Professor noch einmal.

Dann ließ er die Angelegenheit erst einmal auf sich beruhen.

Wir vereinbarten, dass ich hier einige ältere Kongopater besuchen und diese über bestimmte frühere Praktiken in der Kwango-Region befragen sollte.

Ich las einschlägige Fachartikel, zum Beispiel »Parody in matricentred Christian healing communes of the Sacred Spirit« oder »Mediumistic divination among the Northern Yaka of Zaire«.

Nach dem ersten Einführungsgespräch tauschte ich mich mit Remi regelmäßig über den Fortgang der Abschlussarbeit aus. Ohne dass es eigentlich geplant war, berichtete ich ihm über jedes Gespräch, das ich führte – das interessierte ihn besonders. Wir verabredeten uns in seiner psychiatrischen Praxis, zwischen den Sitzungen mit den Klienten. Beim ersten

Mal kam ein schwarzer Mann aus dem Zimmer, ein anderes Mal eine hübsche Blondine. Beide würdigten mich keines Blickes, auch wenn wir einander im Wohnzimmer passierten; als würden zwei Unbekannte auf der Straße aneinander vorübergehen. Mir war auch nie klar, ob es sich um Studenten oder Klienten handelte.

So fing es an. Schnell fiel mir auf, dass Remis anthropologische Erkenntnisse manchmal einhergingen mit der Schilderung autobiografischer Details, die er scheinbar nebensächlich erzählte. Dann wollte ich mehr über seine Jugend wissen, und er gab gerne Auskunft. Er erzählte und erzählte. Manchmal ähnelte unser Gespräch dadurch mehr einem Interview oder einer lockeren Plauderei über Jugenderinnerungen. Mich interessierte auch, welche Familienmitglieder ihm wichtig gewesen waren; sie waren ihm offensichtlich noch genauso präsent wie damals.

Vielleicht wollte ich so das Leben selbst untersuchen, das Heranwachsen, die Entdeckung der eigenen Bestimmung, die Bedeutung von Abstammung und Herkunft.

Diese Spurensuche begann schon bei unserer ersten Begegnung.

In einer langen Reihe von Gesprächen verwies Remi ohne Zögern auf die Motive und Beweggründe in seiner eigenen Vergangenheit, seiner Herkunft. Ich durfte beobachten, wie Menschen zu dem werden, was sie sind, wie in einem Individuum die Welt entsteht. Daher wuchs meine Neugierde und freundlich zeigte er mir auf einer Landkarte seinen Geburtsort. Er wies auf die Grenze zu Frankreich hin. Schon bald gab er mir Kontaktadressen und Telefonnummern von Leuten aus der Westhoek. Jede Woche stand ich wieder vor seiner Tür, vor allem, weil ich nicht begreifen konnte, wie er als Achtzehnjähriger eine so schwerwiegende Entscheidung hatte treffen können.

Remi sagte dazu: »Die Zeiten waren andere. Ich war überzeugt davon, ein Leben sei zu kurz, um lange zu zögern.«

Bereitwillig beantwortete er all meine Fragen. »Ist dir klar«, fragte ich, »dass du dich verletzlich machst, wenn du mir das alles erzählst?«

Er nickte. »Ich weiß aber auch, dass ich sozusagen ein Licht an dich weiterreiche. Ist dir denn das klar?«

Später nannte er das einmal »unsere gegenseitige Adoption«.

Ja, ich wollte alles über ihn wissen. Ich bewunderte seinen Mut, seine Kompromisslosigkeit sich selbst gegenüber. Unzählige Male erzählte Remi von seiner Familie, seiner Jugend und seinen Plänen; bei diesen Gelegenheiten lieh er mir auch Bücher des Psychoanalytikers Lacan. Die sollte ich für meine Abschlussarbeit lesen.

Ich räumte ein, mehr mit den *Traurigen Tropen* von Lévi-Strauss und der *Traumdeutung* von Freud anfangen zu können. In all seinen Büchern stieß ich auf persönliche Notizen. Sie waren mit Bleistift geschrieben, und ich versuchte, sie zu entziffern. Gelegentlich fanden sich auch erstaunte

Ausrufezeichen, kurze Zusammenfassungen und Anmerkungen. Wie etwa diese Notiz: »Lévi-Strauss meint mit *la pensée sauvage* das nicht geknechtete Denken, weder geprägt durch Kant noch durch Descartes, sondern geformt von der eigenen Sprache der lokalen Gesellschaft.«

Dies half mir, seine Faszination zu teilen. Mehr und mehr erkundete ich eigentlich Remis Selbsterforschung.

Remi gab mir noch weitere Adressen und Telefonnummern. Ich besuchte sogar seine engste Familie in der Westhoek, seine ältere Schwester und seinen Bruder. Sie empfingen mich herzlich. Die Schwester zeigte mir alle Familienfotos, die in alten Alben aufbewahrt wurden. Eins nach dem anderen betrachtete ich jedes Foto. Marcel hatte ich mir größer vorgestellt, und der kleine Remi, so stellte ich fest, kam körperlich nicht nach dem Vater Omer, eher nach der Mutter Bertha. Remi und seine Mutter besaßen dasselbe bleiche, längliche Gesicht, dieselben hellen Augen. Beide schauten zum Fotografen, als wüssten sie, dass sie durch die Zeit zu mir blicken könnten.

»Papa hat oft den Mund gehalten, um des lieben Friedens willen«, erklärte Remis Schwester. Über ihren jüngsten Bruder sagte sie: »Remi war ein Streber, mit seinem Ehrgeiz wollte er immer hoch hinaus. Aber das hast du bestimmt auch schon gemerkt.«

Remis Schwager hatte eine Redensart parat: »Sich die Haare lang wachsen zu lassen, reicht wohl nicht, man muss sich ja auch noch unbedingt Locken legen.«

Remis Bruder berichtete, ihr Onkel habe aus der Normandie zu jedem Familienfest selbstgebrannten Calvados mitgebracht, den brannten sie dort illegal auf ihrem Hof. Dadurch, dass alle davon tranken, wurden sie zu verschworenen Mitwissern.

»Als Kind haben wir nicht gespielt«, erzählte er mir. »Wir haben immer gearbeitet.«

Ich notierte alles in meine linierten Muji-Hefte.

Ich besuchte auch den ehemaligen Hof von Remis Eltern und sprach ausführlich mit den heutigen Bewohnern. Ich durfte sogar das ganze Haus sehen, es war jedoch inzwischen vollständig umgebaut worden.

»Das Glück des Bauern ist es, niemandem Rechenschaft geben zu müssen«, sagte ein gewisser Franklin, ein Jugendfreund von Remi, der Bauer geworden war. »Aber gleichzeitig«, grübelte er, »wirst du, ohne es zu merken, von der Natur gelenkt.«

Ich fuhr mit dem Rad durch die Straßen seines Geburtsorts. Mehrmals lief ich den Gemeneweg auf und ab und passierte die Grenze zu Frankreich. Ich streifte mit dem Fahrrad durch die Gegend, wie er es als Zehnjähriger getan hatte. Wenn ich irgendwo anhielt, kam so gut wie immer jemand von einem Hof, um nach mir zu sehen. Häufig mit einem misstrauischen, fragenden Blick und mit leicht geöffnetem Mund. Ich grüßte und beobachtete, wie mich ein Hund aus seiner Hütte heraus anbellte. In der Ferne konnte ich den Kemmelberg ausmachen. Das war der Hügel, den Remi vom Bauernhof aus bei klarem Wetter sehen konnte. Dort seien sie nie hingegangen, erzählte mir Remis Bruder, denn Bauern hätten keine Zeit zu vertrödeln.

Wenn ich ziellos in der Westhoek umherfuhr, schien es, als würde ich mich von mir selbst lösen. Ich konnte eins werden mit einem anderen Ort, einer anderen Zeit, und dadurch fing diese Geschichte an, sich selbst zu erzählen. Ich konnte mir das tägliche Leben auf ihrem Bauernhof vorstellen. Als könnte ich dadurch ein größeres, anderes Ich werden.

»In diesem Haushalt wurde viel geschwiegen«, sagte mir ein Jugendfreund von Remi. Er erzählte, dass Remis Mutter weinend bei ihnen an der Tür gestanden hat; sie sagte: »Und weißt du, was jetzt schon wieder passiert ist?«

8

Einst wütete in der Westhoek der Große Krieg. Zu Beginn glich er einem entfesselten Karnevalsfest, einer Naturgewalt. Nationen erklärten einander munter den Krieg, gingen unbedachte Koalitionen ein, weil irgendwo in Europa ein Schuss auf einen Erzherzog abgefeuert worden war. Man konnte diesen Krieg nicht mit dem üblichen Wahnsinn oder der Verkommenheit eines verbrecherischen Genies erklären; er kam eher wie eine Epidemie über die Menschen, glich einer falsch justierten, außer Kontrolle geratenen menschlichen Maschine. Länder traten aus purer Begeisterung dem Krieg bei, singend zogen die Soldaten an die Front.

Denn: Ein guter Krieg reinigt die Welt.

Schon bald versanken solche Illusionen im Schlamm, unter verdreckten Decken, während man auf den unrasierten Tod wartete. Aber da war es bereits zu spät.

Daran dachte Onkel Marcel auf dem Bock des Traktors, wenn er auf den Feldern arbeitete. Er lauschte dem monotonen Brummen des Motors. Ihm erschien es wie ein Echo der unterirdischen Wasserpumpen.

Sechs Meter tief unter dem Acker lebten die Soldaten, so erzählte Onkel Marcel. Sie hatten sich eingegraben, wohnten da unten in der Erde. Sie hatten Stollen errichtet, gestützt mit Balken und Planken aus Tannen- oder Fichtenholz. Bis in die Fahrerkabine des Traktors konnte man den Geruch des Harzes riechen, auch den des Petroleums aus ihren Laternen.

»Riechst du es?«, fragte Onkel Marcel.

»Ich rieche es«, sagte ich. Auch wenn ich mir nicht ganz sicher war.

Ja, dort unten kämpften noch immer junge Männer, erzählte Marcel, sie schossen immer noch aufeinander, um sich gegenseitig zu töten. Wenn jemand fiel, wanderten durch den bläulichen Ypern-Lehm neue Granaten nach oben. Beim

Pflügen brachte Marcel die Geschosse ans Tageslicht. Er legte sie dann zur Seite. Wenn die Arbeit des Tages beendet war, nahm er sie am Abend mit. Granaten, die noch nicht abgefeuert worden waren, oder Blindgänger hatten eine Kupferspitze: Marcel drehte diese vorsichtig, mit großer Fingerfertigkeit ab, entschärfte den Zündmechanismus und polierte die Hülle bis sie gelb oder rot funkelte.

Wie ein vornehmes, strahlendes Kriegsjuwel.

Sonntagmorgens fuhr ich mit dem Fahrrad zum Haus meines Onkels. Ich ging direkt in den Garten, zu seiner Werkstatt. Neben der niedrigen Holztür hing ein kleiner Gong, eine runde Aluminiumscheibe, die aus den Trümmern eines abgestürzten Zeppelins herausgeschnitten worden war.

Ting, schnippte ich mit dem kleinen Finger dagegen. *Ting.*

Onkel Marcel erschien. In den Fingern hatte er eine Zigarrenkiste, gefüllt mit Bolzen und Muttern. »Kommst du mit und hilfst mir beim Polieren?«, wollte er wissen.

Über der großen Werkbank verlief ein langgezogenes Fenster, das Ausblick auf ein breites Panorama bot. In aller Ruhe konnte er dort die Landschaft betrachten. Einst war sie Teil der Front. Die ganze Werkstatt war vollgestopft mit Kriegssouvenirs. In den Regalen standen die gewienerten Kupferzylinder der Granaten, doppelt oder dreifach hintereinander. Marcel besaß auch Weihwassergefäße, Etuis für Streichholzschachteln, Kreuze und Brieföffner, allesamt in mühseliger Kleinarbeit von Soldaten an der Front hergestellt, natürlich aus Kupfer. Auf den Granaten hatte man einen Löwen eingraviert, den König oder eine Flagge, manchmal auch Textzeilen wie »Honneur et Patrie« oder »Zur Erinnerung an den Großen Krieg«.

»Ich war sechs, als der Krieg anfing«, sagte Onkel Marcel. »Zehn, als er vorbei war. Nach dem Krieg machte hier jeder Geschäfte mit Altmetall. Überall liefen Fremde und Touristen herum. Jeder hatte eigene Gründe für diese Wallfahrt, sie suchten Familienmitglieder und Souvenirs. Damals schon, als kleiner Junge, habe ich angefangen zu sammeln.«

Onkel Marcel brachte mir alles bei, was er wusste; seine bescheidene Wissenschaft vom Krieg: »Ein Geschoss oder eine Granate wird mit einem Mörser abgefeuert. Der Mantel ist aus Kupfer, man nennt ihn auch *douille*. In der Granatkartätsche beziehungsweise im Schrapnell befinden sich Bleikugeln.«

Vor Kurzem hatte ihm ein befreundeter Bauer eine alte Gasmaske geschenkt. Eigentlich war es eine braune Stoffmütze mit blauen Plastikscheiben anstelle der Augen und einer verschlossenen Schnauze, wo normalerweise der Mund sein sollte. Sorgfältig kratzte und schrubbte Marcel die festsitzende Erde ab.

Er zeigte mir die Maske und plötzlich konnte man das verschlissene, zusammengebackene Ding auseinanderfalten. Ein primitives Gesicht starrte mich an.

»Damit haben sie sich gegen das Gas geschützt«, erklärte Marcel. Als Kind hat er die erblindeten Soldaten noch gesehen. Aufgereiht marschierten sie hintereinander, mit weißen Tüchern vor den Augen – die Hand jeweils auf der Schulter des Vordermanns.

»Mein Vater erzählt nie etwas davon«, sagte ich.

»Dein Vater ist jünger als ich. Er hatte diese Erlebnisse nicht.«

»Warum sammelst du das eigentlich alles, Onkel?«

Marcel gab mir keine Antwort. Stattdessen zeigte er mir eine alte Zeitschrift, *Le Miroir*, die er gerade erst in Ypern gekauft hatte. Das Titelblatt zeigte einen schwarzen Mann: ein Zuave, der eine kecke rote Mütze schief auf dem Kopf trug.

»Onkel, erzähl mir bitte«, versuchte ich mein Glück, »wie war das mit dem schwarzen Soldaten?«

»Eines Tages war er da«, antwortete Marcel. »Unerwartet, wie ein Schmuggler. Er war groß. Wie ein schwarzer König, ein Mohr, der sich aus der Weihnachtsgeschichte zu uns verirrt hatte. Die Frauen des Dorfes kamen herbei, um ihn anzuschauen, voller Angst und doch voller Bewunderung. Man munkelte, er würde *coupe-coupe* praktizieren, so nannte man das damals: Schwarze Soldaten wurden verdächtigt, ihren Opfern die Ohren abzuschneiden. Die Deutschen nannten sie *die schwarze Schande*. Niemand in unserem Dorf hatte je zuvor einen schwarzen Menschen gesehen.«

»Ich habe auch noch keinen gesehen«, sagte ich. Ich kannte nur die nickende Negerfigur aus Gips auf der Theke des Krämerladens.

»Dieser schwarze Soldat kam aus dem Kongo und kämpfte mit uns gegen die Deutschen. Er schaute gerne bei uns in der Werkstatt vorbei, denn er liebte es, mit den Stemm- und Stecheisen zu arbeiten. Es ist merkwürdig, aber ich erinnere mich, als ob es gestern gewesen wäre. Die Innenseite seiner Hände war weiß, abgesehen von den Linien in der Handfläche. Die waren schwarz. Er war höflicher, zurückhaltender als die anderen Soldaten. Ich habe ihn nie fluchen hören. Er hat zwei große Granathülsen bei uns zurückgelassen, die wir für ihn aufbewahren sollten.

Marcel zeigte mir zwei besonders große, perfekt polierte Exemplare. »Er ist nie wiedergekommen, um sie abzuholen«, sagte Marcel.

»Wartest du denn immer noch auf ihn?«

Onkel Marcel gab keine Antwort. Er sagte nur, die Begegnung mit dem schwarzen Soldaten habe als Kind großen Eindruck auf ihn gemacht.

»Warum denn?«

»Das habe ich mich auch gefragt, aber ich kann es nicht sagen. Es lag an seiner ganzen Erscheinung.«

»Wie alt war der Soldat?«

»Noch nicht einmal das weiß ich. Manchmal erzählte er von Kindern, die er mit seiner Frau hatte, aber gleichzeitig sagte er auch, er würde diese Frau eines Tages erst noch kennenlernen müssen.«

»Aber das ergibt doch keinen Sinn?«

»Genau, das ergibt keinen Sinn. Wahrscheinlich ist der schwarze Soldat später im Krieg gefallen.«

»Wo liegt er begraben, Onkel?«

»Das weiß ich nicht. Vielleicht sollten wir ihn suchen.«

Marcel zog mich dicht an sich heran. Er flüsterte mir etwas ins Ohr. Nicht auf Niederländisch, aber auch nicht auf Französisch. Er flüsterte in einer fremden Sprache. Aber es war auch nicht das geheime »carabouya«-Wort, das ich schon kannte.

»Was hast du gesagt, Onkel?«

Marcel wiederholte den langen Satz, direkt an meinem Ohr.

Ich hatte ihn immer noch nicht verstanden.

»Das ist ein geheimer Satz, den mir der schwarze Soldat beigebracht hat«, sagte Marcel.

»Sag ihn bitte noch einmal lauter.«

»Nein, ich sage ihn mit Absicht so leise, dass du ihn nicht verstehen kannst. Du bist noch zu jung dafür, Remi.«

Wir verließen die Werkstatt, gingen zwischen den Hortensien und den hochgewachsenen Stockrosen hindurch. Ich blinzelte, als ich in das grelle Sonnenlicht trat. Marcel fegte den Schmutz von seinem Overall, wusch sich die Hände an der Pumpe und rieb sich Brillantine ins Haar, bis ein glatter, schwarzer Helm entstand. Im Spiegel betrachtete er gründlich sein Gesicht. Mit einer kleinen Schere sorgte er dafür, dass sein Schnurrbart wieder ordentlich aussah. Bedachtsam, aufmerksam, als würde er mit diesen Fingerbewegungen auch seine Gefühle in Ordnung bringen.

Ich radelte wieder nach Hause, Onkel Marcel ging wie jeden Sonntagmittag zu den Schützen. Wenn er mit Schießen an der Reihe war, legte er den Pfeil konzentriert auf den

Bogen und in einer raschen Bewegung spannte er ihn. Nur drei Finger ruhten auf der Sehne. Beinahe schien das Holz unter der Spannung zu brechen. Der Pfeil sang geradezu, wenn er aus der Ruheposition an der Schulter wegschnellte; bebend senkte sich die Spitze ins Zentrum der Zielscheibe. Marcel gewann, woraufhin der beste Schütze des Dorfes mehr trank, als ihm guttat.

Acht

Nein, hier geht es nicht um diesen Weltkrieg, hier geht es nur um die Erinnerung daran. Was ich selbst auf den Friedhöfen in Westflandern vom Krieg entdeckte, war bloß vergangene Größe und falsche Rhetorik. Flämischer Regionalcharme, der tote Soldaten missbrauchte. Übrigens findet man hinter der Grenze genau die gleichen Friedhöfe.

Ein großer Teil von Remis Familie ließ sich nach dem Ersten Weltkrieg in Caen nieder, in der Normandie. Die Söhne französischer Bauern waren an der Somme gefallen; ein Strom tatenhungriger Jungbauern zog so aus der Westhoek nach Frankreich. Sie bestiegen den Zug in Adinkerke. Vom elterlichen Hof nahmen sie einen Pflug mit, Saatgut, ein paar gute Kühe, ein Pferd, zwei Schweine. Sie sprachen ein miserables Französisch, bekamen in Frankreich so gut wie keine Unterstützung von den ansässigen Bauern, aber konnten dort ein neues Leben beginnen.

Auch die Familie Mabesoone, also Berthas Seite, zerfiel so 1924 in mehrere Zweige. Von ihrer Familie siedelte sogar die Hälfte aus: Sieben der dreizehn Kinder brachen nach Frankreich auf und blieben dort. Zwei Jahre zuvor war Berthas Mutter in Eggewaartskapelle gestorben.

Ob die Familie in Frankreich eine wichtige Rolle für seine Mutter gespielt habe, fragte ich Remi.

Der Professor nickte zustimmend: »Der Schmerz zehrte meine Mutter ihr ganzes Leben lang aus. Einmal im Jahr besuchten die Brüder und Schwestern einander. Wenn der französische Familienzweig zu uns kam, konnte man auf dem Hof vom Boden essen. Sie ertranken gemeinsam im Heimweh. Meine Mutter weinte immer zwei Tage lang, wenn sich ihre Geschwister wieder nach Frankreich aufgemacht hatten.«

Remi sagte auch: »Man muss lernen, nach der Quelle zu suchen, nicht nach der Wahrheit.«

9

Der Erste Weltkrieg in der Westhoek war ein zermürbender Krieg von nie geahntem Ausmaß, der sich in den Schützengräben abspielte. Artillerie, Flammenwerfer und Giftgas wurden eingesetzt. Insgesamt gab es neun Millionen Tote, fünfhunderttausend davon in der Westhoek. Die Felder verwandelten sich in eine vergiftete, pockennarbige Landschaft aus Schlamm, Kratern und Ruinen. Immer wieder erzählte mir Onkel Marcel davon: Alle Wege, Wassergräben und Bäche waren einfach verschwunden. Nichts war mehr übrig von den Markierungen und Systemen, die die Bauern für die Zufuhr, Entwässerung und die Fruchtfolge angelegt hatten. Diese Kulturlandschaft aus Pappeln, Kanälen und Poldern, Wasserwegen und Schleusen hatte sich in ein Netz aus Schützengräben und Verschanzungen verwandelt, aus Holz und Sandsäcken.

»Was für eine Verschwendung der guten Erde«, sagte Onkel Marcel immer wieder.

In der flachen Landschaft der Westhoek suchten beide Kriegsparteien verzweifelt nach höhergelegenen Stellungen, um die Bewegungen des Feindes im Auge zu behalten und ein breiteres Schussfeld zu haben. Auf keinen Fall durfte Gelände aufgegeben werden, auch wenn man es eher zufällig erobert hatte und es eigentlich nicht zu halten war.

Atemlos hörte ich auch den Berichten darüber in der Schule zu.

»Wer weiß, was Granaten sind?«, fragte unser Lehrer.

Natürlich wussten das alle in der Klasse. Bei jedem von uns standen zu Hause die Kupferhülsen auf der Anrichte.

»Nach dem Krieg«, erzählte der Lehrer, »arbeiteten hier die *Tsjings*, die Chinesen. Auf Befehl der Engländer sammelten sie Munitionsreste auf und begruben die Leichen. Überall lagen Körperteile herum, zwischen Stegen, Schienen,

Pferdekadavern. In der lokalen Zeitung hieß eine feste Rubrik ›Explosionen‹.«

Überall in der Westhoek lagen kleine und große Friedhöfe mit den typischen weißen Grabsteinen in der Landschaft. Hin und wieder nahm mich Onkel Marcel auf einen von ihnen mit. Das dünne Gras war dort ganz weich und immer grün. Die Kanten des Rasens ähnelten der feinen Naht einer Soldatenuniform.

»Nirgendwo wuchert hier Moos«, bemerkte Onkel Marcel.

»Überall schöne Blumen«, sagte ich. »Guck dir die Blüten an – die roten sind die schönsten!«

»Ich mag Klatschmohn nicht so«, sagte Marcel rasch.

»Believed to be buried in this cemetery«, las ich auf einem Stein. Ich konnte kein Englisch, aber das hinderte mich nicht daran, die Inschrift laut vorzulesen.

»And fell and lied buried nearby«, ergänzte Marcel. Er beherrschte die Sprache genauso wenig wie ich, aber auch er zögerte nicht, den englischen Text auf dem Grab zu deklamieren.

Einige Gänse flogen in Formation über uns hinweg und stießen dabei unterdrückte Schreie aus. So wie kleine Kinder manchmal im Schlaf seufzen.

Marcel sprach über die Friedhöfe, als wäre er deren Architekt. Auf einem britischen Soldatenfriedhof stehe immer ein Opferkreuz, erklärte er. Das *cross of sacrifice*, mit einem umgedrehten Schwert, als Zeichen, dass der Kampf für immer beendet ist. Außerdem der *stone of remembrance*, der einem Altar oder steinernen Sarkophag gleicht. Den Altar zierte die Zeile *Their name liveth for evermore*. Das klang erhaben, würdevoll, nicht verbittert.

Und rundherum, um den Friedhof, lag unsere bäuerliche Welt: der reife Weizen, ein Feld mit Rosenkohl oder ein grünes Meer aus Karottenkraut. Darüber der süßliche Geruch von

Schweinemist. Marcel sagte: »Wir Bauern werden diese Landschaft wieder in Ordnung bringen.«

Marcel machte mich darauf aufmerksam, dass man von jedem Friedhof aus die Kirchtürme der Gegend zählen konnte. Einen sah man immer, oft zwei oder sogar drei. Onkel Marcel und ich standen unter einer Pappel, die wie ein aufgewühlter Fluss rauschte. Er pflückte ein Blatt vom Baum und pulte einen Gallapfel ab. Die Wolken zogen über unseren Köpfen vorbei.

»Wir sind hier ganz alleine«, sagte ich.

»Wir sind hier nie alleine«, sagte Marcel. Plötzlich bildeten sich wieder Falten auf seiner Stirn. Er fing an, Namen und Texte von den Steinen abzulesen. In seinem schlechten Englisch zitierte er mit falschen Betonungen: *»We cannot Lord thy purpose see but all is well that is done by thee.«*

Mit beiden Händen rieb er sich über die struppigen Augenbrauen. *»Known unto God«*, sagte er und spazierte weiter. Dann wiederholte er: *»Known unto God. Known unto God.«*

Noch einmal: *»Known unto God.«*

Und schließlich: *»Abide with me. Not left to lie like fallen tree, not dead but living unto thee.«*

Abwechselnd lasen Marcel und ich die Inschriften vor, auf der Suche nach dem schwarzen Soldaten. Marcel fragte: »Wer puzzelt irgendwann all diese Körperteile wieder zusammen? Ob Gott die gefallenen Burschen überhaupt wiedererkennt? *›Into Gods most gracious keeping.‹«*

»Pass auf«, sagte ich. »Das reimt sich mit diesem Vers: *›Leave we now this soldier sleeping.‹«*

»Der hier war fünfundzwanzig Jahre alt«, sagte Marcel.

»Greater love hath no man than this.«

»Sechsundzwanzig«, antwortete Marcel.

»Gone from us but not forgotten.«

»Siebzehn, ach.« Plötzlich flüsterte Marcel mir den geheimen Satz ins Ohr.

»Was hast du gesagt, Onkel?«

Er wollte den Satz nicht wiederholen.

»Wir hören jetzt vielleicht besser auf«, sagte ich.

Mein Onkel und ich unternahmen regelmäßig solche Ausflüge. Zwar waren die weißen Grabsteine, das Kreuz und der *stone of remembrance* immer die gleichen, aber die Umgebung war immer eine andere. Manchmal lag der Friedhof auch direkt zwischen den Häusern oder hinter einer Scheune verborgen. Manchmal auch offen und ungeschützt zwischen den Weizenfeldern oder mitten in einer Ebene aus Rotkohl oder Flachs.

»Wie wertvoll muss diese Erde wohl sein«, sagte Marcel, »wenn so um sie gekämpft wurde?« Marcel las weiter Namen und Inschriften vor. Ich setzte mich kurz auf eine Bank.

»Willst du wirklich alle Friedhöfe besuchen, Onkel?«

»Wenn es sein muss«, sagte Marcel. Auf jeden Fall wollte er jedes Mal alle Einzelgräber sehen, und, wenn angegeben, Namen und Alter der Toten laut vorlesen.

On whose soul sweet Jesus have mercy, 24 years.

He died at his duty but lives in the garden of memory, 21 years.

And thus this man died, an example of noble courage, 20 years.

Manchmal trafen wir auf Touristen oder Pilger, Familienmitglieder, die einen Gruß aus dem Vaterland brachten. Sie hinterließen pathetische, aber auch sehr persönliche Einträge in den Gästebüchern.

Done this for you. Mom.
Finally found you, Grandad.

Nach unserem Gang über den Friedhof schrieb Marcel ins ausliegende Buch: »Alles gut gepflegt.«

Neun

In der Westhoek besuchte ich das Kuriositätenmuseum Nollée. Wenn die Sonne schien, stand, wie ich dort schon bemerkt hatte, ein Schild auf der Straße: »Jedermann ist herzlich willkommen. Um eine Spende wird gebeten«. Der Besuch war Teil meiner Nachforschungen über Remis Jugend und seinen Geburtsort. Ich hatte mir selbst eingeredet, dass ich dies erst klären müsste, bevor ich mich mit der Yaka-Kultur auseinandersetzen könnte.

Das Museum bestand aus vier oder fünf aufgereihten Schuppen und Verschlägen, allesamt bis an die Decke gefüllt mit altem Plunder. Der Besitzer trat wie die Parodie eines Oberstudienrats auf. Mit einem zerbrechlichen Zeigestock deutete er auf verschiedene Objekte. Beispielsweise auf ein Gerät, mit dem man den Fettgehalt von Milch bestimmen kann, den Hut des Schlagersängers Eddy Wally, eine Büchse Zichorienkaffee der Marke »Die Blüte Flanderns«, eine Tafel mit allen westflämischen Begriffen für Schaukel *(jutekako, rudekokke, riesche, schok-veuve, toekter, toeter, tjoeter).*

Der Besitzer des Museums ließ mich Holzpferdchen und Briefmarken mit Pferden sehen; außerdem: Abbildungen von Mühlen und Mähdreschern, Landbaugeräten, Plastikbrot. Er zeigte mir eine Erstausgabe des Romans *Der Flachsacker* von Stijn Streuvels, inklusive eines von ihm selbst gemalten Porträts des Autors.

Mit tiefem Ernst präsentierte der Mann seine Sammlung; nie geriet er dabei in Versuchung zu lachen. Er fand kein Ende, leierte Listen herunter und zeigte mir alles Mögliche. Etwa alle westflämischen Fahrradvignetten seit 1907. Ein schwergewichtiges rotes Nachschlagewerk, in dem alle Handelsschiffe der Welt abgebildet waren. Ein Samowar, wie er in russischen Zügen verwendet wurde. Ein sprechender Fisch. Ein mit Muscheln bedeckter Mann, ein Schild mit der Aufschrift

»Herr, hilf uns zu leben nach dem Vorbild von Vater und Mutter« und mindestens vierhundert weitere Kuriositäten.

In einem großen Schrank bewahrte er siebzig verschiedene Arten von Hobeln auf. Um nur ein paar zu nennen: Profilhobel und Putzhobel, die Raubank, Schiffhobel, Schlichthobel, Schrupphobel, Schweifhobel, Seitenfalz- oder Simshobel und genauso viele Eisen; ich muss aufpassen, dass mich diese auf Vollständigkeit abzielende Sammlerwut nicht infiziert.

Er besaß gut fünfzig kunstfertig gravierte Granathülsen. »Auf jeder einzelnen findet sich eine Herstellungsnummer«, erklärte er, »und auch jeder Soldat hatte eine Nummer. So suchte jede Granate ihr vorbestimmtes Opfer.«

Ob er das wirklich meine, wollte ich von ihm wissen. War das tatsächlich so?

»Das sagte man damals«, antwortete er ernsthaft. »Man sagt doch auch, dass jeder auf dieser Welt irgendwo einen Doppelgänger hat, und dass sich die Doppelgänger, wenn sie sich begegnen, gegenseitig töten.«

»Glauben Sie das wirklich?«, fragte ich.

»Das sagt man so«, wiederholte er. Und dann zeigte er mir noch einige Fotografien von Kriegsopfern. Plötzlich fuhr er auf Französisch fort: *»Des mutilés, des gueules cassées, des blessés de face.«*

Nach meinem Besuch entrichtete ich eine freiwillige Spende.

Tagelang fuhr ich in der Westhoek umher. Wattewolken warfen graue, fast gemalte Schatten auf die Äcker. Manchmal glaubte ich sogar, den kleinen Remi zu sehen, wie er auf einem Feldweg fuhr. Einmal strich ein älterer Mann eine Scheune mit pechschwarzem Carbolineum und der Junge neben ihm erinnerte mich an Remi.

Auf dem Friedhof an der Dorfkirche sowie den Friedhöfen im Umland besuchte ich die Gräber von Remis Familie:

dasjenige der Mutter, des Vaters und das seines Onkels. Die Inschriften übertrug ich in mein Notizheft.

Ruhe sanft, geliebte Mutter

Im Namen der Bauerngilde, im Gedenken an ihren Vorsitzenden, stellvertretenden Vorsitzenden, Ehrenvorsitzenden

Für einen schmerzlich vermissten Freund, die IJzerschützen

10

»Bauern müssen ackern«, pflegte mein Vater zu sagen. »Wir sind aus Eisen und Stahl gemacht, aber auch aus Gummi. Es ist unser gutes Recht, hart zu arbeiten. Nichts darf verlorengehen.«

»Was soll nicht verlorengehen?«, fragte meine Mutter zerstreut.

Vater antwortete: »Wir müssen immer weiterackern, damit wir es zu etwas bringen. Und wenn wir etwas zurückbekommen, haben wir es uns redlich verdient.«

»Ja, gewiss«, sagte Mutter gedankenverloren.

»Nichts geschieht von alleine, Bertha.«

»So ist es, Omer.«

»Wir dürfen glücklich sein, dass wir zu Hause arbeiten können und bis ans Ende unserer Tage hier bleiben dürfen«, sagte Vater.

Jetzt schaute Mutter auf. »Glaubst du wirklich, was du da sagst?«

Vater antwortete mit einer Redensart: »Wenn ich eine Pfeife hätte, könnte ich um Tabak bitten, aber ich habe ja keine Streichhölzer.« Dann schwieg er.

Mein Vater organisierte das Dorffest und den Bauernmarkt. Er war damals stellvertretender Vorsitzender der Bauerngilde und für eine Weile saß er sogar im Gemeinderat. Überall war er gerne gesehen. Er konnte Dinge gut erklären, aber wenn er mit Mutter diskutierte, lautete seine Taktik oft, das Heil im Schweigen zu suchen.

Vater schlief ein. Mutter schaute sich noch Familienfotos aus Frankreich an. Dann schrieb sie etwas in ihr Tagebuch, das für alle anderen tabu war. Schließlich gingen beide ins Bett.

Morgens melkten sie vor sechs die Kühe. Dann schöpften sie den Rahm von der Milch ab, gaben den Kälbchen zu trinken und frühstückten rasch. Auf dem Löwener Ofen köchelten Bohnen. Im Backhaus wurde der Futterbrei für die Schweine gekocht. Übler, fetter Dampf quoll aus der Türöffnung nach draußen.

Mittwochvormittags fuhren Vater und Mutter in unserem großen Citroën nach Veurne. Ich war schon fast zwölf und besuchte die letzte Klasse der Dorfschule. Mein Bruder und meine Schwester lebten in einem Internat.

Auf dem Markt in Veurne verkaufte Mutter dreißig Kilo Butter; danach erstand sie in der Einkaufsstraße ein neues Kostüm, mit einem dazugehörigen Halstuch. Vater saß mit den Viehhändlern in der Kneipe und trank sieben oder acht Gläser Bier. Danach fuhren sie nach Tielt, um meine Schwester im Internat zu besuchen. Dann passierte es. Vater nahm einem Lastwagen die Vorfahrt. War er unaufmerksam gewesen?

Oder angetrunken, eingenickt?

Ja. Nein.

Darüber wurde nicht gesprochen.

Aber der Lastwagen erwischte sie. Mutter prallte mit dem Kopf auf den elektrischen Antrieb der Scheibenwischer und zog sich einen doppelten Schädelbruch zu. Drei Stunden später kam der Direktor der Schule ins Klassenzimmer. Er rief mich hinaus: »Dein Vater kommt heute Abend später nach Hause. Geh du schon einmal auf den Hof und melke die Kühe.«

An diesem Abend melkte ich gemeinsam mit Onkel Marcel die vierundzwanzig Kühe. Um elf Uhr in der Nacht kam Vater nach Hause.

»Mama ist noch nicht tot«, sagte er in seiner Verzweiflung, um mich irgendwie zu trösten.

Drei Wochen später kam Mutter aus dem Krankenhaus zurück auf den Hof. Ihr permanentes Schweigen war unheimlich. In ihrem geblümten Morgenmantel betrachtete sie still meinen Vater. Sie schien jeden Augenblick in Tränen ausbrechen zu können.

Noch einmal drei Wochen später meinte Mutter, endlich den richtigen Ton gefunden zu haben, um mit meinem Vater zu sprechen. Sie machte ihm unmissverständlich klar, dass alle drei Kinder weiter auf die Schule sollten. Das war eher ein Befehl.

»Alle drei«, sagte sie, aber gemeint war vor allem ich. Meine Geschwister hatten sich nie besonders für den Hof interessiert, das war für Vater in Ordnung gewesen, aber ich, der jüngste Sohn, sollte einmal den Familienbetrieb übernehmen. Darüber war man sich bislang einig gewesen; genauso hatte es auch mein Vater gemacht.

Vater antwortete: »Unser Jüngster bleibt hier, er wird den Hof erben.«

»So wie du dir das vorstellst, wird das nicht ablaufen«, unterbrach Mutter ihn direkt.

»Ach, nicht?«, fragte Vater.

»Unsere drei Kinder sollen den Hof verlassen«, sagte sie. »Hier sagen sich doch Fuchs und Hase Gute Nacht, wir leben am Arsch der Welt.«

»Mein Gott, also gut«, sagte mein Vater nur noch. Dann schwieg er.

Mutter seufzte. Ich hatte alles mitangehört.

Mutter stritt sich jetzt häufig. Manchmal war sie ungerecht. Wenn Vater über den Hof sprach, verdrehte sie die Augen – aus Wut, Langweile oder Verzweiflung. Die Einnahmen gingen zurück, da sie weniger mithalf. Vater verkaufte zehn Kühe. Der Hilfe im Stall wurde gekündigt.

»Als ob meine Hände abgeschlagen worden wären«, sagte Vater nach einigen Wochen zu Onkel Marcel. »Bald werde ich nur noch ein Knecht auf meinem eigenen Hof sein.«

Marcel gab keine Antwort. Stattdessen fuhr er sich wiederholt mit der linken Hand über die frisch rasierten, gegerbten Wangen.

Als einziges Kind war ich die Woche über noch zu Hause, daher veränderte sich alles für mich. Ich wurde ganz unruhig, wenn Mutter über ihre stechenden Kopfschmerzen klagte. Genauso wie sie regte ich mich jetzt über den beißenden Fischmehlgeruch auf, der vom Schweinefutter aufstieg. Ich sagte, es würde hier stinken. Gemessen an unserem früheren Umgangston war das schon fast ein Fluch.

Mutter wurde immer dünner und schmollte, den Kopf hielt sie meistens abgewandt. Ihre Launenhaftigkeit lastete schwer auf den Gesprächen im Haus.

»Wir werden sehen«, sagte Vater.

»Was werden wir sehen?«, fragte sie sofort.

Vater gab keine Antwort. Manchmal versuchte sie, ihn in eine Diskussion zu verwickeln, aber das gelang ihr nicht. Vater war ein Meister des Schweigens geworden.

Als meine Schwester Agnes wieder einmal widerwillig ins Internat aufbrach, bügelte ich noch rasch ihre weiße Bluse. Ich ging mit ihr zur Haltestelle der Bahn; auf dem Weg redete ich auf sie ein.

Als ich zurückkam, schaute ich mich auf dem Hof um. Ich hockte mich neben Baron. Plötzlich sagte jemand etwas in mein Ohr, aber weit und breit war niemand zu sehen. Dann klang es so, als hätte sich jemand ganz in der Nähe geräuspert. Als ob er seine Stimme lockern wollte – um dann zu sagen: »Ich bin in dir.«

Und danach wurde die Stimme noch unmissverständlicher: »Bruchstücke und Trümmer bin ich und ab heute werde ich ein Teil von dir sein.«

Ich war ganz alleine auf dem Hof. Es gab keinen Zweifel, da war ein Flüstern: »Ich bin in dir.«

Das war die Ankündigung.

Wie ich im Laufe der Zeit feststellte, erhielt ich nach diesem Tag gelegentlich Botschaften.

Manchmal waren es nur Wörter, manchmal Halbsätze. Verdichtete Satzteile, wie ineinandergeschobene Knöchelchen, die mir in den Sinn kamen, die es auf mich abgesehen hatten. Wenn ich versuchte, sie aus meinem Kopf zu verbannen, musste ich sie oft völlig unvorhersehbar und an unpassenden Momenten laut wiederholen, als hätte ich mich verhaspelt. Das passierte auch einige Male im Unterricht. Ich saß neben Hubert. Erst dachte ich, jemand würde mich mit der flachen Hand ins Gesicht schlagen.

Plötzlich flüsterte ich: »Die Menschen heilen.«

»Was hast du gesagt?«, fragte Hubert. Ich begriff selbst nicht, was gerade passiert war.

Sofort danach, ein zweites Mal. Ich murmelte: »Die Menschen heilen.«

Als würden die Worte aus mir heraussprudeln. Etwas Ungesagtes, das laut ausgesprochen werden musste. Ich hustete beschämt. Ich wusste ja selbst nicht, warum ich das gesagt hatte. Ich antwortete: »Ist schon gut, ich werde mich darum kümmern.«

Am selben Abend ging ich auf den Speicher, um weiße Bohnen zu holen. Unter dem First befiel mich eine Last, schwerer als Blei. Es herrschte eine merkwürdige Stille; nichts geschah, aber im Hinterzimmer, wo Mutter träge ihre Füße in einer Zinkwanne wusch, sah ich drei Wörter, die sich wie silbrige Fische im Seifenwasser bewegten. Da stand geschrieben: »Die Menschen heilen.«

Mutter schaute zu mir herüber. Sie dachte daran, was eine Tante einst prophezeit hatte, als sie in meine Wiege geguckt hatte: »Schau dir dieses feine Gesicht an, die schmalen Beinchen, sein ganzes Wesen. Das wird ein Mamakind.«

Ganz durcheinander ging ich nach draußen. Ich betrachtete die Wolken über dem Gemeneweg, sie trieben im Himmel wie Beobachtungsballons im Krieg. Schwalben sichelten haarscharf über die Wiese und die Kopfweiden. Ich zog den süßen Geruch von Schweinemist und Silofutter ein.

Ich nahm das Fahrrad und fuhr über die Grenze, nach Frankreich. Ich raste immer weiter und wollte nicht

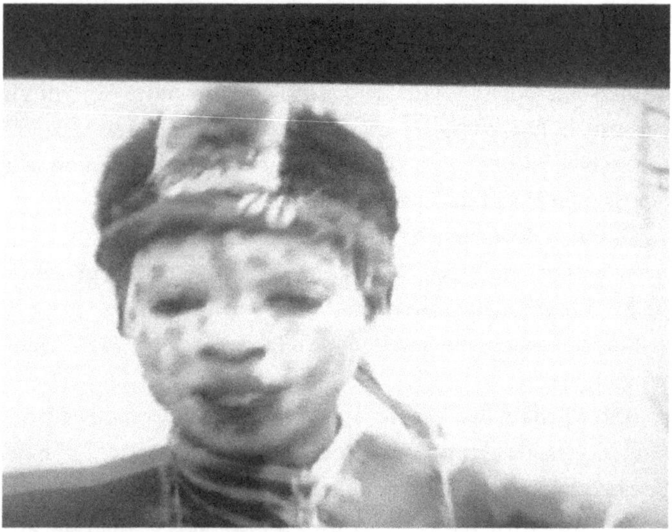

umkehren. Nach einer Stunde war ich erschöpft und musste anhalten; ich war in einem Dorf angekommen, das ich nicht kannte. Ich keuchte. Eine junge blonde Frau schaute aus der Tür eines Arbeiterhäuschens zu mir herüber. Sie war blass, geschmeidig, anziehend. Als würde sie mich dort am Ende meiner Fahrt erwarten. Auf Französisch sagte sie, ihr Mann sei unterwegs, das Kind würde schlafen. Ob ich etwas trinken wolle? Beim Wort *boire* öffnete sich ihr breiter, sinnlicher Mund. Ich nickte.

»*Entre*«, sagte sie mit einer melodischen Stimme.

Ich ging auf sie zu, blieb dann aber verwirrt in der Türöffnung stehen.

»*Mais entre quand-même*«, sagte die Frau. Ungeduldig schaute sie zu, wie ich zwei große Gläser Wasser trank.

Ob ich noch etwas wolle?

Ich schüttelte den Kopf.

Ob ich mich langweilen würde, wollte sie wissen.

Ich schüttelte noch einmal den Kopf. Langweilte sie sich?

»*T'es Flamand?*«, fragte sie und sagte, ich sei ein merkwürdiger Junge. Das erschreckte mich. Was meinte sie damit?

»Geschwind, geschwind«, lachte sie, »oder ich greif mir dich.« Hastig sprang ich wieder aufs Fahrrad. Aber ich dachte: Ich will so eine Brille haben, mit der man durch Kleider hindurchsehen kann. In der Zeitschrift *De Linie* hatte ich eine Reklameanzeige dafür gesehen.

Als ich verschwitzt zu Hause ankam, stand meine Mutter am Küchentisch. Sie goss gerade eine weißliche Flüssigkeit aus einer Apothekerflasche in einen Suppenlöffel. Die Flasche verströmte einen schläfrig machenden Anisgeruch. Sie sagte: »Du lebst hier lieber als ich.«

Plötzlich hörte ich wieder die Stimme in meinem Ohr: Jemand sagte »Au«, und noch einmal »Au«.

Aber diesmal war es nur der Hund, der sein großes Maul aufriss und gähnte. Doch eine Stunde später ertönte die Stimme wieder, diesmal klarer. Die Stimme fragte mich:

»Wie heilt man die Menschen?

Wie heilt man die Wunden der Menschen?

Wie heilt man die getroffenen, fortgeschleuderten, erschossenen Menschen?«

Zehn

Auf einem Bauernhof beobachtete ich einen Hahn beim Herumstolzieren. Klatschmohnrot leuchtete die Farbe seines Kamms. Ich spazierte auch über den belgischen Soldatenfriedhof von Oeren, ich war an der IJzer bei Roesbrugge, der Kirche von Beveren-aan-de-IJzer, beim flämisch-nationalistischen Denkmal für die Brüder Van Raemdonck in Zuidschote und beim belgischen Bunker in Lampernisse. Auf dem Polygon Wood Cemetery liefen die Menschen wie Geister auf den Pfaden. Ich saß dort auf einer Bank, wie einst Remi mit seinem Onkel. Wie ist das wohl für die Bauern, grübelte ich, zwischen all diesen Friedhöfen zu leben und zu arbeiten?

Beim Last Post in Ypern stand ich zwischen den Touristen an der Menenpoort und war so ergriffen, dass ich zu zittern anfing. Dieses Gefühl ging allerdings schnell vorüber, als ich in den Auslagen der Geschäfte die funkelnden Granathülsen sah. Warum polierte man so starrsinnig diesen Kriegsschrott und ließ ihn sogar noch gravieren?

Ich fuhr am trauernden kanadischen Soldaten von Sint-Juliaan vorbei, dem *Brooding Soldier* mit seinem Schwert aus Blaustein. Ich hielt kurz an und las die Inschriften.

Glorieusement tombés.

Glorreich? Egal ob sie nun eine Kaninchenpfote oder Orden dabeihatten, das hatte nicht verhindert, dass auch ihnen Arme und Beine abgerissen wurden. Entstellt fand man sie, angesengt oder sogar verkohlt, die Körper im Stacheldraht verfangen. Bei meinem Besuch dort wurde gerade Reklame für eine flämische Kirmes gemacht. Außerdem konnte man lesen: »Willkommen beim Quadtreffen der Heimatfreunde. Das Treffen findet im Café De Zwaan statt.«

Der August ging zu Ende. Die Krähen sammelten sich schon in den Bäumen. Ich beobachtete die Hasen auf dem

Feld, bestaunte die Pechnelken und hörte das Brummen einer Maschine, irgendwo in einer Halle.

Was treibt uns an? Wird es durch einen Kontakt ausgelöst oder weil uns etwas tief im Inneren berührt? Wer sorgt dafür, dass Menschen sich eine alte Schuld auf die Schultern laden?

11

Meine Eltern saßen am Tisch. Sie schwiegen. Nach dem Essen schlug Vater kurz mit beiden Händen auf seine zerknitterte Weste und stand auf. Mutter seufzte, griff sich an die Stirn. Sie kümmerte sich noch um die Butter und die Rechnungen, aber half weder bei den Kühen noch bei den Schweinen, obwohl das früher unsere Haupteinnahmequelle gewesen war.

Ich war inzwischen zwölf und im Internat in Veurne untergebracht worden, zusammen mit meinem drei Jahre älteren Bruder. Etwas abschätzig nannten die Lehrer uns nur »die Bauernsöhne«.

Die Jungen aus der Stadt nannten uns grunzend »die Bäuerchen«.

Ach, immer diese Bauern.

Das ließ ich nicht auf mir sitzen: »Ihr seid doch bloß Fürze im Wind.«

Sie haben mich ausgelacht und sagten, es sei doch nur ein Witz. Ich wusste selbst nicht, warum ich so aus der Haut fuhr: »Ihr habt noch nie in die Scheiße greifen müssen«, schnauzte ich sie an.

Auf dem Klassenfoto war ich der lange, schlaksige Junge.

Fasziniert, sogar verzaubert, blätterte ich im Schulatlas. Ich fühlte mich wie ein Entdeckungsreisender, ein Vagabund. Im Erdkundebuch starrte ich auf die gräulichen Fotos der Savanne, die rätselhaften Bronzestatuen aus Westafrika, amerikanische Auswanderer in der Prärie. Im Wörterbuch Französisch-Niederländisch stieß ich zufällig auf die Bedeutung von *malice*: schelmisch, tückisch, böswillig. Galt das auch für meinen Onkel Marcel?

Auf dem Spielplatz vor der Schule hing eine Gedenktafel aus blauem Kalkstein, auf der in hohen, schmalen Buchstaben stand: »Im würdevollen Gedenken« – darunter wurden vierundzwanzig Namen von ehemaligen Schülern aufgelistet, die im Großen Krieg gefallen waren. Sogar Schüler taugten offensichtlich zu Helden.

Eines Abends gelang es mir, unbemerkt die Schule zu verlassen und auf den nahe gelegenen Friedhof zu gelangen. Ganz hinten, nahe der Eisenbahn, lagen die Gräber englischer und französischer Soldaten. Ich ging die Namen durch, wie ich das schon oft gemeinsam mit Onkel Marcel gemacht hatte. Ich stellte mir seine Stimme vor: *A dutiful son at rest.*

Twenty-seven years, sagte ich fließend und phonetisch korrekt, denn mittlerweile bekam ich Englischunterricht. *They shall not grow old, as we that are left grow old.*

Vierentwintig years, antwortete Marcel auf seine Art.

His name is written in words of love, sagte ich, *in the hearts he left at home.*

Eenendertig years, ergänzte Marcel.

Bei den schlichten französischen Kreuzen aus weißem Kiesbeton stieß ich auf das Grab eines gewissen Negro Joseph, zwischen Alphonse Astrehoud und Adrien Boissin. War das etwa der schwarze Soldat, den Marcel gekannt hatte, als er noch ein kleiner Junge gewesen war?

In der Schule nahmen wir den antiken Mythos von Aktaion durch. Während der Jagd erblickte der junge Jäger Aktaion die bildschöne Göttin Diana, die nackt in einem Waldsee badete. Zur Strafe wurde er in einen Hirsch verwandelt, woraufhin ihn seine eigenen Hunde zerfleischten.

In dieser Nacht träumte ich, dass mir ein Horn aus dem Brustkorb wachsen würde. Das Horn gab ein schwaches rosa Licht ab. Dieses Rosa war identisch mit dem Marmor des Kaminsimses in unserem Wohnzimmer oder der Farbe des Hauptaltars in der Dorfkirche.

Das war eine merkwürdige Erfahrung. Das kalte rosa Licht erleuchtete meinen ganzen Körper und sank tropfenweise in meine Haut. Durch dieses Licht konnte ich in mich selbst blicken. Alle meine Sehnen, Bänder und Wirbel wurden sichtbar.

Ich schreckte aus dem Albtraum auf, stand auf und schaute zum Fenster hinaus. Unter mir lag das schlafende Städtchen. Über Veurne die Nacht, königsblau wie kostbare Tinte. Ich sah die Milchstraße, wie ich sie nie zuvor gesehen hatte: Das Universum war eine blaue Vase, aus der sich klares Sternenlicht verschwenderisch auf mein Gesicht ergoss. Dann sah ich im Bett den Abdruck, den ich auf dem Betttuch hinterlassen hatte. Ich ertastete meine eigene, noch deutlich spürbare Körperwärme. Das war mein Körper, aus dem Haare und Dornen wuchsen.

Schau an, dachte ich, ich kann auf meinen eigenen Körper sehen.

Was geschah mit mir?

An jenem Sonntag sah ich über mir in der Kirche das Kreuz mit dem bemalten Jesus, der die Dornenkrone trägt. Der bleiche Körper Christi. Der magere, gefolterte Leib hatte exakt dieselbe Fleischfarbe, die ich in meinem Traum gesehen hatte. Dann merkte ich, oder bildete es mir zumindest ein, dass aus den Fleischscharnieren der Figur die rosa Farbe auf die Gemeinde tropfte. Bei der Kommunion grauste mir vor der Hostie.

Ich beobachtete genau, wie der Priester Salz im Wasser auflöste und die Gläubigen damit besprenkelte. *Asperges me*, stimmte ich in den Gesang ein. Ich bekam einige Tropfen des Weihwassers ins Gesicht, dadurch schien mir weniger heiß zu sein. Beim Verlassen der Kirche war ich vom Harzgeruch des Weihrauchs wie betäubt. Was in Gottes Namen passierte mit mir? Reinigte der Weihrauch mich?

Klarer als je zuvor begriff ich, dass ich einen Körper hatte.

Ich spürte nun auch, wenn zu Hause ein Hase im Keller hing und seinen letzten Atemzug tat.

Früher hatte ich meinem Vater beim Kastrieren der Ferkel geholfen. Jetzt musste ich mich bei dieser einfachen Arbeit fast übergeben. Ich konnte spüren, wenn ein Tier auf dem

Hof zum Schlachter gebracht wurde. Da drehte sich alles ums Erschießen, Erschlagen, das Durchtrennen, Halbieren. Es ausbluten zu lassen, zu putzen, auf Fleischhaufen aufzuteilen. Ich fühlte mich wie ein solcher nackter Klumpen Fleisch, abgewaschen und auf dem Tisch zur Schau gestellt. Von einem Geweih zerrissen, das aus mir wuchs. Seitdem lebte meine Seele in einer kalten Hülle.

Diese Erkenntnis peitschte wie ein brennender Dornenzweig durch meine Gedanken.

Eine Woche später erzählte uns der Lehrer die Geschichte der Emmausgänger. Zwei entmutigte Jünger sind auf dem Weg ins Dorf Emmaus. Sie trauern und diskutieren, sie können nicht begreifen, was passiert ist. Ein Unbekannter stößt zu ihnen und begleitet sie auf dem Weg.

»Ist jemand gestorben?«, fragt der Fremde sie.

Die beiden Emmausjünger erzählen ihm eine wirre Geschichte über die Kreuzigung ihres Meisters. Als sie gemeinsam essen, enthüllt der Fremde seine wahre Identität. Es ist der Gekreuzigte selbst, den die Jünger in ihrem Unglauben und Schmerz nicht erkannt haben. Im selben Augenblick, in dem sie ihn erkennen, ist er auch schon wieder verschwunden.

»Was bedeutet das?«, wollte der Lehrer wissen.

Dass, wer tot ist, nie ganz tot ist, dass Fremde keine Fremden sind, oder keine bleiben, dass zufällige Gespräche manchmal die wichtigsten Begegnungen sind, wollte ich antworten, aber in diesem Moment klingelte die Schulglocke.

Elf

Der Professor schickte mir eine Mail, in der er schrieb: »Ich kann nicht sagen, wie es geschieht, aber seit meinen Erfahrungen bei den Yaka ist mir immer klarer geworden, dass bestimmte Umfelder und Begegnungen auf uns einwirken, uns nachhaltig berühren, uns in eine Schwingung versetzen oder sogar fortreißen; sie stacheln uns an, deprimieren oder beruhigen uns. Dies geschieht durch so etwas wie Wellen, Strahlung, Energie oder Oszillation, Resonanz, Echos – durch Kräfte.«

In seiner Erläuterung schrieb Remi davon – ich zitiere jetzt wörtlich aus seiner Mail –, »sich auf Affektströme einzulassen, wie etwa auf Druck, Aufregung, Erröten, Atemnot oder Herzrasen, aber auch auf Gefühle, die über sinnliche Wahrnehmung oder intersensorische Kontakte vermittelt werden, sich zu fokussieren auf Bilder, die in oder zwischen Körpern existieren, aber auch auf Begeisterung oder Neigung, also die *propensity*, das Verlangen und den Mangel, auf intergenerationale Gedächtnisspuren.«

Ich hatte keinen blassen Schimmer, was er damit meinte.

Remi lud mich ein: »Das nächste Mal sollten wir über neue Theorien reden, wie etwa die Feldtheorie aus der Quantenphysik, ich versuche gerade, sie zu durchdringen, oder wir diskutieren die durchaus umstrittene Herangehensweise der *morphic resonance*.«

Bei unserem nächsten Treffen sprach Remi dann über die Psychoanalytikerin Piera Aulagnier, einen gewissen Sheldrake, David Chamberlains *Windows to the Womb* und über Geisterteilchen.

Allerdings konnte ich mit seinen komplexen Gedankengängen schon seit einer ganzen Weile nicht mehr mithalten.

»Einfach gesagt, es geht um Stimmen«, sagte Remi. »Wie bereits im Mutterleib Stimmen in den Körper des Kindes eingeprägt und eingeschrieben werden.«

Früher, auf dem Bauernhof, erzählte er, hörten sie kaum menschliche Stimmen, denn dort wurde vor allem geschwiegen. Gleichzeitig war dieses Schweigen, diese Leere in seiner Jugend, eindringlich und bereichernd, denn auch die Stimmen der Tiere und die Stille der Landschaft waren darin geborgen. In der Ferne hörte man einen Hund, der mit einem anderen Hund »sprach«, und dieser wiederum mit einem weiteren Hund, der in noch größerer Entfernung bellte.

Remi berichtete, wie er sich in die Hundehütte legte und der Hund geduldig sein Gesicht ableckte. Die Pferde erkannten Marcel; sie spürten sogar, wenn er sich näherte, noch bevor er mit dem Fahrrad überhaupt den Hof erreicht hatte. Wenn ein Pferd wieder zu Kräften kommen musste, drehte sich Marcel erst eine Zigarette, und dann schien es so, als würde er sich mit dem Pferden unterhalten.

Die einzigen Tiere, die nicht auf Menschen reagierten, waren die Schweine. Remis Vater Omer pflegte zu sagen: »Es sind halt nur Schweine.«

»Ich hatte eine besondere Beziehung zu unserem Pferd Bella«, erzählte Remi. »Es stammte von einem anderen Hof. Bella hatte sich dort vor etwas erschreckt, war durchgegangen und hatte den Jungbauern mit einem schweren Wagen überrollt. Er starb an seinen Verletzungen. Seitdem war das Pferd schreckhaft, sogar gefährlich. Nur wenn man es behutsam ansprach und auf die richtige Weise berührte, gehorchte es. Marcel und ich konnten das. Meine Mutter hatte so einen Draht zu den Kühen. ›Man muss eine Kuh streicheln‹, sagte sie, ›sonst gibt sie keine Milch.‹ Jedes Tier besaß einen eigenen Namen, einen eigenen Atem. Wir alle auf dem Bauernhof fühlten uns aufgehoben unter dem Himmelsgewölbe, genau wie die Tiere. In meinen Träumen kehrt dieses Gefühl immer wieder zurück.«

Er könne sich auch heute noch in die Stille seiner Jugend zurückziehen, sagte Remi. Alles habe er in seinem Inneren aufbewahrt. »Ich sehe meine Großeltern, auch wenn ich sie nie kennengelernt habe. In meinen heimlichsten Augenblicken teilen sie mir eine Botschaft mit, die ich nicht in Worte fassen kann.«

»Das geht doch eigentlich nicht«, sagte ich.

»Was meinst du?«

»Das ist doch unmöglich, Remi?«

»Vielleicht sind es keine Worte, eher Bilder«, antwortete Remi und erzählte mir noch mehr über seine Familie. Über die zwei Onkel seines Vaters, die Giftgas eingeatmet hatten, sodass sie ihr ganzes Leben mit bedrohlichen Atemwegsbeschwerden zu kämpfen hatten. Er erzählte von all dem Unglück, das eine bäuerliche Familie überkommen kann, bat mich aber, diskret mit diesem intimen Wissen umzugehen.

»Etwas hallt in dieser Gegend wider, das wir nicht begreifen können«, sagte Remi. »Echos überwinden die Zeit – oder sich fortpflanzende Wellen. Auf unserem Hof blieb der Krieg immer präsent, auch weil die Bataillone sich nach dem Kampf in unserer Scheune ausruhten. Manchmal gab es sogar Erinnerungen an Dinge, die erst noch passieren mussten.«

»Wie meinst du das?«

»Eigentlich ist das ein Ding der Unmöglichkeit. Aber über den Menschen schwebte ein Fatum, es musste einfach passieren. Das Trauma war schon da, so schien es, bevor die Verletzung erfolgte. Ich empfing diese Spannungen. Ich bekam Zugang zu Erinnerungen, die nicht meine waren.«

Ich notierte alles in mein Notizbuch.

Remi sagte auch, dass man ihn regelmäßig ermahnte: »Schweig, darüber sprechen wir nicht. Behalte das für dich.«

Remi bestand darauf, dass ich auch das aufschrieb.

12

Ein heiliger Moment für die Bauern war die Aussaat auf den Feldern, manchmal reichte aber auch Profaneres, etwa mit großen Landbaumaschinen dröhnend durch das Dorf zu fahren. Ein *moment de gloire*, wenn man vor den Augen der Dorfgemeinschaft neue Äcker dazukaufte und dann die Erde mit einem scharfen Pflug in ihre Schranken wies. Die Bauern wollten beim Fortschritt nicht zurückstehen, tauschten das Pferd gegen den Traktor, die Getreidemäher gegen Mähdrescher, und der Stier wurde durch die künstliche Besamung ersetzt.

Regelmäßig kommentierten sie das Wetter. Sie beobachteten alle Anzeichen genau und verglichen diese mit der Prognose des Wetterberichts, der Meinung der anderen Bauern, aber auch mit überlieferten Bauernregeln und dem Verhalten der Vögel. Dann diskutierten sie darüber. Es ging darum, die Komplexität des Wetters in seinem Wandel genau zu verstehen – und darauf aufbauend das zukünftige Wetter vorauszusagen.

Manchmal war es gar nicht klar, ob sich das Gespräch wirklich um Wetterprognosen drehte. Dann waren die Beobachtungen nur ein Anlass dafür, die drückende Stille zu durchbrechen, die Gedanken der anderen zu erraten, einander aufzuziehen oder anzustacheln.

Hielten sich die Bauern für etwas Besseres als den Rest? Gewiss, aber sie sagten das nicht. Sie waren nicht hochmütig, wussten aber von ihrem speziellen Wissen über Tiere und Pflanzen. Fortwährend hegten und veränderten sie die Landschaft. Sie handelten zielstrebig: Gräben wurden entwässert, Hecken von Bulldozern eingerissen, sodass der Wind noch schärfer über das flache Land fegte. Der Gewinn stieg, aber auch die Risiken wurden größer. So berichtete es kürzlich das Magazin des Bauernverbands *Boer en Tuinder*. Oder stand es im Wochenblatt *Landbouwleven*?

Mein Vater war gerne mit tatendurstigen, fortschrittlichen Landwirten unterwegs, auch wenn sich auf unserem eigenen Hof vieles zum Negativen verändert hatte.

»Es ist, wie es ist«, sagte er.

»Dass es ist, was es ist, darum geht es«, war auch so ein Spruch von ihm.

Die Bauern trafen sich nur einmal pro Woche in der Kneipe und dann tranken sie sehr viel und sehr schnell. Sie sprachen zu laut, was auch daran lag, dass sie schon seit drei Tagen kein Wort mehr gesagt hatten. Sie tranken Bier und Vater nahm gerne einen Picon dazu. Sie besprachen die Flandernrundfahrt, Brüssel und Europa, tratschten in Andeutungen über die Affären im Dorf. Oder es hatte wieder einen tragischen Unfall gegeben, etwa, wenn ein Bauer unter einen Anhänger geraten war. Oder jemand war in die Sickergrube gesprungen, hatte sich in der Scheune aufgehängt. Das wurde dann allerdings nicht weiter kommentiert.

»Ich will kein schlechtes Wort darüber hören«, sagte mein Vater dann.

Rasch fragte jemand dazwischen, ob es wohl bald regnen würde, und das Gespräch war gerettet.

Nur auf der Kirmes, dem Festtag des heiligen Eligius, schrien sie herum, zogen hinterhältiger über einander her und soffen, bis ihnen der Schnaps aus den Ohren lief. Wer genau hinsah, bemerkte aber, dass manche selbst dann noch schwiegen. Andere täuschten eine Beteiligung am Gespräch nur vor.

Über meinen Vater sagte Mutter: »Das Hübscheste an ihm ist sein Haar, es ist dick wie eine Strohgarbe.«

Jedes Mal forderte sie ihn auf, sich die Hände zu waschen, bevor er sich an den Tisch setzte. Gehorsam wusch sich Vater die Hände, aber sein ganzer Körper dünstete den säuerlichen Geruch von Gärfutter aus. »So ist das eben«, sagte er.

Mein Vater fragte: »Was hast du?«, wenn er aus dem Dorf zurückkam und getrunken hatte.

Streng redete Mutter dann auf ihn ein, dabei legte sie demonstrativ eine Hand an ihren schmerzenden Kopf: »Omer, wann wirst du endlich einmal vernünftig?«

Vater antwortete nicht.

»Sag etwas«, setzte Mutter nach. »Sag doch etwas zu mir.«

»Vom Reden kommt kein Brot auf den Tisch«, antwortete er dann und schwieg wieder.

Mutter schüttelte den Kopf. Sie nahm die Besucher auf dem Hof in Empfang, kümmerte sich um Lesebücher für die Kinder. Eine Zeitlang war sie Bezirksvorsitzende der Landfrauen und manchmal, nur manchmal, sang sie freudig. Aber viel häufiger war sie bedrückt und litt unter Kopfschmerzen. Außerdem wusste sie natürlich, dass ihre nachlassende Arbeitskraft die Ursache dafür war, dass es mit dem Hof bergab ging.

Wir Bauern sind nicht mutig, dachte Vater, weil Auflehnung sinnlos ist.

Wir warten, fügen und arrangieren uns. Wir machen trotz Rückschlägen weiter, das macht uns zu verschlossenen und argwöhnischen Menschen. Wir Bauern kämpfen nicht gegen die Natur, denn die Natur ist größer als wir.

Wenn ich samstags mittags von der Schule nach Hause kam, fiel mir dieses hartnäckige Schweigen immer mehr auf.

»Warum schweigen die Bauern?«, fragte ich Onkel Marcel.

»Die Bauern schweigen, weil sie schweigen«, antworte Marcel ohne jegliche Ironie, nachdem er eine ganze Weile nachgedacht hatte.

»Und warum reden sie dann so laut, wenn sie einmal reden?«, wollte ich wissen.

»Sie reden nur laut, wenn sie reden«, sagte Marcel.

»Komm schon, Onkel!«

»Der Mund ist eine Klappe«, antwortete Marcel. »Das Ventil öffnet und schließt sich wieder. Wenn wir sprechen, dann nur, weil es nicht anders geht.«

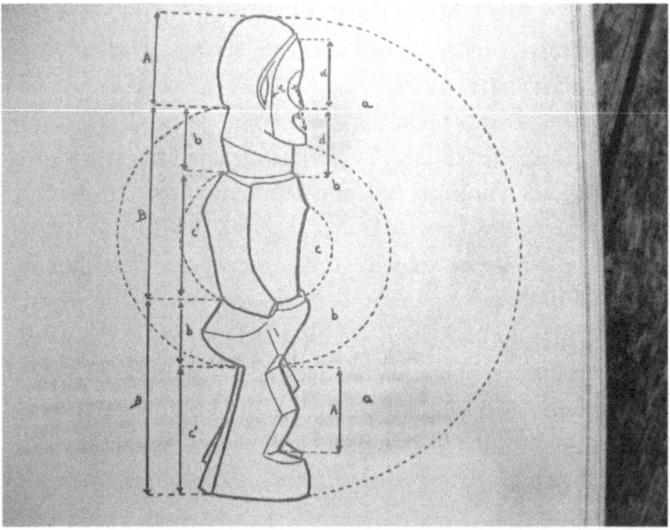

Marcel sagte auch noch: »Wir haben nicht sehr viele Wörter.«

Er hatte auf den Feldern wieder zwei Hülsen gefunden und aufgesammelt. »Sie finden keine Ruhe«, sagte er zu mir. »Die Erde kann diesen Kriegsschrott nicht verdauen. *Gone but not forgotten.*«

Ich antwortete: »*Twenty-eight years.*«

Ich berichtete ihm, dass ich in Veurne einen schwarzen Soldaten entdeckt hatte, auf dem Friedhof ganz in der Nähe der Schule. »Er hieß Negro Joseph, er war wohl Franzose.«

»Nein, das war ein anderer«, sagte Onkel Marcel. »Er trug einen anderen Namen, außerdem stammte er aus dem Kongo.«

Am Abend fuhren Onkel Marcel und ich zur Menenpoort in Ypern. Wir betrachteten das monumentale Tor aus weißem Naturstein, vor allem den riesigen Löwen, der auf dem Tor liegt. Es war ein kalter Aprilabend.

»Wie viele Namen stehen hier, Onkel?«

»Fünfundfünfzigtausend. Das sind die Namen der Briten, die bei Ypern fielen und deren Leichen man nicht gefunden hat.«

»Wie können so viele Körper verschwinden?«

»Das ist eine gute Frage«, sagte Onkel Marcel.

»Und die Antwort?«

»Dass sie nicht verschwinden können.«

Kurz vor acht kamen drei Claironspieler in Feuerwehruniformen und bliesen das Last Post. Ein Veteran las das Gedicht »For the Fallen« vor. Aus runden Öffnungen in der Decke segelten Blütenblätter herab.

»Klatschmohn ist nicht gerade meine Lieblingsblume«, sagte Marcel, nicht zum ersten Mal.

»Warum nicht?«

»Ich mag Kornblumen lieber.« Gemeinsam fuhren wir zurück nach Hause.

Etwas später klärte sich das Rätsel um den schwarzen Soldaten, als ein älterer Mann aus Brüssel auf unserem Hof auftauchte. Er hieß Richard und war eigens aus der Hauptstadt angereist. Er schien sich fast für seine Neugierde zu schämen, aber die Sache war ihm offensichtlich sehr wichtig. Im Dorf hatten sie ihn zu uns geschickt.

Mutter ließ Marcel rufen, der auf dem Feld arbeitete. Ich war gerade bei ihm.

»Du meinst den schwarzen Soldaten, der Pius hieß?«, fragte Marcel den Mann sofort. »Meinst du Pius?«

Zum ersten Mal hörte ich diesen Namen. Bislang hatte Onkel Marcel immer nur von dem schwarzen Soldaten gesprochen.

»Ja, Pius«, sagte Richard. »Wir waren im selben Regiment, er war unser kongolesischer Soldat. Nachts sprach Pius Beschwörungsformeln vor seinen selbstgemachten Figuren. Wir hofften, seine Zauberei würde auch uns beschützen.«

»Ja, die Figuren«, murmelte Marcel.

»Holzfiguren«, sagte Richard. »Jeden Abend wiederholte Pius diese Beschwörungen, auf Französisch und Kongolesisch. Wir langweilten uns und ich notierte seine merkwürdigen Sätze, damit wir sie mit ihm aufsagen konnten.«

Aus der Innentasche zog Richard ein schwarzes Heft hervor. Er schlug es auf und fing an zu lesen. Als würde er ein Gebet aus einer liturgischen Schrift sprechen.

»*Oh Gericht Gottes, blicke auf mich, während ich vor dich trete. Wenn ich der Frau, die ich noch nicht kenne, keine Kinder schenke, vernichte mich. Wenn ich der Frau aber Kinder schenke und diese opfere,* mbiembi, *vernichte mich. Lass meinen Bauch verfaulen, bis ich sterbe, vernichte mich. Wenn ich die Kinder, die ich noch nicht habe, nicht liebe, vernichte mich. Wenn ich aber unschuldig bin, so lass mich überleben. Carabouya, carabouya.*«

Carabouya? Ich schaute Richard an.

»Ja, carabouya, das sagte Pius oft«, erklärte Marcel. »Der schwarze Soldat kam gerne bei uns in die Werkstatt. Mit Stecheisen machte er dann seine Figuren, aus kurzen Eichenhölzern. Er nannte sie *mbeempi*, glaube ich.«

»Mbiembi«, verbesserte ihn Richard.

»Ich zeige dir die Werkstatt«, sagte Marcel. Gemeinsam gingen wir zur Werkstatt hinter dem Kuhstall. Marcel wischte mit einer Armbewegung die Holzspäne von der Werkbank. Dann reichte er Richard zwei alte Beitel. »Mit denen hat Pius noch gearbeitet. Ich benutze den Kram noch immer, und jedes Mal muss ich dabei an Pius denken.«

Mit den Fingerspitzen befühlte Richard die scharfen Schneiden.

»Das geht mir auch so«, sagte Richard. »Ich denke noch oft an ihn, ohne zu wissen weshalb.«

Kurz warf Onkel Marcel mir einen Blick zu. Es berührte ihn sehr, was Richard sagte. Er bat mich, ihnen Bier aus dem

Keller zu bringen. Ich beeilte mich, damit ich kein Wort verpasste.

Richard erzählte, das Regiment habe den schwarzen Soldaten als eine Art persönlichen Glücksbringer betrachtet. »Wenn Pius Rinde von einem Baum abzog, machten wir es ihm nach. ›Dieser Baum ähnelt *kituka*, der dort *nthuti*‹, sagte Pius. In einem Mörser zerkleinerte er die Rinde, rührte sie mit Wasser an und bestrich damit seinen Gewehrlauf. Wir anderen Soldaten taten es ihm gleich. Wenn Pius zu seinen Holzfiguren sprach und dabei rhythmisch mit den Händen klatschte, machten wir mit. Manchmal redete Pius im Schlaf, dann weckten wir einander und hörten ihm zu. Wenn er vom Französischen ins Kongolesische wechselte, schüttelten wir ihn sanft am Arm und Pius fuhr auf Französisch fort.«

»Hast du Kinder?«, unterbrach ihn Marcel.

Richard schüttelte den Kopf. Er fragte, ob ich der Sohn von Marcel sei.

»Nein«, sagte Marcel nicht ohne Stolz. »Er ist mein Patenkind.«

Richard hatte noch eine weitere *message* in seinem Heft notiert.

»›Nge mwaana écoute o enfant, *du hast die Sonne und den Mond bereits gesehen. Du hast das Wasser bereits getrunken, aber deinen Vater kennst du noch nicht, denn noch musst du erst gezeugt werden.*

Wessen Kind bist du dann? Erzähle, wessen Kind bist du dann?

Wenn du uns von Fetischen gebracht wurdest, geh weg und lass uns ruhen.

Aber wenn du das zukünftige Kind deines Vaters und deiner Mutter bist und wenn ich dein Vater bin, dann knie ich hier vor dir und sage: ›Kind, lass mich überleben.‹

Und wir anderen Soldaten stimmten dann ein: ›Lass mich überleben.‹

Wenn Pius wieder schwieg, zupfte einer von uns ihn am Arm. Als wäre er ein defektes Gerät; Pius antwortete dann: ›*Mbokwénéné*‹, und blinzelte mit den Augen. Hellwach ergriff er sofort die Holzfigur und leckte daran.

›Was bedeutet *mbokwénéné,* Pius?‹, fragten wir ihn.

Pius sagte: ›Hier bin ich auf meinen Knien‹, und so war es auch. Pius und alle anderen knieten und beteten, abwechselnd leckten wir an der Figur.«

»Und das war für euch wie Beten?«, fragte ich neugierig.

»Es ähnelte doch sehr einem Gebet«, antwortete Richard.

Er klappte sein Heft zu. »Leider ist auch Pius gefallen.«

Als Richard gegangen war, fragte ich Marcel sofort: »Wusstest du, dass der schwarze Soldat Pius hieß?«

»Ja, das wusste ich«, sagte Onkel Marcel. »Aber ich war mir nicht sicher, ob er schließlich gefallen ist.«

»Pius ist ein seltsamer Name.«

»Er bedeutet ›der Fromme‹«, sagte Marcel, aber das wusste ich auch so aus dem Lateinunterricht.

»Warum heiße ich eigentlich Remi?«, fragte ich, auch wenn ich das doch längst wusste. Aber ich hatte das noch nie Marcel gefragt.

»Wenn wir die Toten vergessen«, sagte Marcel, »dann sterben wir an der Einsamkeit. Darum, Junge, heißt du Remi.«

Zwölf

Pius war offensichtlich einer der sehr wenigen schwarzen Soldaten aus Belgisch-Kongo, die am Ersten Weltkrieg teilnahmen. Insgesamt waren es nur etwa dreißig. De Broqueville, der Kriegsminister, hielt sie sogar als Kanonenfutter für untauglich: »*Les hommes de race noire ou d'origine des pays intertropicaux supportent mal notre climat et sont destinés, fatalement et à bref délai, à devenir des non-valeurs.*«

Pius: ein *non-valeur*, jemand ohne Wert.

Es waren heiße, drückende Sommertage, als ich in der Westhoek recherchierte, auf der Fährte von Marcel und Remi. Manchmal fühlte ich mich wie ein Katastrophentourist. Ich folgte bereitwillig den Wegweisern, die mich zu immer neuen Friedhöfen führten. Abends trug ich alle Orte, die ich erkundet hatte, in eine selbstgezeichnete Karte in meinem Notizbuch ein. Unter anderem besuchte ich: Tuileries, Hill 60, Potijze Chateau, Ploegsteert, Cabin Hill, Torreken Farm, Perth Cemetery (China Wall), Spanbroekmolen und Lone Tree Cemetery. Der letztgenannte Friedhof wird pflichtbewusst von einem gefährlichen Hund bewacht, der eigentlich zum benachbarten Bauernhof gehört. Auf der nahe gelegenen Weide standen ein ausgewachsener Stier mit rosigen Hoden und ein junger Stier mit schwarzen. In der Ferne dahinter war der Kemmelberg zu sehen. Über mir tönte der Lobgesang der Lerchen. Genau wie Marcel, der vor so vielen Jahren mit dem kleinen Remi unterwegs war, sagte ich die Namen der dort begrabenen Soldaten laut auf:

W. Spence, *rifleman*, Alter 20 Jahre.
T. Craig, *rifleman*, Alter 23 Jahre.
F. Laverty, *corporal* (vergessen, das Alter zu notieren).

Anscheinend kämpften sie aufopferungsvoll aus tiefer Liebe zu ihrem Vaterland:

Died for king & country, may he rest in peace.

Greater love hath no man than to give his life for his friends.

Soldier and a man, he died honoured by all his country's pride.

Weiße Sahnewolken warfen Schatten auf die Gräberreihen. Gackernd überflogen mich Wildgänse. Manchmal war ein solcher Friedhof nichts anderes als eine ummauerte Rasenfläche mit zwanzig Gräbern. Inmitten eines Meeres aus schwarzen Folientunneln, ramponierten Landwirtschaftsmaschinen und Rotkohl. Von einem Hof drangen die Schläge eines Hammers und die schleifenden Geräusche einer Flex herüber. Genau wie ehemals Marcel schrieb ich in das sorgfältig verwahrte Besucherbuch: »Alles gut gepflegt.«

An einem dieser Abende lernte ich in Rekkem Jozef kennen, er lebte nah an der Grenze. »Mach die Tür mal zu«, sagte seine Frau Annemarie. Sie bewohnten ein niedriges weißes Haus, wie man es auf dem Land findet. In der Eingangstür fiel mir eine blaue Eternitplatte auf. Sie lotste mich vorsichtig herein, denn ihr schwerer Hund Fideel fiel gerne Fremde an. Jozef und ich setzten uns in zwei kleine Sessel am großzügigen Fenster. Wir blickten auf die offene, weite Landschaft.

»Dort liegt Frankreich«, zeigte er.

Wir tranken Rotwein und sprachen über die Bauern, noch einmal. Über ihren Familienstolz, ihren Realitätssinn, ihre Übellaunigkeit. Jozef konnte sie perfekt imitieren. Er sagte: »Darüber reden wir nicht.«

Und: »Wir müssen den Mund halten, arbeiten und neu anfangen.«

Er fuhr fort: »Arbeiten und Schweigen. Schweigen und Essen. Alles andere ist nur Zeitverschwendung.«

Ihr Schweigen sei auch eine Art Sprechen, denn dieses Schweigen habe Widerhaken, sagte er. In der Zurückhaltung der Bauern würden sie gerade das Wichtigste mitteilen.

Wir unterhielten uns über das ausgeprägte Standesbewusstsein, das Denken in langen Zeiträumen, über Generationen hinweg, das zynische Verhältnis zur Politik, sogar den Fatalismus. Und auch über *the propensity of things*, wie man sagt: Wie die Bauern den sowieso unbezwingbaren Kräften meisterlich nachgaben und daraus ihren Vorteil zogen.

Immer ging es ihnen um Land. Erde. Jeder Quadratmeter war wertvoll. Sie wussten genau, bis wohin ihr Feld, beziehungsweise das des Nachbarn, reichte. Wenn sich junge Männer verheirateten, wählten sie eine fleißige Frau, die zupacken konnte, und sie durfte auf keinen Fall aus einer »ungesunden« Familie kommen. Die Vätern kümmerten sich in der Regel um eine geeignete Kandidatin, aber wenn die Bäuerin sagte: »Das Mädchen taugt nichts«, gab es auch keine Hochzeit.

Auch wenn ein Mann, den sie nicht leiden konnten, die Kneipe betrat, verfielen die Bauern ins Schweigen. Bis jemand trocken sagte: »Ach, wir würden sogar Geld bezahlen, nur um dich sehen zu dürfen.«

Danach: »Eine Lokalrunde, wir brauchen dringend etwas zu trinken!«, damit sich die schlechte Stimmung wieder verzog.

13

»Es gibt viel zu erzählen«, begrüßte man sich auf Familienfesten und Begräbnissen. Man trank und schnell wurden die Neuigkeiten ausgetauscht. Alles wollten die Bauern voneinander wissen, aber möglichst, ohne es direkt und in der Öffentlichkeit zu fragen. Ob irgendwo Land zum Verkauf stand? Welchen Preis das Rindfleisch erzielte? Wie konnten die Betriebe noch weiter wachsen? Am Ende der Zusammenkünfte, als das große Wohnzimmer mit blauem Zigarettenrauch gefüllt war, lautete der Schlusssatz für gewöhnlich: »Wir müssen über das alles einmal gut nachdenken.«

Lag es daran, dass Marcel der älteste, kinderlose Onkel war, dass er sich bereiterklärte, sich um dieses unübersichtliche Familienimperium zu kümmern? Alle entfernten und nahen Tanten und Onkel, Neffen und Nichten unter einen Hut zu bringen? Marcel kannte alle Großeltern, Urgroßeltern und jede Geschichte, die über sie erzählt wurde. Er war fast so etwas wie der Stammhalter, ohne selbst Kinder zu haben.

Außerdem hatte er auch in der angeheirateten Familie seines jüngeren Bruders ein gewichtiges Wort mitzureden.

Am langen Tisch, bei Kaffee und Kuchen, wurden die ehemaligen Höfe aufgezählt. Ich saß unauffällig zwischen den Erwachsenen. Marcel sprang mühelos fünf Generationen in die Vergangenheit: zuerst der Hof in Ramskapelle, dann der Oosthof in ’s Heerwillemskapelle, dann der Westhof in Eggewaartskapelle, wo Emiel Mabesoone und Irma, die Eltern meiner Mutter, einen großen Hof bei der Kirche erwarben. Auf dem Friedhof lagen die beiden Stammeltern in einem monumentalen Grab. Rechts auf dem Grabstein standen die Namen ihrer sieben Söhne, zu denen auch ein Remi gehörte. Links die Namen der sieben Töchter, darunter zwei mit dem Namen Bertha.

Rasch zählte Marcel die Namen in der richtigen Reihenfolge auf. Wenn er eine kurze Pause machte, gab es immer jemanden am Tisch, der übernahm. Marcel sagte: »Die erste Bertha wurde 1904 geboren, aber das Kind starb im Alter von einem Jahr. Remi wurde als Nächster geboren, und als 1908 abermals eine Tochter zur Welt kam, bekam sie wieder den Namen Bertha.«

Als ihr Name zum zweiten Mal fiel, nickte meine Mutter zustimmend, dabei stützte sie ihren Kopf mit der linken Hand.

»Also dreizehn Kinder insgesamt?«, fragte jemand am Tisch.

»Vierzehn«, sagte Marcel. »1914 wurde ein Kind tot geboren. Der Pfarrer sagte, jedes Kind sei ein Geschenk Gottes.«

»Ja, das stimmt«, unterbrach ihn jemand.

»Im Ersten Weltkrieg zerfiel die Familie«, sagte Marcel.

»Hier herrschte Typhus«, fiel meine Mutter ihm ins Wort.

»In Paris mussten wir auch Hunger und Kälte ertragen«, kommentierte ihre Schwester Maria. »Wir litten an Unterernährung, hatten die Krätze und die Nonnen schrubbten uns mit einer rauen Bürste ab.«

Vorsichtig kam man auf schwierige Themen wie Erbschaftsangelegenheiten, Streitigkeiten und Sterbefälle zu sprechen.

»In Gottes Namen, ach ja«, sagte man.

»Ach ja«, wiederholte jemand. Dann gingen zwei Tanten aufeinander zu, die eine machte der anderen ein Kompliment über eine schöne Seidenbluse. Ich hörte, wie eine Tante nach zwei Gläsern Calvados mit spitzer Stimme flüsterte: »Apropos, hatte Omer in Veurne nicht einen sitzen?«

Ja, da war doch was.

Gelegentlich fiel ein Name mit einer auffälligen Betonung.

Nervenschwäche, eine langwierige Depression, solche Sachen. In Fotoalben und Blechbüchsen, manchmal auch in Gebetbüchern, fanden sich Totenzettel und Aufnahmen der betreffenden Familienmitglieder. Starre Blicke. Menschen ohne starken Willen, die mitunter Anfälle bekamen. Andere wiederum hatten einfach Pech im Leben, so sagte man mitleidsvoll, »und als ihre Sorgen sie auffraßen, standen sie plötzlich am Abgrund.«

»Am Abgrund?«

»Ja, am Abgrund. Dann machten sie den nächsten Schritt …«

Sie starben plötzlich und überraschend. Dann schauten alle zu meinem Vater hinüber. Der sagte nichts, aber jeder wusste Bescheid.

Ich überlegte, warum man eigentlich immer ihn rief, wenn so etwas im Dorf passierte.

»Wir sind vernünftige Menschen und wir sind Christen«, sagte er dann. »Wir sind bereit, in solchen Momenten zu helfen.«

Mein Vater erschien gesenkten Hauptes als Erster auf dem jeweiligen Hof. Er drückte sein Mitgefühl aus und tat, was getan werden musste. Er zog die Leiche aus dem Brunnen oder der Sickergrube. Er knüpfte das Seil im Dachfirst der Scheune los. Wenn die Polizei eintraf, wurde er befragt. Er antwortete ruhig. Zu Hause forderte Mutter uns auf, niederzuknien und zu beten.

»Manchmal überspringt es eine Generation«, sagte jemand.

»Aber es hört nicht auf«, sagte ein anderer. »Hoffentlich findet seine Seele Ruhe«, und dann wurde in einem Halbsatz, kaum verständlich, erzählt, was passiert war.

Waren die verzweifelten Menschen einander ein Vorbild? Man sprach von einem spezifischen Phänomen für diese Region. Lag es vielleicht an den toten Soldaten in der Erde?

Eines Sonntags zeigte mir Onkel Marcel eine Sammlung von fast hundert Ansichtskarten. Auf der Vorderseite waren Abbildungen von Veilchen und Nelken, Mädchen und Soldaten, Hähnen und Aprilscherzen zu sehen. Die handgeschriebenen Texte auf der Rückseite fielen ausgesprochen knapp aus: »Viele Grüße«, auch »Herzliche Grüße«, einmal »In liebevoller Umarmung«.

All diese Karten stammten von Frauen, denen Marcel einmal den Hof gemacht hatte. »Aber jedes Mal fand mein Vater, ich könne noch eine bessere Partie machen«, sagte Onkel Marcel.

»Durftest du denn nicht heiraten?«, fragte ich ihn.

»Darüber spreche ich nicht«, antwortete Marcel.

Aber ich wusste sowieso Bescheid, ich hatte es nebenher bei einem der Familientreffen aufgeschnappt. Mein Großvater, also der Vater von Marcel und Omer, hatte das vor langer Zeit entschieden. Mit seinem verkürzten Bein konnte Marcel den Hof unmöglich erben, dachte mein Großvater. Marcel sollte Knecht bei seinem jüngeren, gesunden Bruder werden. Außerdem sollte Marcel, damit der Hof nicht aufgeteilt werden musste, nicht heiraten. Darüber wurde nicht diskutiert, auch später nicht.

»Du verstehst das schon«, sagte Onkel Marcel. Angesichts der enormen väterlichen Autorität musste kein weiteres Wort darüber verloren werden.

Marcel und ich standen draußen bei den Pferden. Er legte die Hand auf den Widerrist und hielt die Stirn in die Sonne, wie ein frommer Sonnengruß. Seine Augen waren geschlossen. Ein Zittern durchlief das Fell des Tieres. Ich sah, wie Marcels Lider in genau dem gleichen Rhythmus flackerten.

»Wenn ich tot bin, werde ich das vermissen«, sagte Marcel.

Als ich wieder hineinging, blitzten auf dem Wachstuch des Küchentischs, zwischen den rot-weißen Karos, kurz die Worte auf: »Die Menschen heilen.«

Dreizehn

Der Professor zählte auf: »Die Wetterbedingungen, die drohende Wolkendecke, der nasskalte Wind, der peitschende Regen. Die Unruhe der Pferde, das Vieh, das raschelnde Laub und das Ächzen der Bäume.« Das alles war die Westhoek für ihn. Ich war dort mittlerweile selbst so häufig unterwegs, dass ich die beschriebene Atmosphäre nur zu gut kannte.

Noch immer begriff ich seine Ausdrucksweise nicht wirklich, Termini wie Alterität, mythopoietische Umkehrung, kosmogenetische Felder. Was meinte er bloß mit der »endogenen Herangehensweise, phänomenologisch und perspektivistisch formuliert«?

In seiner akademischen Karriere faszinierten Remi schon immer Sterben und Trauer, Katastrophe und Aufbau, Krankheit und Heilung – er knüpfte das an Begriffe wie Gegensätzlichkeit, Polarität, Zurückkopplung und Retroflektion. Er sprach über »die homöopathische Zurückwendung des Bösen auf und gegen sich selbst, als eine selbstdestruktive Bewegung«. Er erläuterte das Paradox: »Je mehr du zu dir selbst wirst, Individualität ausstrahlst, desto mehr Bivalenz verschleierst du auch, aber gleichzeitig wird einem desto mehr Vermittlungsfähigkeit oder Bindungskraft nachgesagt.«

Er ergänzte: »Ich habe weit fortgehen müssen, um das zu lernen.«

Er kam auch auf Geisterteilchen zu sprechen. »Neutrinos sind die unfassbarsten aller Elementarteilchen, die zu Abermillionen durch das Universum, die Erde und jeden Körper schweben, unsichtbar und unbemerkt. Sind sie die Ursache für die imaginäre Transfusion?«

Ich machte fortlaufend Notizen, versuchte, alles mitzuschreiben, was er sagte. Als abgeklärter Psychoanalytiker warnte er mich: »Bei jedem Gespräch stehen ungesagte Dinge im Raum, die die Begegnung lenken. Das liegt an den naiven, aber nachdrücklichen Sprüngen der Sprache. Weder du noch ich verstehen, was du in dein Notizheft schreibst.«

Dabei verfiel er in einen dozierenden, professoralen Tonfall. Remi bemerkte das sofort und relativierte seine Aussage: »Wie die Bauern sagen: Wir schweigen, aber wenn das Fass überläuft, gibt es viel Geschrei.«

Er lieh mir Freuds *Zur Psychopathologie des Alltagslebens*. Hierin schreibt der Erfinder der Psychoanalyse nicht über den gewaltigen, bedrückenden Thanatos und den ungestümen, ausgelassenen Eros, sondern über einfache, alltägliche Versehen und Fehlleistungen. Anekdotisch, sogar mit einer unterhaltsamen Leichtigkeit, geht Freud darin alle Arten von Irrtümern durch, die Menschen unterlaufen. Wie beispielsweise das Vergessen von Namen, Eigennamen, Fremdwörtern und Wortfolgen. Anhand von Beispielen aus dem Alltag analysiert er Versprecher, Verlesen und Verschreiben, Irrtümer und »kombinierte Fehlleistungen«. Seine These lautet, dass es für jeden Fehler einen klaren, vernünftigen Grund gibt. Ja, sogar eine plausible, folgerichtige Erklärung.

Denn Irrtümer passieren nicht zufällig, so Freud. Sie haben eine Bedeutung und verweisen auf unbewusste, geheime Absichten. Freud geht das Thema vielleicht spielerisch an, aber er ist tief von seiner These überzeugt. Das Vorwort zu meiner Freud-Übersetzung beginnt übrigens recht grüblerisch mit einem Motto von Goethe: »*Der Mensch ist ein dunkles Wesen, er weiß nicht, woher er kommt, noch wohin er geht, er weiß wenig von der Welt und am wenigsten von sich selber.*«

Außerdem wird darin diese Textstelle zitiert, wiederum von Goethe: »*Ein Faktum unseres Lebens gilt nicht insofern es wahr ist, sondern insofern es etwas zu bedeuten hatte.*«

Freud meint: Lasst uns nicht danach suchen, ob etwas wahr ist, sondern danach, welche Bedeutung es hat. Er schrieb, »ich glaube zwar an äußeren (realen) Zufall, aber nicht an innere (psychische) Zufälligkeit. Der Abergläubische umgekehrt«.

14

Als mein Vater einige frisch gepflückte Äpfel und Birnen in den Obstkorb legte, blickte meine Mutter erschöpft auf. Sie sagte: »Das geht auch hübscher, Omer.« Im Fernsehen hatte sie etwas über eine James-Ensor-Ausstellung in Ostende gesehen. Die Fernsehbilder ließen sie vom Meer träumen. Meine Mutter war kein Landei, als Kind hatte sie Paris gesehen und in Gedanken reiste sie oft zu ihren Schwestern nach Caen. Wieder einmal sagte sie zu mir: »Du bist hier lieber als ich.«

Alles, was meine Mutter sagte, klang sofort bedeutungsschwer. Sie wandte sich an Vater: »Hier kann man die Stille hören«, und das war keineswegs poetisch gemeint.

Unser Betrieb war erheblich geschrumpft; niemandem im Dorf konnte das entgehen. Aber keiner kommentierte das. Bauern reden nicht einfach so über Einnahmen, Geld oder Schulden. Wenn jemand pleiteging, sagten sie ohne Schadenfreude, möglichst teilnahmslos: »Man hat es kommen sehen.«

Spott war in der Kneipe erlaubt, aber nur wenn er unter den Bauern blieb. Mein Vater sagte: »Es gibt nur zwei interessante Arten von Leuten: den Bauern und den Arbeiter. Alle anderen sind Profiteure.«

Am Schanktisch antwortete jemand: »Auch ein armer Bauer ist ein Bauer. Ohne uns hätten die Menschen nichts zu essen auf dem Tisch.«

Sie tranken noch ein Glas und machten sich dann wieder an die Arbeit. Über andere, die weniger maulfaul waren, hieß es: »Er kann zwar schön reden, aber er hat auch keine Ahnung«, aber sogar das waren für die Bauern meist schon zu viele Worte.

Draußen, unter dem schieferfarbenen Himmel, stand ich im schwachen Frühlingswind und schaute zu. Um mich herum ackerten die Bauern auf den Feldern, und ich erkannte, dass ich keiner mehr von ihnen war. Ich sah auch, wie die Kühe auf der Weide immer auf demselben Fleck lagen; wenn sie liefen, bildeten sie eine Reihe auf einem ausgetretenen Pfad. Sie folgten ihrem Vorgänger. Ich dachte: Ich möchte nicht brav sein. Pferde sind brav.

Ich dachte: Etwas Unvermeidliches wird passieren. Ich muss nur Geduld haben und warten.

Abends spähte ich in die dunkle Landschaft hinaus; kaum ein Licht oder ein anderes Zeichen menschlicher Anwesenheit war zu erkennen. Unser Hund Baron stand unsichtbar neben mir, achtete auf die Geräusche anderer Hunde da draußen. Ihr Bellen bedeutete etwas. Sprachen sie wieder einmal miteinander?

»Vielleicht wirst du doch besser Bauer?«, fragte Vater.

Mir fiel nicht gleich eine Antwort ein.

»Was denkst du darüber?«, hakte mein Vater nach. »Was willst du selbst eigentlich?«

Ich schob die Hände tiefer in die Taschen und sagte, ich wisse es noch nicht. Ich brach zur Schule auf, und nach einer Woche im Internat, am Samstagnachmittag, stand ich wieder auf dem Hof. Das ganze Wochenende über half ich Vater, genauso wie mein Bruder und meine Schwester, aber in meinem Kopf tanzten lateinische und griechische Deklinationen. Im Unterricht lasen wir Knut Hamsun, Goethes *Faust*, zahlreiche Lebensgeschichten von Helden und Heiligen und das katholische Jugendbuch *Licht der Berge*. Ich mochte die Chansons von Jacques Brel.

Meine Schulkameraden verkündeten nach und nach ihre Berufsentscheidung, aber ich hielt störrisch den Mund. Ich wusste es zu diesem Zeitpunkt selbst noch nicht. Man vermutete, ich würde Psychologie oder Medizin studieren. Vielleicht liefe es auch auf Anwalt, Agraringenieur oder Veterinär hinaus. Als ich am Samstag mit Marcel auf dem Traktor saß, hörte ich die Stimme wieder in meinem Ohr: »Die Menschen heilen.«

Die Stimme wiederholte: »Die Menschen heilen.«

Marcel hörte deutlich, wie ich dann sagte: »Die Menschen heilen.«

Die Frage lautete, ob ich Menschen heilen könnte, die schwermütig waren, einsam oder verwirrt, die sich selbst zu Grunde richteten mit falschen, deprimierenden Gedanken. War das meine Pflicht?

»Kannst du denn Menschen heilen?« Marcel schaute mich fragend an.

»Ich?«, antwortete ich erstaunt.

»Ja du, oder?«

»Ob ich Menschen heilen kann?«

Marcel lachte mich aus: »Warum solltest du in Gottes Namen Menschen heilen?«

»Warum sollte ich das nicht können?«

Am Sonntag fuhr ich mit Mutter nach Ostende. Auf dem Deich sogen wir den Geruch von Meersalz, Teer und Fisch ein. Wir besuchten die Ausstellung von Ensor; Mutter bewunderte die Meeresbilder und Stillleben. Mich sprachen die grotesken biblischen Szenen mehr an: Christus besänftigt den Sturm, Christus wird in Versuchung geführt, Christus vermehrt die Fische. Oder Christus wird beleidigt und Pilatus sagt dann: »Seht, welch ein Mensch«, woraufhin das Volk ruft: »Kreuzige ihn«, und rundherum erscheinen Geister, Teufel und sogar der Satan höchstpersönlich.

Kaum zu glauben war, wie dieser Künstler sich selbst schamlos auf den eigenen Gemälden zeigte, manchmal sogar als Christus selbst.

Nach dem Besuch der Ausstellung bummelte Mutter durch die Geschäfte in der Christinastraat. Ich spazierte über den Seedeich, bis zu den Venezianischen Galerien. Von einem Hotelzimmer winkte eine blonde Frau in einem auffälligen rosa Negligé. Ich fühlte mich ertappt und eilte weiter. Zwei Pärchen tranken auf der Terrasse eines Restaurants

Champagner. Sie zeigten in meine Richtung und ich hörte, wie sie sagten: »Was für ein hübscher Bauernjunge.«

Verärgert lief ich über den Strand. Ich schrie in die Brandung: »Carabouya, carabouya.«

Vierzehn

Remi fragte mich in einem professoralen Ton: »Was machen eigentlich deine Krokodile?«

Ich wusste zuerst nicht, worauf er hinauswollte.

»Nun, wie weit bist du mit deiner Diplomarbeit, hast du die Literatur gesichtet?«

Er hatte den Eindruck, ich käme von der Westhoek nicht los. Es hatte ihm Freude gemacht, mir von seiner Jugend zu erzählen, das stand außer Zweifel, aber er meinte, wenn ich die Kongopater bezüglich meines Forschungsthemas befragen wollte, wäre es doch höchste Zeit, damit tatsächlich einmal anzufangen.

Ich hatte verstanden. Ich konzentrierte mich jetzt voll und ganz auf das Studium des Kongo und der Yaka.

»Apropos, wenn du doch schon einmal hier bist, ich räume gerade auf«, sagte Remi. Er hatte mir einen kleinen Pappkarton zusammengestellt, mit fünfzehn oder vielleicht zwanzig Büchern. Es waren alles alte Kongoromane; ein triviales Genre, Abenteuergeschichten mit Patern, Jägern und Beamten, gelegentlich infantil illustriert, in denen es um kolonialen Tatentrang, Pathos und Berufung ging. Ich fand die Kongoromane in erster Linie stereotyp, außerdem bis zur Peinlichkeit verkommen: nichts als dick aufgetragene Fantasien über Jagderlebnisse und schwarze Frauen, in einem Weltteil, in dem die Menschen und Tiere noch glücklich und wild leben – und, ja, daraus wurde dann die Notwendigkeit der Peitsche, des Karabiners, der Kultur abgeleitet.

Diese Kongobücher schob ich zu Hause weit von mir weg, aber Remi hatte auch ein anderes Buch dazwischen versteckt. Kein Kongobuch wie die anderen, sondern *Der Flachsacker* von Stijn Streuvels.

»Mit Heimatschriftstellern oder volkstümlichen Autoren kann ich nichts anfangen«, hatte ich zu Remi gesagt.

»Ach, lies es einfach«, hatte er mir knapp zur Antwort gegeben.

In dem Buch lag ein Aufsatz über diesen Roman, den Remi früher einmal für den Rhetorikunterricht geschrieben hatte. Damals war er gerade siebzehn oder achtzehn. Seine Ausführungen waren sehr persönlich, sogar leidenschaftlich. Was mir auch auffiel: Seine Handschrift war schon genauso verdichtet, gedrungen wie später diejenige des Erwachsenen.

Der Roman *Der Flachsacker* handelt vom stolzen und trotzigen Bauern Vermeulen und davon, wie sich der einzige Sohn diesem altmodischen, engstirnigen Vater widersetzt. In dem Aufsatz schrieb Remi: »Der zähe Kampf mit Mensch, Tier und Natur hat die Bauern zu vorsichtigen, kantigen und entschlossenen Menschen geformt. Sie haben keine andere Wahl.«

Zuerst hatte er geschrieben: »Wir haben keine andere Wahl.« Man konnte die Korrekturspuren noch erkennen.

Remi, oder war es Streuvels, beschrieb die Bauern als »ungeschliffene, harte, nüchterne Menschen«. Das Buch zeige »den Bauern, wie er mit seinesgleichen wetteifere, stolz gegenüber den Arbeitern, mit wenig Mitgefühl der eigenen Frau gegenüber, herrschend über seine Kinder, ohnmächtig gegenüber der strafenden und quälenden Hand Gottes.«

Nun gut. Die dringlichere Frage war, wie es mit meiner Diplomarbeit aussah.

Alles, was jemals über Kwango und die Yaka veröffentlicht worden war, landete jetzt auf meinem Schreibtisch. Es waren vor allem die Publikationen von Plancquaert, De Beir, Devisch, Bourgeois, Denis, Lamal en Roosens. Ich übertrug zahlreiche Details in mein Notizbuch, ohne sie überhaupt für meine weitere Arbeit zu benötigen, aus reiner Faszination.

Beispielsweise die erhabenen Worte, die der Stammeschef Mabaka Tsaambu vor zweihundert Jahren gesprochen hatte, die Verbrechen von König Kawa, alle Einzelheiten der *ndeemba*-Maske mit der auffällig nach oben gekrümmten

Ringelnase. Ich zeichnete auch die *mbwoolu*-Figur, die auf elektrische Fische anspielt. Diese Fische können außerhalb des Wassers überleben, schwimmen gegen starke Strömungen und produzieren laute Geräusche.

Und so weiter, und so weiter.

Ich dachte, mich durch dieses gründliche Lesen und das wörtliche Abschreiben vieler Passagen meinem Thema nach und nach zu nähern.

Remi selbst hatte, wie er erzählte, während seiner Feldforschung bei den Yaka 260 Geschichten aufgeschrieben, 600 Sprichwörter, 200 Orakel. Er hatte nach Trauer und Tod, Jagd, Beschneidung, Wahrsagerei und Heilung gefragt. Insbesondere die Hexerei hatte ihn als Phänomen gefesselt: eine befremdliche Welt aus Zufall und wundersamen Ereignissen, Erregung, Albdruck und vielen düsteren Geschichten. Gleichzeitig beeindruckte ihn dort die Kameradschaft zwischen den Männern, der Geruch ihrer Körper, das Teilen des Palmweins und die endlosen Gespräche, die darauf folgten. Remis wichtigste Erkenntnis war, dass im Zentrum ihrer Welt das Unerklärliche, das Unsagbare stand – und er hatte dies als einen Teil von sich selbst erkannt.

15

Ich wuchs heran und merkte, wie ich mich innerlich veränderte. Meine große Schwester nannte mich manchmal einen Klugscheißer. Mein großer Bruder warf mir vor, ich würde Vater herumkommandieren. Als die Kirmes ins Dorf kam, hing ich lange auf dem Dorfplatz herum. Ich hatte zu viel getrunken, die Nacht war schwül und feucht. Ein hübsches, etwas lang geratenes Mädchen wollte mir etwas zeigen, wie sie mir zuflüsterte, während sie sich breitbeinig in den Hüften wiegte. Sie hieß Mathilde, fast wie in dem fröhlichen Lied von Belafonte, und ihr Gesicht war hell und kühl.

Wir unterhielten uns. Unbemerkt spazierte ich mit ihr aus dem Dorf. Auf dem Weg deuteten wir auf die großen Höfe, die den bekannten Bauernfamilien der Gegend gehörten. Weit entfernt der große Hof van L'Etoile, daneben das Café de Douane. Dort wurde mit Küken in Pappkartons gehandelt, aber manchmal klirrten diese Küken wie Flaschen.

»Der Schmuggel ist ein kleines, gefährliches Spiel«, sagte ich.

»Ein gefährliches Spiel«, wiederholte Mathilde. Sie lachte ungezwungen und griff nach meiner Hand. Ihre Arme und Brüste spannten sich unter der weißen Baumwollbluse. Ihre Lippen waren trocken.

»Darf ich dir erzählen, was ich denke?«, fragte ich zögernd und zog die Hand zurück, um freier gestikulieren zu können. Ich setzte an: »Ich würde gerne wissen, ob es eine Formel oder ein System gibt, das erklären könnte, wie Menschen diejenigen Menschen sind, zu denen sie erst werden.« Ich korrigierte mich: »Oder wie die Menschen werden, was sie sind.«

Stotternd erläuterte ich, was ich meinte, indem ich folgende Überlegung anschloss: »Am Anfang ist der Ort. Die Umgebung, der Raum, in den man zu einem bestimmten Augenblick in der Zeit hineingeboren wird. Also der Ort, wo wir leben. Diese Gegend, in der einst der Weltkrieg wütete, diese Landbauregion direkt an der Grenze. Zweitens …«

»Die Grenze, die wir gleich überqueren?«, wollte Mathilde wissen.

»Ja«, sagte ich, »ja natürlich, und zweitens gibt es …«

»Die Zeit?«, warf Mathilde ein.

»Nein, zweitens gibt es unser Leben«, sagte ich. »Unsere Leben, die wir so führen, wie es unserer Herkunft, unseren Familien entspricht. Die Bauernhöfe. Was wir von zu Hause mit auf den Weg bekommen, die Gene, aber auch alle Familienangelegenheiten und die Geschichten, die dazugehören. Ob es uns passt oder nicht.«

Mathilde hatte verstanden, dass sie mich am besten ausreden ließ.

»Drittens«, fuhr ich fort, »gibt es zufällige, willkürliche Ereignisse, die uns betreffen, die uns wie ein Räderwerk in Bewegung setzen.«

»Wie Uhren?«, fragte Mathilde.

»Ja, genau – wie das feine, ausgetüftelte Räderwerk einer Uhrmechanik. Diese Ereignisse sind nichts anderes als die Begegnungen, die wir machen, die uns tief verändern und uns Orientierung werden. Wir müssen diese Begegnungen suchen. Wir basteln, erschaffen etwas, und gleichzeitig werden wir durch diese Begegnungen erst erschaffen.«

Mathilde nickte.

»Sind dir diese drei Punkte klar geworden?«, fragte ich sie. Ich fasste meine Überlegungen zusammen: »Der Ort, das Leben, die Ereignisse. Zusammen bilden diese drei ein Schema.«

Mathilde schien meiner kleinen Theorie vollkommen zuzustimmen.

»Aber ich bin noch nicht fertig. Denn der vierte Aspekt ist tatsächlich die Zeit. Hinter und vor uns erstreckt sich die Zeit. Die Zeit wirft uns in ihr Skizzenbuch. Sie nimmt uns auf und dadurch sehen wir in den Familienalben einen Film, in dessen Verlauf wir allmählich altern.«

Kurz konnte ich vor lauter Begeisterung nicht reden. Ich versuchte, dieses Gefühl herunterzuschlucken, aber es gelang mir nicht. Meine Wangen waren tränennass. Ich versuchte es noch einmal: »Denn wenn man, wie in einem Film, begreift, dass wir feststecken, gefesselt sind auf einem Stuhl …«

»Ein Film, in dem wir uns selbst sehen?«, fragte Mathilde.

Das brachte mich aus dem Konzept.

Ich dachte: Es gibt etwas Wildes, Böses, Unbekanntes in mir und sie kann das zügeln. Das Mädchen ist gleichgültig und gleichzeitig so lieblich mädchenhaft, duftet nach Parfüm, dass ich gerne mit ihr spreche, denn sie hilft mir, meine Gedanken zu ordnen und stört diese zugleich.

Aber zuerst musste ich meine Überlegungen beenden: »Denn, wenn ich sehe, wie ich feststecke …« Mathilde streichelte meine Hand, aber ich fuhr ungerührt fort: »Wenn man erkennt, dass man gefesselt ist, dann trifft dich das Licht der Erkenntnis. Du verstehst, und plötzlich stehst du in einem Lichtkranz, strahlst wie eine Fackel.«

Jetzt erstrahlten meine Gedanken und Mathilde spürte das im Dunkeln.

»In einem solchen Moment möchte man losbrechen, aufsteigen. Man erhebt sich und nimmt seinen Auftrag an. Man erhebt sich, weil darin die Freiheit liegt. Und je weiter man sich erheben kann, je weiter man kommt, desto länger wird man unterwegs sein, um sich selbst wiederzufinden. Vielleicht glaubst du, dass du springst, aber vielleicht stürzt du eigentlich bereits in die Tiefe.«

Mein entfesselter Redefluss fand langsam ein Ende.

»Ich weiß es selbst auch nicht«, sagte ich. »Ich weiß nicht, wie ich mich entscheiden soll.«

Ich wischte mir die Tränen aus den Augen. Mathilde wollte, dass ich sie festhielt.

»Das ist meine vorläufige Theorie«, schloss ich. Es war das erste Mal, dass ich alles so in Worte fassen konnte. Ich fand keinen Ausweg aus meinen Überlegungen, meine Entschlusslosigkeit lähmte mich. Ob Mathilde etwas davon verstanden hatte? Das Gespräch geriet ins Stocken. Ich schämte mich. Warum schaute Mathilde mich so an, so sehnsüchtig und entschlossen? Was sah das Mädchen bloß in mir? Was sah ich in ihr?

Sanft zog sie an meiner Hand. Sie wollte, dass wir uns ins Gras legten. Sie schob ihre warme Hand auf meine Hose, ich spürte den sanften Druck.

»Nicht hier«, sagte ich, noch nicht, denn das war die Stelle, an der Onkel Marcel immer das Kartoffellaub verbrannte. Wir liefen an den großen Hallen neben den Höfen vorbei. Da oben, in der mondbeschienenen Nacht, zeigten sich gigantische Wolken. Im Dunkeln winkte uns das Korn.

Plötzlich standen wir wieder am Zollhäuschen.

»Es weht ein übler Wind aus Frankreich herüber«, sagte der Grenzbeamte, der uns schon gesehen hatte. Ein übler Wind? Mit seinen fetten Fingern strich der Mann sich über den Bauch. Ich kannte ihn schon lange. Morgens war er ein lustiger Kerl, mittags launisch, weil er dann bereits zu viel gesoffen hatte, und nachts wurde er anscheinend zu einem Möchtegernpoeten.

»Kommt«, sagte der Zöllner, »geht mal besser nach Hause«, und begleitete uns über die Grenze, zurück nach Belgien.

Am Schlagbaum blieb er stehen, pinkelte gegen die Wand des Zollhäuschens und bepisste dabei unbekümmert seine Uniform.

Fünfzehn

In meinem Notizbuch stoße ich auf eine Liste mit Grabinschriften. Solche Texte wurden damals von den Hinterbliebenen aus der Heimat geschickt, um auf dem Grabstein des geliebten Menschen, weit weg im Ausland, ihren Platz zu finden.

Worüber ich grübelte: Durfte man schicken, was man wollte, damit es hier in den Portland-Stein gemeißelt wurde? Durfte man beispielsweise schreiben, dieser Tod sei sinnlos gewesen? Gab es einen dichtenden Lektor, der die Texte überarbeitete? Einen Gelegenheitsdichter, einen Stadtdichter der Nekropole für all jene toten Soldaten?

For all of us he did his best, may God give him eternal rest.

The trial is hard we'll not complain but hope in heaven to meet again.

He rose to this country's call and gave his best his life his all.

16

Aber worauf wartete ich denn? Im letzten Schuljahr las ich über Albert Schweitzer und Pierre Teilhard de Chardin. Einige Details aus ihren Leben berührten mich, beispielsweise die Tatsache, dass Teilhard de Chardin als Kind Granatsplitter gesammelt hatte. Das erinnerte mich an die Kupferhülsen von Onkel Marcel.

Mit meiner Mutter besuchte ich eine Lesung von Stijn Streuvels, im Garten von Schloss Beauvoorde. Als wir das große weiße Zelt erreichten, warteten die Zuhörer schon bei den Klappstühlen. Die Männer trugen sommerliche, karierte Sakkos und Leinenhosen, die Damen rosa und weiße Blusen; häufig umgab sie eine Wolke aus Rosenwasser. Die weiblichen Gäste klammerten sich mit beiden Händen an ihre Täschchen.

»Die Zusammenkunft beginnt«, verkündete der Mann, der durch die Veranstaltung führte.

Alle setzten sich an die gedeckten Tische. Hungrig ergriff man die weißen, gestärkten Servietten, faltete sie dann wieder zusammen und legte sie zurück. Da es eng war, musste ich mit einem rasch dazugestellten Stuhl im Mittelgang vorliebnehmen. Als würde ich in einer Kirche sitzen.

Der berühmte Volksschriftsteller Stijn Streuvels betrat das Zelt.

Er war ein überraschend kleiner Mann.

Er wischte sich über die Stirn, die Falten und den weißen, gepflegten Schnurrbart. Feierlich ergriff er das Wort. »Ich werde Ihnen aus meinem Tagebuch vorlesen. Das ist dasjenige, was ich, Tag für Tag, *aus dem vollen Leben* notiert habe.«

Behäbig, aber sehr unterhaltsam, berichtete er, dass er sich als junger Bäcker danach sehnte, eine eigene Unterkunft zu haben. Streuvels wollte »seiner Existenz eine Richtung geben«, »sich vom Alten befreien«, »das gewichtige Wort endlich sagen«. Was eigentlich bedeutete: Er wollte Schriftsteller werden, suchte aber verzweifelt nach einem Weg, dies zu Hause zu erzählen.

Las der Autor aus seinem eigenen Tagebuch vor? Nein, das war kein Tagebuch, das Streuvels hier vortrug. Ich durchschaute das Spiel sofort, und es ärgerte mich. Es handelte sich um einen von Streuvels bereinigten, literarisch ausgeschmückten Text. Alle widersprüchlichen persönlichen Gefühle blieben außen vor. Das Tagebuch war zu einem Roman umgeschrieben worden und wurde wie ein Theaterstück inszeniert. Vielleicht hatte Streuvels sogar das originale Tagebuch vernichtet, aber wie der Autor vorlas, erweckte er den Eindruck, er würde sein Innerstes ausbreiten und jeder dürfe einen Blick in seine Seele werfen.

Wer ihm an den Lippen hing und sich auf den Text einließ, der wurde von ihm fortgetragen, verzaubert. Eine Art Trance. Die Zuhörer genossen es.

Viele im Zelt schlossen die Augen, um konzentriert zuzuhören, oder aber um ein Nickerchen einzulegen. Einige der Männer trugen langes weißes Haar. Als wollten sie es den römischen Kaisern nachtun. Doch blieben sie, was sie waren: Bauern. Wenn sie sich verhalten über einen lauen Witz von Streuvels amüsierten, schauten sie sofort zu ihren Sitznachbarn, um dann komplizenhaft zu lachen.

Ich saß mittendrin, meine Mutter etwas von mir entfernt.

Eine Taube flog über uns hinweg und der Schatten des eher unbedeutenden Vogels wurde auf die Zeltbahn geworfen. Dort verwandelte er sich in eine Filmsequenz auf einer Leinwand, zum Bild eines flügelschlagenden Adlers. Streuvels las weiter, führte seinen Text auf. Er erzählte, wie er für 2700 belgische Franc Besitzer eines Fleckchen Lands wurde; es umfasste 3000 Quadratmeter. Darauf baute er sein berühmtes Haus, »Das Drosselnest«. Seine Karriere als Schriftsteller nahm dort ihren Anfang.

Weitere Tauben warfen Bilder auf das Zelt. Winzige Gewitterfliegen stiegen aus dem Gras zu Füßen der Zuhörer auf. Ich fühlte mich auf meinem Stuhl im Mittelgang hoffnungslos fehl am Platz. Die Leute im Zelt hörten das unverkennbare, anhaltende Schweigen im Text nicht. Sie wollten unschuldige Geschichtchen aus ihrer Heimat hören, von früher, über Leute wie sie. Das genügte ihnen, dafür waren sie gekommen. Zwei Reihen vor mir fuhr ein Mädchen ununterbrochen mit einem weißen Taschentuch über ihr hübsches Näschen. Sie betrachtete die blauen Farbmotive auf ihrem Kleid, ein Muster aus kleinen Kornblumen. Das Mädchen verdrehte ihre Armbanduhr am Handgelenk, blickte sich kurz zu mir um und schaute dann wieder verlegen auf ihre nackten Knie.

Alte Männer, zerbrechlich und greis, hatte der Schlaf schon übermannt. Andere litten unter den Fliegen und versuchten diese vorsichtig abzustreifen. Immer mehr der Fliegen tauchten auf. Schmeißfliegen, aber auch kleine gemeine Biester sammelten sich unter dem Zeltdach. Draußen fuhr eine große Landbaumaschine vorbei.

Als Streuvels seine Lesung beendete, wurde er mit anhaltendem Applaus belohnt.

Danach wurden alle zum Kaffee eingeladen. Große Aluschalen mit Rosinenbrot und jungem Käse wurden aufgetischt. Während alle gleichzeitig redeten und aßen, sah ich, wie noch mehr Fliegen aus dem Rasen aufstiegen. Morgen würde man das Zelt abbauen. Dann würde das ganze schwarze, üble Brummen aus der Zeltspitze entkommen, wie ein einziger dunkler Schwarm.

Ich muss hier auch fort, dachte ich, und seufzte genauso tief, wie es sonst nur meine Mutter konnte.

Ich musste fort.

Ich suchte Klarheit, meinen eigenen Weg. Ich schämte mich jedes Mal, wenn mein Vater und mein Onkel zu viel tranken; ich fand sie dann zotig und schwach. Hier in dieser kleinen, flachen Welt blieb so vieles ungesagt. All die unheimlichen Orte auf den Höfen. Das Gebälk in der Scheune, eine verlockende Zisterne, ein Schweinestall. Über diese Orte durfte man nicht reden, noch nicht einmal scheu zu ihnen hinüberblicken. Mein Vater sagte: »Jetzt weißt du Bescheid, aber kein Wort darüber. Wir werden nicht darüber sprechen.«

Wenn doch jemand nachfragte, sagte er: »Für wen hältst du dich eigentlich, dass du das wissen willst? Vielleicht für Gottvater?«

Gab es denn niemanden, der all diese Menschen heilen konnte? Ich regte mich immer mehr über dieses sture Schweigen auf.

Als Marcel am Ofen saß und Pfeife rauchte, setzte ich mich direkt vor ihn hin. »Warum reden wir so wenig?«, fragte ich ihn.

»Reden wir denn wenig?«, entgegnete er.

»Ja, wir sagen kaum etwas.«

Er grübelte etwas und sagte dann: »Wir sagen halt nicht viel. Aber reden bedeutet noch nicht, sich zu streiten.«

»Dann erzähl mir, wie war das mit dem Unfall, als Vater und Mutter nach Tielt fuhren?«

Nach einer Weile antwortete Marcel: »Ja, was ist damals eigentlich genau passiert«, aber die Frage klang eher wie ein Schlusswort.

»Stimmte etwas mit dem Lastwagen nicht? War Vater betrunken?«, setzte ich nach.

»Wir stellen nie viele Fragen. Und ich schon gar nicht.«

Hinter Marcel hing ein gerahmter Spruch:

Wer arbeitet für Frau und Kind,
die ihm dafür dankbar sind? Der Vater.

Daneben, in einem identischen braunen Rahmen, eine Kalligrafie in denselben verschnörkelten Buchstaben:

Da allein kann Liebe wohnen, da allein ist's Leben gut,
wo man still und ungezwungen alles füreinander tut.

Sechzehn

Ich trank ein Bier im Café de Douane. Im Fenster hingen niedliche Gardinen mit rot-weißen Quadraten, die mich an das Papier erinnerten, das beim Metzger zum Einpacken benutzt wird. Wenn ich nach meinen Besuchen in der Westhoek Remi berichtete, sagte ich, dass ich ihn allmählich, Fahrt für Fahrt, besser verstehen könne.

Remi zitierte Lacan: »*Méfiez-vous de comprendre.*«

Er klang besorgt und leicht gereizt. Er wusste, dass er mir schon sehr viel Persönliches anvertraut hatte. Alles hat, so dachte er, mit dem Nacherzählen dessen, was geschehen ist, zu tun. Mit dem gründlichen Nachdenken über die Dinge, damit, sie mit den richtigen Instrumenten zu reparieren, mit Heilung und Genesung. Er war schließlich Psychoanalytiker.

Wiederholt sprachen wir über Freud. Schon als junger Mann hatte Remi einige von Freuds Abhandlungen gelesen. Darin stieß er auf die sonderbaren, widersprüchlichen Theorien über das verwirrende Reich des Triebes, den wiederkehrenden Zwang, die unauflösbare Traurigkeit. Von Freud wusste Remi, dass Geister auf Gefühle gegenüber verstorbenen Verwandten verweisen, dass man sich selbst wie einen Stammbaum der Menschheit lesen kann.

Aus Freuds *Die Traumdeutung* lernte er, dass Träume Bedeutungen, sogar Botschaften enthalten.

Ja, und dann war da noch Freuds merkwürdige, quälende Theorie der allzeit präsenten, unleugbaren Lust. Diese Verwirrung: Wenn man von ihr spricht, scheint sie nichts mit uns zu tun zu haben, aber sie ist immer ein Teil von uns. Anscheinend ist sie angekettet, wartet geduldig, bis sie uns wieder überfällt. Trieb und Tod wachen in uns, und wir denken uns Therapien aus, um die Unruhe und die Anspannung zu übersetzen, zu ventilieren und zu disziplinieren. Wir sind Monster oder taumelnde Riesen. Wir strengen uns so unglaublich an. Und sind doch kranke Tiere.

»Manchmal ist es da und manchmal nicht«, sagte Remi. »Wenn es da ist, dann übermächtig. Es erschüttert dich, brennt geradezu. Du fängst an zu zittern. Du willst hochgehoben werden wie ein junger Hund oder aber wild um dich beißen.«

Ich fing an zu verstehen, was er meinte, zumindest einen Bruchteil davon.

Etwas tickt an deine Schädeldecke, aber von innen. Man erschrickt über die Stimme der eigenen Eltern. Sie essen dich auf, du ermordest sie. Manchmal behaupten wir, das Durcheinander der Instinkte sei eine Maschine, mit Ventilen. Tatsächlich ist es aber eine gefährliche Anspannung, denn wenn wir nicht aufpassen, werden wir hysterisch, neurotisch, paranoid – oder was sind die korrekten psychotechnischen Begriffe für all das?

17

In der Fastenzeit besuchte uns ein Jesuit in der Schule. Er hatte ein spitzes Kinn, dünne Lippen und eine seltsam gewölbte Stirn. Er konnte ungewöhnlich begeisternd erzählen und seine sanften Augen entdeckten mich sofort zwischen den anderen Schülern. Zwei Tage später erhielt ich ein Buch, das mich nicht mehr loslassen sollte. Es handelte von einem spanischen Soldaten namens Ignatius, der sich von einer Kriegsverletzung erholen musste und deshalb über Monate bettlägerig war. Während seiner Genesung beschäftigte er sich mit dem Leben Jesu. Das war schon die ganze Handlung des Buches, das ich geschenkt bekommen hatte; mehr nicht.

Während ich es las, lag ich ausgestreckt in einem trockenen Graben an der französischen Grenze, zwischen dem hohen, zarten Gras und dem Klee. Manche Sätze las ich laut. Ich erfuhr, wie sich der Charakter von Ignatius tiefgreifend veränderte, nur weil er ein Buch las. Dasselbe schien nun auch mit mir zu geschehen: Jemand sprach zu mir, in mir. Als ich mir Stunden später das Gras von der Kleidung schüttelte, dachte ich: Ich muss sofort hier weg, ich muss nun eine Entscheidung treffen, ich muss die Schuld ablösen; die meiner Eltern, meines Onkels, jener hunderttausend Soldaten.

Mich aufopfern.

Ich musste den Kummer der Welt wieder in Ordnung bringen. Ich wollte endlich etwas tun, das rein und vollkommen war.

Auch wenn ich niemals, auf keinerlei Weise, fromm oder religiös gewesen bin, erkannte ich in mir einen neuen, unbekannten Edelmut. Ich betete nie, aber das hier war zweifelsohne ein selbstloses Verlangen nach etwas Höherem. Nicht dieses zögerliche Gehabe meiner Jugend, nicht meine Herkunft. Ganz sicher auch nicht das Brimborium in der Kirche. Aber vielleicht könnte ich Menschen heilen.

Zwei Wochen später schickte derselbe Priester mir überraschend ein weiteres Buch, wiederum beschäftigte es sich mit einem Heiligenleben, diesmal mit Charles de Foucauld, der seine adelige Familie verließ und sich im Grenzgebiet von Algerien niederließ. In der Sahara erlernte de Foucauld die Sprache der Tuareg. Er lebte in der Nähe der Nomaden, versuchte aber nie, sie zu bekehren. Dieses Buch zeigte mir noch deutlicher einen Ausweg auf. Ich musste mich vom Bauernhof befreien. Ich musste so weit weg wie möglich flüchten.

Widerfuhr mir, was man eine Berufung nennt? Vielleicht kann man das tatsächlich so sagen.

Ich traute mich nicht, es irgendjemandem zu erzählen. Als ich meine Schwester im Auto zum Friseur fuhr, war ich so durcheinander, dass ich mich bei einer Kurve verschätzte und der Wagen im Graben landete. Vater kam und zog mich mit dem Traktor wieder heraus. Während die Seilwinde stoßweise am Auto ruckte, spürte ich körperlich, wie mein Vater auch an mir zerrte. Das konnte niemand aushalten. Ich musste sofort, koste es, was es wolle, aufbrechen.

Am selben Abend erzählte ich zu Hause von meinen Plänen.

»Du bist verrückt geworden«, sagte mein Vater. »Welcher Schwarzkittel hat dir das eingeredet?«

»Du musst niemandem etwas beweisen«, sagte meine Mutter.

Ich verstand ja meinen Entschluss selbst kaum.

»Warum entscheidest du dich nicht für einen Beruf? Warum heiratest du nicht? Du gehst doch gerne tanzen? Die Mädchen laufen dir doch hinterher.«

»Du bist zu streng zu dir«, sagte meine Mutter.

Sie sagte auch noch: »Wer hat dich so gestraft?« Sie weinte sich bei der Nachbarin aus. »Was für ein Jammer um den klugen Jungen«, antwortete diese.

Onkel Marcel äußerte sich mit keinem Wort zu der Angelegenheit. Erst als wir beide zwei Tage darauf zusammen bei der Arbeit waren, sagte er etwas. »Mach einfach«, sagte er. »Wegen der Verhältnisse habe ich das damals auch überlegt. Es ist verrückt, aber wir verstehen nur halb, was wir tatsächlich über die Generationen aneinander weiterreichen. Mittlerweile höre ich zum Beispiel wieder Lieder, die ich vollständig vergessen hatte – meine Mutter sang sie früher. Alles kommt wieder.«

Der Sommer, der auf meine Ankündigung folgte, war unwirklich lang und heiß. Ich verhielt mich schuldbewusst und half von morgens bis abends auf dem Hof. Jeden Morgen schaute unser schwarzer Hund mich an, gähnte und zog merkwürdige Grimassen. Verkrampft schüttelte er den Kopf, die lange rosa Zunge hing ihm wie eine Schlange aus dem Maul.

Im September brachten meine Eltern mich zur Abtei Drongen. Sie hofften, ich würde rasch aufgeben. Neben der Dorfkirche, bei dem großen Kriegsdenkmal, öffnete sich die eiserne Umzäunung für mich. Der junge Bruder, der das Tor aufschloss, hatte einen verklärten Blick und trug eine lächerliche Tonsur. Er nickte uns zu, sagte aber kein Wort. Wir folgten ihm durch einen weitläufigen Garten mit Buchen, Rhododendren und Magnolien. Vor uns erstreckten sich zwei beeindruckende Klosterflügel.

Dort, zeigte der Bruder mit einem spitzen Finger. Dieser Flur, die vierte Tür links.

Bevor wir eintraten, versuchte es mein Vater ein letztes Mal: »Du musst es nicht machen, nur weil du es gesagt hast.«

Aber ich hatte die Türklinke schon ergriffen, die Tür schwang bereits auf. In einem hohen, kalten Zimmer mit barocken Verzierungen erwartete uns der Novizenmeister.

»Du darfst mich Magister nennen«, beruhigte er mich.

Wir tranken pechschwarzen Kaffee. Mutter betastete ihren Kopf, kontrollierte, ob der Riss vom Unfall noch da war. Meine große Schwester weinte still; dann erzählte sie, wie sie früher mit ihrem kleinen Bruder in der Scheune kampierte, zwischen den Landmaschinen. Diese Geschichte klang merkwürdig an diesem Ort, unangemessen. Sie verabschiedeten sich von mir und eine Minute später schloss sich das Tor.

Siebzehn

Das Buch über Charles de Foucauld, das Remi erwähnt hatte, konnte ich mir in einem armseligen Pfarrhaus in Charleroi anschauen. Der Priester, mit dem ich mich verabredet hatte, zeigte mir sein eigenes abgegriffenes Exemplar; auch hier wieder unglaublich viele sorgfältige Bleistiftstriche, Randnotizen, Frage- und Ausrufezeichen. Das Buch sei ihm sehr ans Herz gewachsen, sagte er.

Dieser Priester hatte lange im Kongo gearbeitet. Den ganzen Nachmittag sprach er mit mir darüber am Küchentisch, während ein wohltuender Herbstwind durchs Haus drang. Er erzählte, wie er am liebsten ganze Abende bei den Menschen dort am Feuer saß und zuhörte. Er bewunderte die Leichtigkeit, mit der sie in vier Sprachen durcheinanderparlieren konnten, und entschuldigte sich *en passant*, dass er selbst kein Niederländisch sprach. Er hatte dort Pilgerfahrten zu einem besonderen portugiesischen Kreuz organisiert, an die Grenze zu Angola. Als es von *un illuminé* in Brand gesteckt wurde, um Afrika vom Bösen zu befreien, wurden die Pilgerfahrten sogar noch begehrter. Der *illuminé*, ein selbsternannter Prophet, hatte behauptet, das Böse im Kongo würde über dieses Kreuz empfangen.

»Dann wäre das Kreuz eine Art Antenne?«, wollte ich wissen.

»Ja, so in etwa«, sagte der Priester. Er war schon seit zwanzig Jahren wieder in Belgien, aber seine Augen leuchteten, als er plötzlich auf Kongolesisch weitersprach. In mein Notizbuch schrieb er mit eckigen Buchstaben: »*Mene Yaka wuyaka menga ye mbele ye mpunza*«, und darunter die Übersetzung: »Ich, ich bin der Yaka, der das Messer, den Pfeil und die Hacke im Flug fängt.«

Er erläuterte die Redensart: »Ich bin derjenige, der tötet, jagt und hackt, und wenn man mir ein Messer, einen Pfeil oder eine Hacke zuwirft, greife ich zu.«

Die Redensart verwies auf die Furchtlosigkeit der Yaka.

Der Priester erzählte auch von ihren Fetischen: »*Ce sont des saletés, des ficelles, un morceau de tissu, mèches de cheveux, des ongles …*«

Manchmal segnete er in Charleroi die Häuser, wenn eine einfache Hausfrau ihn darum bat. Die Gründe dafür lauteten: »Weil das Kind ununterbrochen weinte« oder »Wegen der unerklärlichen Geräusche im Haus« – und manchmal kam dann der Ehemann vorbei und klagte, seine Frau sei verrückt geworden.

Das Buch von de Foucauld, auf das Remi mich hingewiesen hatte, hatte ich in Händen, aber ich habe es letztlich nicht gelesen. Allerdings las ich die *Geistlichen Übungen* von Ignatius von Loyola, über Schulung und Selbstdisziplin. Es gab sehr konkrete Hinweise, etwa nicht zu lachen, den Blick im Zaum zu halten, sich im Dunkeln aufzuhalten, weniger zu essen, den Körper zu strafen. Remi sagte: »Es hält dir einen Spiegel vor, entlarvt die eigenen Fantasien. Es ist vor allem eine praktische Anweisung zur Meditation und Kontemplation anhand von spirituellen Bildern.«

Ich nickte. Mein Schreiben scheint mir manchmal auch eine Art Meditation zu sein. Wenn ich verschiedene Fakten meiner Recherche in Verbindung bringe, entstehen Bilder vor mir. Erst flackernd, wie in einem alten Film, aber allmählich, Schritt für Schritt, sehe ich, wie meine Romanfiguren sich unterhalten, und ich muss nur noch ihre Lippen lesen.

Teil 2

Drongen – Heverlee

18

Wir waren bloß junge Burschen inmitten scharfsinniger, gehorsamer Männer, die durch ihre langen schwarzen Gewänder und schmalen weißen Kragen auffielen. Der Name unserer Spezies: Societas Jesu, Jesuiten. In den ersten zwei Jahren hießen wir Novizen, Kleinseminaristen, danach, im Großseminar, Scholastiker. Wir schliefen im Dachgeschoss der Abtei, in kleinen Alkoven mit hölzernen Abtrennungen. Vor jeder Nische hing ein Vorhang. Die kleinen Zimmer waren unpersönlich, austauschbar. Es gab eine Kanne, damit man sich waschen konnte; im Winter fror das Wasser darin ein.

Die Stille der Abtei drückte mir sofort ihren Stempel auf. Wir Novizen mussten in der Regel schweigen, es sei denn, der Novizenmeister gab während der Übungen ein Gesprächsthema vor. Aber dieses Schweigen war ein ganz anderes als auf dem Hof. Zurückhaltend, beherrscht blickten wir einander an. Wir hörten zu.

In dieser abgeschlossenen Welt gab es einen Rektor, einen Minister, der den Rektor vertrat, der hatte wiederum einen Subminister, außerdem war da noch der Präfekt. Jeder hatte einen zuständigen Beichtvater, in unserem Fall der Novizenmeister, den wir *magister* nannten. Die *cura personalis*, so bezeichnete Ignatius die Sorge des Lehrers um die Seinen.

Außerdem gehörten *instructores* zum Kloster, die unterrichteten. Der *excitator* weckte uns auf, der *visitator noctis* löschte nachts das Licht. Der Tagesablauf war streng geregelt. Vierzigmal pro Tag läutete die Glocke: Morgens um fünf Uhr dreiundfünfzig – das *Surgitur* fürs Aufstehen. Die Glocke von sechs Uhr zwanzig beendete diese Phase. Sechs Uhr fünfundzwanzig, Vorbereitung zur Meditation. Sechs Uhr vierzig, Gebet vor dem Allerheiligsten Sakrament. Dann Meditation, gefolgt von Litanei und Frühstück.

Sowohl vormittags als auch nachmittags stand eine Stunde körperliche Arbeit auf dem Programm. Ich freute mich darauf, denn neben der Abtei lag ein Bauernhof mit Pferden, Kühen und Schweinen. Ich mochte den süßlich-scharfen Geruch des Viehs noch immer, sogar den Mist auf meinen durchtränkten Kleidern, auch das Gefühl, wie meine weichen Hände von der Arbeit geschmirgelt wurden. Im Winter schleppte ich Kohlen zu den alten Patern.

Durch dieses disziplinierte Leben ordneten sich meine wirren Sehnsüchte. Die Ausbildung war eine perfekte Maschine, in der jeder seinen Platz kannte. Das war ganz anders als auf unserem Hof, da waren der Wille von Vater und Mutter, die Launen von Marcel und vor allem die Jahreszeiten das Maß aller Dinge; sie diktierten die Arbeit.

Im Oktober fanden die großen Exerzitien statt, sie dauerten einen vollen Monat. Die Ausbildung beinhaltete das Studium der großen Theologen und dreimal am Tag leitete uns der Magister an. Wir, die Novizen, meditierten. Wir redeten nur mit dem Novizenmeister. Er forderte uns auf, unsere Berufung zu erklären; immer wieder fragte er nach: »Wie meinst du das?« Und: »Wie meinst du das genau?«

Der Magister fragte und fragte, bis ich nur noch stottern konnte.

»Betest du auch genug? Betest du auch für unsere Gemeinschaft hier?

Demütig schüttelte ich den Kopf.

»Betest du genug und bezeugst du dadurch deinen Glauben?«

Ich verneinte wieder. Beten, das war noch nie etwas für mich gewesen.

»Mir fiel auf, dass du manchmal böse wirst«, sagte der Magister, »aber du musst Freundlichkeit einüben, auch das Mitleid, den Eifer, die Sorge für dich selbst. Du musst milder werden, gemäßigter.«

Das hatte mir auch schon meine Mutter gesagt.

»Lerne mit Verzögerungen und dem Warten zu leben. Nimm ergeben an, was andere sagen. Du musst nur die richtigen Worte benutzen, dann wirst du auch in deinen Träumen die richtige Sprache sprechen.«

»In meinen Träumen?«, fragte ich. »Geht das denn?«

»Ja, natürlich ist das möglich.«

Ich fand das verrückt. Man kann doch nicht glauben, die eigenen Träume kontrollieren, ja sogar die Sprache der Träume beherrschen zu können.

»Und wenn es doch unmöglich sein sollte«, sagte der Magister, »dann kannst du es zumindest versuchen.«

Ich versuchte es. Während der geistlichen Übungen, bei denen es auch auf die richtige Atemhaltung ankommt, erweckte ich immer wieder diese neue, kostbare Stille in mir. Mein Verlangen zu reden wurde weniger, wie ich merkte; und das, obwohl man mich früher das größte Plappermaul von Belgien genannt hatte. Hans Guckindieluft! König Taugenichts!

Ich lernte, mich selbst wie einen fremden Körper zu beobachten, meine Seele in einem langen Prozess des Reflektierens und Abwartens zu ergründen; meine Gefühle benennen zu können und dadurch ungebunden und gleichmütig zu werden. Etwas gewann Gestalt in mir: Ich wollte nicht mehr bloß mich selbst wiederholen. Keine Rede mehr ohne Wahrheit, keine sinnlosen Worte, niemals wieder wütend sprechen. Immer das Für und Wider abwägen, frei von äußerem Druck. Keine raschen Entscheidungen. Immer erst still werden und warten.

Dabei lernte ich, innerliche Bewegungen in mir selbst zu erkennen, weil darin – so sagt man – Gott zu erkennen sei, auch die guten und die schlechten Geister. Alles Schlechte würde vergehen, das glaubte ich. Das Schlechte würde sich selbst verzehren und wie in einem Strudel verschwinden.

Ich übte, nicht zu lachen, weniger zu essen, asketisch zu leben. Den Körper im Bußkleid zu züchtigen, durch Geißelung oder Verletzung – vor allem nachts –, um das Niedrige dem Höheren untertan zu machen.

Während der Exerzitien lernte ich die Kunst der Komposition: Ich stellte mir Szenarien vor und projizierte mich selbst in diese innerlichen Landschaften. So wie der Maler Ensor sich in seinen Gemälden abbildete. Ich las von der Fußwaschung und dem Ritt auf dem Esel am Palmsonntag, der Auferweckung des Lazarus, von Jesus im Tempel, und jedes Mal wurde ich ein Teil dieser Geschichte. Ich sah mich selbst wie in einem Film. So lernte ich, meine Reizbarkeit, meine Stimmungen zu verstehen.

Als ich eines Nachts aufwachte, ging ich durch den unbeleuchteten Gang der Abtei nach draußen. Über mir wölbte sich ein klarer, überwältigender Sternenhimmel. Ich schaute empor zu den Sternen, diesen brennenden, glühenden Quellen des Lichts. Waren das Zeichen? Im Dunkel konnte ich zurückschauen, ich sah unseren Bauernhof, vernahm das leise Brummen der Kühe, das Klirren der Ketten im Stall. In der Scheune hörte ich eine Ratte, die auf der Suche nach einer Liebsten war. Ich hörte Schritte und Stimmen, es waren mein Vater und meine Mutter.

In meinem Traum sagten sie: »Du sollst uns nicht widersprechen.« Obwohl ich noch gar nichts gesagt hatte.

»Schau nicht so überheblich«, sagte mein Vater.

Aber ich hatte die Augen geschlossen. Ich schlief noch immer und träumte, ich würde unter dem Sternenhimmel meditieren. Ich schaute über die trostlose Landschaft und unversehens leuchtete ein Licht auf einem entfernten Hof auf.

Es war unser Hof, noch einmal.

Ich sah, wie mein Vater aufstand, er ging in den Stall, weil eine trächtige Kuh unruhig brüllte. Ich zitterte. Wer hat mich so gestraft, fragte ich mich, wie meine Mutter das auch schon gefragt hatte; dieses Schuldgefühl würde erst aufhören, wenn ich gestorben wäre, dachte ich. Und dieser Gedanke war frei von jeglicher Grausamkeit.

Achtzehn

Dass ein junger Mann mit achtzehn Jahren solch eine schwerwiegende Entscheidung traf, war für mich kaum vorstellbar.

Ich sprach darüber mit anderen Männern, die für eine kurze Zeit bei den Jesuiten gelebt hatten: ein Ethikprofessor, ein linker Politiker, ein angesehener Joyce-Übersetzer.

Diese Jahre der Abgeschiedenheit in ihrer Jugend hatten sie vor allem stärker gemacht. »Der Glaube war nicht der entscheidende Punkt«, erzählten sie übereinstimmend. »In jener Zeit war fast jeder irgendwie gläubig.«

Und der Zölibat? Damit waren so viele vor ihnen schon zurechtgekommen. Auch die großen Vorbilder, die sie inspirierten. Also warum sollten sie daran scheitern?

Alle drei hatten als junge Männer *Der Mensch im Kosmos* von Teilhard de Chardin gelesen. Einer nannte Albert Schweitzer als Inspiration. Das Leben anpacken, die Welt besser machen, etwas persönlich bewirken – das waren die großen Themen.

Ich sprach mit ihnen über die Unterscheidung der Geister, also ihre Methode, schwierige Lebensentscheidungen zu treffen. Es gehe darum, still zu werden und zu warten, sagten sie, darum, das eigene Leben zu betrachten. Keine schnellen Entscheidungen, jedes Argument muss abgewogen, alles geordnet werden. Erst wenn alle Aspekte geklärt sind, erkennt man im eigenen Herzen, was das Beste ist.

»Und ihr musstet die ganze Zeit über schweigen?«, fragte ich.

»Eigentlich müsste jeder ein ganzes Jahr in Stille verbringen«, sagten sie. »Um die eigenen Gefühle und Stimmungen zu analysieren, aufzuschreiben. Die Art und Weise, wie man empfindet, verrät dir vieles über dich. Erst dann verstehst du, welche Geister dich umtreiben.«

Über die Strenge der Ausbildung sagte einer von ihnen: »Die Disziplin hilft dir, flexibel zu werden, einen inneren Abstand zu allem einzunehmen, was man tut.«

»Aber das Konzept der Buße ist doch überholt, hoffnungslos antiquiert?«

»Nein, denn der Sinn davon ist, klein und demütig zu werden, bereit zu sein für jeden Auftrag; dadurch lernt man, Abschied zu nehmen, loszulassen.«

Zudem: »Heute würde man das damalige Leben und seine Regeln streng nennen, aber damals hatten wir nicht dieses Gefühl. Es war karg, aber es fehlte uns an nichts. Wir tauchten vollkommen darin ein, uns reinigte diese Genügsamkeit.«

19

Ich war ein begeisterter Novize. Ich war ernst und genau, während die strikte Disziplin andere manchmal durchdrehen ließ. Man konnte dann kurz in den Freizeitraum entkommen und dort die Fußballberichte in der Zeitung durchblättern. Zwei- oder dreimal im Jahr besuchten mich meine Eltern. Unbehaglich, sogar verlegen warteten sie am Eingangstor.

Ich gab meinem Vater die Hand, küsste meine Mutter. Sie erkannten sofort: Ich, ein neunzehnjähriger junger Mann, fühlte mich wohl in der nüchternen, strengen Uniform. Schwarze Halbstiefel, ein weißes Hemd auf schwarzer Hose, keine Krawatte, darüber die lange schwarze Soutane, die bis auf den Boden reichte. Jeden Morgen hüllte ich mich in diese schwarze Toga, band das Zingulum fest um die Taille und schloss den weißen Kragen mit zwei Häkchen.

Ich spürte, dass meine Mutter dachte, das sei Sünde, Verschwendung, auch wenn sie noch nichts gesagt hatte.

»Was für eine Verschwendung«, sagte sie nun tatsächlich. Sie versuchte, ihr kraftloses Schluchzen zu unterdrücken.

Vater fing an: »Du meinst also, das hier machen zu müssen.«

Noch während sie sprachen, erschienen hinter meinen Eltern die Umrisse unseres Hofs, die nahe Grenze, die Erinnerungen an die schwere körperliche Arbeit, das sonntägliche Trinken, den allzeit präsenten Krieg. Dort wurde nie ein Urteil gefällt, allenfalls in Halbsätzen, gleichzeitig beschönigend und lauernd.

»Unsere Familie war doch nie so fromm«, sagte Vater. »Aber wir sagten immer, man müsse Gutes tun.«

Stille.

Er fuhr fort: »Gut zu jedem sein.«

Mutter rutschte auf ihrem Stuhl hin und her, atmete schwer. Endlich sagte sie: »Das Gute, darauf kannst du dich hier wahrscheinlich konzentrieren, vermute ich.«

»Das stimmt. Ich will es besser machen, während ihr nur sagt: ›Ça va‹.«

Mein Vater runzelte die Stirn. Wieder setzte eine unangenehme Stille ein.

Er verstand nichts von dem, was ich sagte. Hilflos stieß er hervor: »Ça va.«

Als sie wieder gingen, küsste ich beide. Unbefangen schaute ich ihnen hinterher, als sie Abschied genommen hatten. Ich ging durch die hohen, weiß gekalkten Gänge zurück. Das ist also nun mein Weg, dachte ich. Ich lauschte auf meine Schritte, vernahm darin ein Echo einer neuen, bislang unbekannten Reinheit. Die Kälte der Abteimauern wurde mir zu einer Quelle der Wärme.

Die Stille war so anders als auf dem Bauernhof. Es war mehr eine Schwingung. Als säuselte ein System aus Gelehrtheit, aus dem Glauben selbst durch diese Stille. Wenn ich morgens wach wurde, dachte ich über meine Träume nach. Sie waren schon nicht mehr so schwer.

Der Magister erwartete mich am Ende des Ganges. Unerschütterlich passte er auf uns auf. »Komm mit in mein Büro«, sagte er.

Der Magister war ein nervöser Vierziger mit kräftigem, kurzem schwarzen Haar. Er hatte muntere Augen. Manchmal stand er nur da, mit gespreizten Beinen, und beobachtete uns Novizen. Wir hatten keine Ahnung, was er in solchen Momenten dachte. So sorgte er dafür, dass wir schwiegen.

Als er sich hinsetzte, schüttelte er seine Hose etwas auf und zupfte ein paar Fussel vom Stoff. Er wischte Staub fort, der auf dem Tisch lag, und spitzte die Lippen. Neugierig schaute er mich an und erfasste sofort all meine Gefühle und Träume, meinen Übermut und meine Scham. Ich musste nichts sagen. Er sah mich, als würde er wissen, was aus mir werden würde. Dann blickte er kurz auf seine glänzenden Schuhe, danach wieder zu mir, erstaunt. Vielleicht auch abweisend.

Knapp sagte er: »Verurteile niemanden, Remi. Zeige Mitleid.«

Ich nickte.

»Beziehe immer die Umstände mit ein.«

Ich nickte noch einmal.

Manchmal schien es so, als würden wir Novizen an unsichtbaren Fäden hängen. In den Kragen unserer Soutanen trugen wir die Namen von verstorbenen Vorgängern.

»Ihr seid wie Handlungsreisende«, sagte der Magister. »Einsam, immer unterwegs, ihr habt einen Auftrag.«

»Lass uns hinausgehen.« Er zündete sich eine Zigarette an und blies den Rauch in kleinen, dosierten Wölkchen aus. Wir gingen in den Garten der Abtei, vorbei an weiß gestrichenen Treibhäusern und Narzissenbeeten. Der Magister machte weite, entschlossene Schritte. Dann blieb er plötzlich stehen und lachte – dieses eigenartige, leicht unsichere Lachen, das ich schon kannte. Ich wusste, wenn er so lachte, litt er unter stechenden Kopfschmerzen. Ich sagte: »Ich würde gerne wissen, warum ich bestimmte Träume habe.«

»Glaubst du, Träume haben eine Bedeutung?«

»Ja, da bin ich mir ganz sicher.«

»Eigentlich geht es darum, was du mit deinen Träumen anfängst«, antwortete der Magister.

Er blieb stehen und schwieg wieder. Wenn man mit ihm sprach, schienen seine Worte immer sparsam, wohlüberlegt. Ich fragte: »Warum sind Sie eigentlich in den Orden eingetreten?«

Er rieb sich die Schläfen, legte sich die linke Hand an den Kopf und erzählte: »Als ich noch in der Schule war, sprach ich eines Tages mit einem Novizen. Ich war sechzehn oder siebzehn. Ich bewunderte diesen Novizen. Er war ja nur ein paar Jahre älter als ich und er berichtete mir von seinem neuen Leben. Plötzlich blickte ich in sein Gesicht …«

Der Magister schloss die Augen, um sich besser an das Bild erinnern zu können.

»Da sah ich es.« Die Hände des Magisters bebten ein wenig, seine Augen leuchteten. »Plötzlich sah ich, im Gesicht des jungen Novizen, das Antlitz Gottes, der mir direkt in die Augen schaute. Gott blickte mir in die Augen. Ich kann das noch immer nicht anders sagen. Wie ein himmlisches Licht. Ich wusste sofort, was ich zu tun hatte.«

Schweigend liefen wir weiter. Später, so fuhr der Magister nüchtern fort, habe er gehört, der junge Novize sei wieder ausgetreten.

»Brach da nicht eine Welt zusammen?«

»Das hatte für mich keinerlei Bedeutung.« Der Magister lächelte.

Die Novizen durften das Kloster nicht verlassen, ausgenommen am Mittwoch, den nannten wir den »Villa-Tag«. Dann gingen wir zu Fuß ins Landhaus nach Luchteren. Immer zu dritt, das verhinderte unangemessene, allzu persönliche Gespräche.

Auf dem Weg kamen wir an einem Zentrum für künstliche Besamung vorbei, mit einem Stier und einer künstlichen Kuh. Aus Interesse schaute ich mir das näher an. Alles verlief ziemlich mechanisch, lautete meine Bilanz. Böse rief der Novizenmeister mich zurück. Er nannte mein Verhalten obsessiv.

Obsessiv? Ich bin der Sohn von flämischen Bauern, dachte ich.

In Luchteren spielten wir Fußball oder Handball, in langen kakifarbenen Hosen und kurzen Jacken. Wir durften auch schwimmen, aber erst nachdem wir vor einer Statue des heiligen Stanislaus niedergekniet waren. Dies solle eine Überhitzung durch das Spiel verhindern, erläuterte der Magister.

Auf dem Rückweg, in der Nähe der Dorfschule, hob ich einen zerknitterten, vollgekritzelten Papierschnipsel auf. Neugierig faltete ich ihn auseinander; auch die Innenseite war anscheinend wild bemalt worden. Als ich den Zettel ganz auseinandergefaltet hatte, erkannte ich, was es war: ein weibliches

Geschlechtsteil. Ich drehte mich zum Novizenmeister um. Er schaute mich verwundert an. Er hatte gar nicht gesehen, was ich aufgehoben hatte, aber ich fühlte mich erwischt.

In dieser Zeit las ich die großen Russen, beispielsweise Tolstoi und Dostojewski, aber auch anderes, wie Graham Greene, Edgar Allan Poe, Camus und Sartre. Gleichzeitig meditierte ich über die Texte der Bibel. Ich lernte zu verstehen, wie Jesus über das Wasser lief und warum seine Jünger dachten, einen Geist zu sehen. Ich ließ auf mich wirken, wie Jesus die Wellen besänftigte, indem er mit ihnen sprach. Wie er in der Wüste von den Teufeln in Versuchung geführt wurde, wie er Blut schwitzte und der Hahn dreimal krähte, Herodes ihm ein weißes Gewand umhängte und Pilatus ein purpurfarbenes. Tief in die Haut des Schädels drückten sie ihm die Dornenkrone. Pilatus verspottete ihn: »Seht, welch ein Mensch«, und als Jesus ans Kreuz genagelt wurde, verdunkelte sich die Sonne.

Ich erfuhr die Kraft katholischer Liturgie und Bilder. Meine Fantasie wurde bunter, leiblicher.

»Darum müssen wir mit Ehrfurcht von den alten Geschichten sprechen, den Gesängen und den Gebeten«, sagte der Novizenmeister. »Wir müssen die Kirche und ihre Reliquien verteidigen. Auch die Kirchengebäude, unsere religiösen Lieder und die Heiligenstatuen.«

»Gregorianischen Gesang finde ich allerdings sehr elitär«, sagte ich.

Der Novizenmeister wollte verwundert wissen, wie ich das meinte. Wie ich bloß auf diese Idee kommen würde?

Ich durfte einige Male in der Vorschule Katechismusunterricht geben. Eine Art Strafe? Vermutlich. Ich gehorchte und diskutierte nicht darüber; auf keinen Fall wollte ich Zeit verlieren, indem ich mich widersetzte. Damals wollte ich so wie sie werden: rechtschaffen und mutig, mit einem geschulten Intellekt, fern jedes Provinzialismus. Das Asketische sprach mich an, diese Männer mussten es sich nie irgendwie angenehm machen. Sie liebten ihre unbequemen Stühle, die nackten Backsteinwände, strenge Regeln und harte Arbeit.

Im Juli, gegen Ende des ersten Novizenjahres, blieben wir zwei Wochen in der Dependance in Luchteren. Es gab einen bunten Abend mit Theater und Musik. Da ich kein Talent fürs Singen besitze, hielt ich ein Referat über Stijn Streuvels. Ich erzählte vom Landleben, der Fruchtbarkeit, vom Leben mit den Jahreszeiten. Während ich redete, verstand ich, welche Schwermut in meinen Worten mitschwang: Meine bäuerliche Vergangenheit mischte sich unter meine Überlegungen.

Ohne dass ich es wusste, sprach der Novizenmeister mit meiner Mutter. Ich durfte eine Woche nach Hause, eine Gunst, um die ich nicht gebeten hatte. War das eine Verpflichtung, eine Art Test? Sollte ich meine Mutter trösten? Oder meinem Vater unter die Arme greifen? Ich traute mich nicht, sie zu fragen.

Für kurze Zeit war das Leben auf dem Hof so wie früher. Mit dem Traktor fuhr ich ins Dorf; auf dem Weg erkannte ich einige Mädchen wieder. Ich winkte ihnen zu, nicht schüchtern, aber ungelenk. Sie hatten mich schon von Weitem gesehen.

Mutter fragte: »Weißt du, worauf du alles verzichtest?«

Ich versuchte mich zu verteidigen: »Das habe ich verdrängt.«

Ob ich denn keine Versuchungen kennen würde, wollte sie wissen. Prüfungen?

»Damit komme ich schon klar«, versicherte ich.

Als ich wieder im Kloster war, wurden mir zwei Briefe von Mädchen aus dem Dorf zugestellt. Die Briefe waren geöffnet worden, aber nicht zensiert. Ich legte sie zur Seite. Natürlich zweifelte ich, berührte meinen Körper. Scham überkam mich und ich wollte das aus der Welt schaffen. Im Zimmer auf dem Dachboden züchtigte ich mich mit einer Peitsche aus hartem, geflochtenem Seil. Ich bat den Novizenmeister um die *catena* aus Eisendraht, deren Dornen ich mir morgens während des Gebets und der Meditation um den Oberschenkel schnürte. Ich wollte das alles verstehen und kontrollieren. Beweisen, dass der Geist mächtiger ist als der Körper.

Wenn die Glocke um fünf Uhr dreiundfünfzig läutete, sprang ich sofort aus dem Bett. Ich verhielt mich gehorsam und demütig und bat den Pater Minister um Bußübungen. Ich bekannte meine Schuld mit der lateinischen Formel *quia mea levitate damnum prebui olio*, »durch meine Leichtsinnigkeit verursachte ich einem anderen Schaden«. Ich küsste unter dem Tisch die Schuhe der Pater. Manchmal saß ich auch mit dem Gesicht zur Wand und die anderen Brüder durften Bemerkungen machen, um meine Halsstarrigkeit zu bestrafen. Als ich eine frisch gewaschene Soutane anzog, entdeckte ich im Nacken das Namensschild eines gerade erst verstorbenen Bruders.

Ich spürte, wie meine ganze Persönlichkeit neu geschrieben wurde. Wie auf einem weißen Blatt Papier.

Ich entfremdete mich von meiner Familie. Als meine Mutter wieder einmal zu Besuch kam, brachte sie mir eine Regenjacke mit. Am nächsten Tag sah ich, wie ein Pater sie trug. Einmal kam meine Schwester, um mir ihren Verlobten vorzustellen. Ich freute mich für sie, aber als sie heiratete, ging ich nicht zur Hochzeit. Zu diesem Zeitpunkt kümmerte ich mich um Patienten in einem Krankenhaus in Gent. Einer von ihnen war ein todkranker Mann, ein ehemaliger Soldat von der Ostfront, dem beide Beine amputiert worden waren. Laut und vulgär verfluchte er mich, als ich ihn wusch. Sein Röcheln wurde stärker und während ich neben ihm saß und betete, starb er. Es machte mir noch nicht einmal wirklich etwas aus, muss ich gestehen. Ich kannte den Mann nicht und betete, weil man es mir so gesagt hatte.

Das war überhaupt merkwürdig: Ich betete nicht wirklich. Ich war nicht fromm. Ich konnte mich in die Ruhe der

Meditation und die Konzentration auf meinen Atem versenken – Stille als eine Form der Disziplinierung, aber das war es dann auch. Mir wurde klar, dass man mich jeden Augenblick rufen könnte, um mir zu sagen: Junge, geh nach Hause, du gehörst hier nicht hin.

Aber man rief mich nicht.

Es traten nun weniger Novizen ein. Im Jahr bevor ich eintrat, waren es achtzehn, in meinem Jahrgang noch acht. Gleichzeitig gab es immer mehr Austritte. Als man uns mitteilte, dass sogar der Novizenmeister uns den Rücken kehren würde, lautete die Mitteilung ganz nüchtern: »Jemand verlässt uns.«

Nach zwei Jahren legte ich die Gelübde ab, Armut, Keuschheit und Gehorsamkeit. Ich war kein Novize mehr, sondern ein Scholastiker. In Zukunft würde ich mich auf Philosophie und Theologie, Rhetorik und klassische Sprachen konzentrieren. Stilvoll trug ich die lange schwarze Soutane. Die Haare akkurat geschnitten und hochgekämmt, Ohren und Stirn frei. Ich konnte schon wie ein Jesuit direkt in die Sonne schauen und auch den selbstbewussten, forschenden Blick hatte ich mir angeeignet. Das spöttische Lächeln, die Betonung des ausdrucksstarken Kinns, das kluge, unbemerkte Schließen der Lippen noch nicht.

Neunzehn

Ich fragte Remi: »Als euer Novizenmeister austrat, brach dann für dich nicht eine Welt zusammen?«

»Ach, nein«, antwortete Remi, »der Mann hatte doch seine Pflicht getan. Er konnte gehen.«

»Aber der Novizenmeister besaß doch sehr viel Macht über dich?«

»Ja, warum?«

»Konntest du das einfach so akzeptieren?«

»Er war sehr gewinnend, ja geradezu entwaffnend. Er befragte mich und ich konnte ihm spontan alles erzählen. Er musste mir nichts befehlen, ich brauchte keine Weisungen auszuführen – alles geschah wie von selbst. Manchmal begegnet man im Leben Menschen, deren Blick dich nicht mehr loslässt, sie bleiben für immer bei dir.«

Er nannte ihn einen Daimon und erst viel später verstand ich, was er damit genau meinte. Er sagte: »Ein Daimon ist jemand, der in dein Leben eingreift, es lenkt.«

»Lenkt?«

»Ja, buchstäblich. Er schickt dich an einen bestimmten Ort und dort geschieht es.«

Remi würde darauf zurückkommen.

Dank seiner Empfehlung traf ich verschiedene Pater, die dem jungen Remi in dieser Phase seines Lebens begegnet waren. Sie lebten in den Klöstern von Drongen und Heverlee sowie in verschiedenen Heimen. Einmal streunte ich heimlich durch die hohen weißen Gänge der Abtei Drongen. Ich lauschte der Stille, betrachtete die Zimmerpflanzen und die verblichenen Gemälde aus dem sechzehnten Jahrhundert.

Tod des hl. Franz Xaver auf der Insel Chang-Chuen-San.

Drei Wunder des José de Anchieta.

Erscheinung der Heiligen Dreifaltigkeit an Ignatius.

Die Pater, die ich traf, waren alle alt, groß und mager. Einige trugen exzentrische Pilotenbrillen; ihre Fünfziger-Jahre-Kleidung kauften sie vermutlich in geheimen Retro-Läden. Und, was mir auch auffiel, sie waren charmant und niemals aufdringlich fromm. Nirgendwo entdeckte ich bei ihnen Gipsfiguren von Heiligen.

Alle hatten sie die komplette Ausbildung durchlaufen: zwei Jahre Noviziat, drei Jahre Philosophiestudium im Scholastikat, das Großseminar, zwei Jahre Juvenat und Studium der klassischen Sprachen. Dann Regentie, zwei Jahre Lehrer oder Supervisor auf einer Schule. Anschließend vier oder fünf Jahre Theologiestudium, zum Abschluss das Tertiat.

Sie erzählten mir ihr ganzes Leben. Nach dem Gespräch bedankten sie sich bei mir, woraufhin ich ihnen ebenfalls meinen Dank aussprach. »*Kabu kwaandi*«, sagte einer von ihnen, und blickte mich durch seine dunklen Brillengläser an. Auf Kongolesisch heißt das: »Dies ist ein Geschenk.«

Damit meinte er: Eines Tages wirst du mir im Gegenzug auch ein Geschenk machen. Ich folgte ihm durch einen dunklen Flur, in dem er aus Sparsamkeit kein Licht einschaltete.

Remi räumte ein, dass er, wenn er heute einige von ihnen traf, wieder einer von ihnen war: »Ich bin immer noch in ihren Herzen, das überdauert.«

Ich erlebte sie als starke Persönlichkeiten, voller Begeisterung, sogar unerschütterlich. Die Tatsache, dass sie über keinen persönlichen Besitz verfügten, hatte ihnen eine ungeahnte Freiheit verliehen. In jedem Augenblick ihres Lebens waren sie zu jeder Reise bereit, auch für die letzte. Manch einer möchte sie elitär nennen, aber mir gegenüber waren sie niemals hochmütig. Sie übten Kontrolle aus, das schon, aber ihre Kontrolle galt primär sich selbst. Niemand von ihnen verlor ein böses Wort oder wurde zynisch, sie setzten keine Gerüchte in Umlauf, aber verrieten auch keine Geheimnisse. Allenfalls sagten sie: »Der hat eine andere Meinung«, oder sie gingen ausführlich auf die mildernden Umstände ein. Wenn sie von Mitbrüdern sprachen, nannten sie diese fabelhaft, großartig, weitherzig. Oder wenn sie nicht gleich wussten, was sie sagen sollten: Das ist ein außergewöhnlicher Mensch.

20

In Heverlee befand sich das moderne Kloster, es lag unmittelbar neben einem gediegenen weißen Villenviertel. Nach Drongen wurde es zu meinem Aufenthaltsort. Das Kloster war für steigende Mitgliederzahlen gebaut worden, aber durch die wachsende Zahl der Austritte war es geradezu absurd groß. Zusammen mit zwei anderen Scholastikern saß ich im hohen, leeren Refektorium, als drei Theologen aus der Provinz Afrique Centrale eintraten. Ihr Einzug geschah feierlich, als würden drei kleine Riesen ihren Fuß auf die Erde setzen. Fast tanzten sie in ihren blendend weißen Gewändern. Einer von ihnen war Lecompte, er war bekannt für seine progressiven Reden über Afrika. Er war ein großer, stattlicher Mann mit einem getrimmten Bart und einer flotten, goldfarbenen Brille. Seine Haut war wie gegerbt. Nach dem Tischgebet fragte er mich hilfsbereit: »Darf ich dir ein Ei braten?«

In jenen Jahren standen die Tore der Kirchen und Klöster überall weit offen. Viele zweifelten an ihrer Berufung und gingen, aber die Männer aus Afrika blieben. Sie waren von ihrem Glauben tief durchdrungen. Nach dem Essen setzte sich Lecompte zu mir und zündete sich eine Zigarette an.

»Wir sind die Spezialisten aus Kwango.« Lecompte lachte laut und ansteckend.

Kwango? Ich wollte wissen, wo das lag.

Er zeichnete eine imaginäre Karte des Kongos in die Luft.

»Kwango ist die Region schräg unter Kinshasa. Einst entschieden sich die Scheutvelder Missionare für Boma und die beiden Kasais. Die Weißen Väter bekamen den Osten, wir nahmen die Hauptstadt, Bas-Congo und Kwango.«

Zum ersten Mal hörte ich die Namen der Regionen im Kongo.

Lecompte fuhr fort: »Wir dringen in das Herz einer Kultur ein. Wer das Herz einer Kultur ergründet, kann ihr neuen

Schwung verleihen.« Mit der rechten Hand trieb er dabei ein unsichtbares Rad an. Er zündete sich eine neue Zigarette an.

Lecompte hatte eine einnehmende, durchaus kampflustige Art; er erzählte, dass er den Werdegang seiner ehemaligen Schüler aus dem Kongo auf ihrem Weg in die Zukunft beobachtete, als wären es seine eigenen Kinder. Er wollte sehen, wie sie ausschwärmten und damit zurechtkamen, gleichzeitig in mehreren Welten zu leben. Als Lehrer hatte er Tausenden Mädchen und Jungen beigebracht, zu analysieren und zu argumentieren. Er hatte Menschen einen Weg aus ihren Depressionen gezeigt, sie aus den Klauen des Teufels befreit. Leise ergänzte er: »Weil auch ich zu Depressionen neige.«

Diese Männer aus Afrika beeindruckten mich, mehr als meine theologischen Studien. An diesen zweifelte ich mitunter, das lastete auf mir. Ich schaffte es nicht zu beten, obwohl ich es versuchte – anderen verschaffte das Gebet Trost und Sicherheit.

Ich studierte Philosophie, verschlang alles, was ich fand, von der achtzehnteiligen *Sesam Weltgeschichte* bis zu den *Negermärchen* von Ivo Struyf. Ich schaute mir die rastlos-getriebenen Filme von Bergman und Buñuel an. Bei Freud stieß ich auf diesen Gedanken: Man hasst diejenigen, die man liebt, und liebt diejenigen, die man hasst. Meine schöne Handschrift wurde immer kleiner, unlesbar für andere. Ich wurde offensichtlich zu dem, der ich immer schon war: zu einem in sich versunkenen Suchenden; recht zartbesaitet, wie einige sagten.

Vielleicht bat Lecompte mich deshalb, irgendwo in Brüssel ein Päckchen abzugeben. Die Adresse lag in einem der elegantesten Vororte der Hauptstadt. Die Häuser dort sahen wie Galeonen, Ozeanriesen oder Linienschiffe aus.

Ein alter Mann in einem feuerroten taillierten Pullunder nahm die Post aus dem Briefkasten und summte dabei eine Melodie. Der Mann hieß Maurice und zu ihm sollte ich. Er hatte kleine, spähende Augen und ein breites, volles Gesicht.

Maurice überflog die Absender und ging zurück zur Haustür. Er bewegte sich mit beschwerlichen, kleinen Schritten. Seine merkwürdige Hose hing dabei herunter. Ich folgte ihm hinein.

Das Haus war ein Mittelding zwischen Wohnung, Lager und Museum. Unten waren leere, kalte Besprechungsräume und sogar ein Schwimmbad. Oben befand sich ein Büro mit tiefen Chesterfields um einen offenen Kamin. Zwischen dem Treppenaufgang und den bewohnten Stockwerken hatte man große Eisengitter angebracht. Auch die Fenster waren vergittert. Und im ganzen Haus: afrikanische Objekte. Ich roch den eindringlichen Geruch des Leders. Mitten im Wohnzimmer stand eine große kongolesische Statue, die mir Maurice als »Tante Germaine« vorstellte.

Er sprach in langen, verschachtelten Sätzen. Seinem belesenen, in alle Richtungen abschweifenden Französisch konnte ich nicht immer folgen.

»Immer wenn ein neuer Stammesführer im Dorf ernannt wurde, wurde die alte Statue feierlich vernichtet. Aber während der beiden vorhergehenden Male war während der zeremoniellen Verbrennung der Blitz eingeschlagen, und das hatte die Dorfbewohner verängstigt. Im Tausch für ein paar Zigaretten habe ich die alte Figur erworben.«

»Erworben?«

»Na ja, bekommen.«

Neugierig befühlte ich den hölzernen Kopf von Tante Germaine. Maurice packte mich sofort am Oberarm: »*Ne touchez pas*«, befahl er.

Zwischen den afrikanischen Ausstellungsobjekten standen auch antike Erbstücke, die aus der Familie von Maurice stammten. Sein Vater war ein bekannter Handelsrichter in Brüssel gewesen, seine Mutter entstammte einer vermögenden Brauereidynastie.

Mit beiden hatte sich Maurice im Laufe seines Lebens fürchterlich zerstritten. »Ich war ein Rebell«, erzählte er enthusiastisch, »ein richtiger Bilderstürmer. Deshalb sammle ich jetzt Waffen, Fetische, Masken.«

Wir ließen uns in den Chesterfields nieder.

Ich reichte ihm das Päckchen, das ich überbringen sollte. Er knotete es sofort auf. Darin war ein Buch, *Les sociétés secrètes chez les Bayaka*, verfasst von dem Jesuiten Michel Plancquaert. Der Titel faszinierte mich, aber es schien mir ungebührlich zu fragen, ob ich einen Blick hineinwerfen dürfe. Maurice betrachtete es nur kurz; hastig und offensichtlich wenig interessiert legte er es zur Seite.

Im Krieg, so fing er an zu erzählen, habe er verstörende Dinge sehen müssen. In den Straßen von Brüssel zwang man Juden dazu, ihr Geschlechtsteil zu entblößen. Wenn sich zeigte, dass sie beschnitten waren, lachte man sie aus. Maurice hatte diese erniedrigenden Szenen selbst beobachtet. Abwesend blickte er durch die Gitter nach draußen, dann schaute er mich an. Er lebte allein, hatte weder Frau noch Kinder. Er fragte, ob ich rasch etwas mitessen wolle, dann könnte er mir auch seine Sammlung zeigen.

Ich stimmte zu.

Maurice hatte Lumumba, den bedeutenden Politiker aus dem Kongo, noch gekannt. 1958 habe er das Pfadfinderwesen in Kinshasa eingeführt. Er zögerte und tippte mir sanft auf den Unterarm: »Als junger Mann hatte ich begriffen, dass ich irgendwo weit weg erwachsen werden musste. Es ist der Kongo geworden.«

Vielleicht weil dort weniger lästige Beobachter unterwegs waren? Ich rückte etwas von ihm ab.

Mittlerweile bewohnte Maurice diese Villa am Rande von Brüssel, umgeben von seiner exzentrischen Sammlung. Er war jetzt ein steinreicher alter Mann, aber es fiel mir auf, wie klein, fast schon armselig seine Küche war. Das Schlafzimmer bestand aus einer schmalen Matratze auf dem Boden des Büros, zwischen Regalen, auf denen dreißig oder mehr große, seltene Masken standen. Er besaß auch eine große Sammlung an Peitschen und Handschellen, auf die er besonders stolz war. Er ließ mich die echte *chicotte* sehen, eine Peitsche aus Nilpferdhaut, mit der im Kongo der Kolonialzeit die Eingeborenen gezüchtigt worden waren. Er zeigte mir auch ein Buch von Plancquaert über Initiationsriten, *Les sociétés secrètes chez les Bayaka* aus dem Jahr 1930.

»Aber genau dieses Buch habe ich Ihnen doch heute vorbeigebracht?«

»Ich benötigte ein zweites Exemplar«, antwortete Maurice knapp.

Danach wies er mich auf einige weitere Bücher hin, eines war gerade erst erschienen: *Basuku et Bayaka du Kwango*, aus dem Jahr 1965, verfasst von dem Jesuiten Lamal; *Die geheime Sekte der Bakhimbas*, 1911, von Leo Bittremieux; *Pactes de sang et pactes d'union*, 1960, von Léon de Sousberghe.

»Léon de Sousberghe hatte eine Obsession für Penisköcher entwickelt«, sagte Maurice und schnalzte dabei unappetitlich mit der Zunge.

Von Hans Himmelheber hatte er *Negerkunst und Negerkünstler* aus dem Jahr 1935 in seiner Bibliothek. In dem Buch befand sich eine Originalfotografie, auf der sich Yaka-Jungen riesige Holzpenisse vor ihre jungen Körper hielten.

»Liegt darin nicht das Erwachsenwerden?«, fragte Maurice. »Ein Junge sieht Dinge, die er besser nicht sehen sollte. Situationen, die Abscheu erwecken, über die er aber nicht mit seinen Eltern reden kann. Genau das ist das Thema meiner Sammlung: diese Scham, das Prickeln, der Reiz. Oder wie soll ich es sonst nennen?«

Während Maurice mit dünnen weißen Handschuhen nacheinander die unterschiedlichsten afrikanischen Objekte hervorholte und vorführte, redete er über die Aufstände und Morde im Kongo. Die *dipenda*, der Kampf um die Unabhängigkeit des Kongos, und seine persönliche Karriere stellten sich als ein und dasselbe, eng verflochtene Abenteuer heraus. Sein Lebensweg war geprägt von Missachtung, Abrechnungen und Enttäuschung. Er zeigte mir ein schreckliches Foto eines verbrannten Hubschrauberpiloten. Ausführlich berichtete er über den Mord an dem Kolonialbeamten André Ryckmans und darüber, wie die Krokodile ihn auffraßen.

Dabei beobachtete er meine Reaktionen genau, was mir sehr unangenehm war. Ich rückte wieder ein Stückchen von ihm ab. Die Geschichten von Maurice betäubten mich.

In Kwango hatte er darum gebeten, den Initiationsritus am eigenen Leibe zu erleben. Erst sprach er mit einem lokalen Stammesführer darüber, Kha Ngwesi Masiala. Dieser gab seine Zustimmung, im Gegenzug wechselte ein ordentlicher Geldbetrag den Besitzer.

»Ich zeige dir ein paar Fotos«, sagte Maurice, »auch wenn das eigentlich verboten ist.«

Unter einem Tischchen mit Kassetten voller Münzen stieß er mit Absicht gegen einen Holzkoffer. Der war bis an den Rand mit Holzpenissen gefüllt. Er behauptete, sie einmal in einem westafrikanischen Familienhotel gekauft zu haben. »Aber nur um meine Schwestern zu necken«, lächelte er schelmisch. Er bat mich, einige Fotoalben, die mit rotem Leder eingebunden waren, aus dem Regal zu nehmen.

»Komm einmal zu mir herüber«, kommandierte er.

Auf den Aufnahmen erkannte ich Maurice als einen munteren, bleichen jungen Mann mit Schlapphut und kurzer Hose, zwischen schwarzen Jungs. »Immer schon spürte ich meine Verbundenheit mit den Unterdrückten, *avec ces braves noirs*. Damals lebten die weißen Belgier für sich. Sie gingen aus, tanzten in weißen englischen Smokings, aber ich lebte lieber zwischen meinen Freunden in der Cité. Ich hatte einen schwarzen Assistenten, Nicolas, der nicht von meiner Seite wich.«

Hinter ihm auf dem Foto sah ich zwei oder drei Regalbretter, auf denen ausschließlich Bücher über Sexualität standen. Der komplette Freud. *Der schwarze Dekameron* von Frobenius, Malinowskis *Geschlecht und Verdrängung in primitiven Gesellschaften*, de Sade, mehrere Fotobände von Leni Riefenstahl.

»Ich bin ein Mann der Savanne«, erläuterte Maurice.

Er breitete jetzt große Schwarz-Weiß-Fotos der Wildnis auf dem Schreibtisch aus.

Beeindruckende graue Ebenen. Die Erde verschmolz mit dem weißen Himmel an der Horizontlinie, wie eine verschwimmende, schwebende Leere. Einfache sandige Wege schienen sich darin im Nichts aufzulösen. Es waren auch Luftaufnahmen darunter, die er selbst aus seinem Privatflugzeug geschossen hatte. Manchmal war auch der Flügel des Flugzeugs versehentlich aufs Bild geraten.

In Kwango hatte Maurice damals einen halbindustriellen Viehbetrieb gegründet. Er importierte Nutzvieh und errichtete einen geschlossenen Pferch auf 140 Hektar Land, in der Gegend von Ganga. In Spitzenzeiten hielt er fünftausend Kühe auf der Farm.

»Heute ist das alles verschwunden«, sagte Maurice. »Nichts davon existiert mehr.«

»Was ist passiert?«

»Ich bekam anonyme Briefe. Man erzählte sich, ich würde Geldscheine essen. Die Regierung bedrohte mich, von meinem Geschäftspartner wurde ich erpresst. Ich musste das Land sofort verlassen – oder man hätte mich ermordet.«

Er schenkte sich einen Whisky ein. Mir gab er Fanta. Wir aßen gemeinsam. Zuerst eine Dosensuppe, dann Hamburger mit Nudeln, zum Nachtisch gab es Kirschen. Da ich die Nudeln zerkleinert hatte, bestand Maurice darauf, dass wir gemeinsam gekocht hätten. Er deutete hinter uns, auf die Vitrinen und Bücherregale, auf denen die originalen Yaka-Masken standen. Insgesamt fünfundvierzig; niemand würde auch nur ahnen, was er hier besäße, betonte er. Nur im Königlichen Museum für Zentral-Afrika in Tervuren bei Brüssel hätten sie noch mehr.

Die Gesichter der Yaka-Masken waren bemalt; um sie herum hingen Raffiafasern, wie ein üppiger Strahlenkranz. Über den eigentlichen Masken hatte man unterschiedliche kleine Figürchen montiert: Büffel, Hunde, gebärende Frauen, kopulierende Männer.

»Eigentlich werden diese Masken nach der Initiation verbrannt«, sagte Maurice, aber er habe sie heimlich mitgenommen. Er warnte mich, und legte dabei wieder die Hand auf meinen Unterarm: »Du darfst sie nicht anfassen. Sie wurden nicht behandelt, nur mit Haarspray eingesprüht«, dabei machte er eine obszöne Geste.

Auf den Fotos in den Alben sah man vor allem Kinder; einige der Jungs waren vielleicht gerade zehn. »Durch die Einführung des kolonialen Schulsystems erfolgte auch die

Initiation bei den Yaka in einem früheren Alter«, beeilte er sich zu erzählen. »Ich nahm in der Regenzeit am Ritus teil. Es war sehr kalt.«

Wir betrachteten die Fotos gemeinsam: Diejenigen, die an der Initiation teilnehmen sollten, brachen zu einem geheimen Ort im Wald auf. Sie bildeten eine Reihe aus zwölf ernst schauenden Jungen. Ihnen vorweg ging ein Mann mit einer Trommel, der den Rhythmus angab. Jeder der Jungen trug eine kleine Peitsche in der Hand. Maurice reichte mir eine Lupe: Jetzt erst sah ich den schmalen, bleichen jungen Mann am Ende der Gruppe. Es war Maurice. So viele Jahre jünger als heute. Ohne den dicken Bauch. Er trug nur eine Art Rock aus Raffiafasern; sein Gesicht war geschwärzt.

»Wurden Sie bei der Initiation auch beschnitten, Maurice?«, fragte ich lachend.

Er schüttelte energisch den Kopf. »In manchen Brüsseler Familien werden die Jungen schon nach der Geburt beschnitten. Ansonsten hätten sie sicherlich auch bei mir Hand angelegt.«

Was für ein merkwürdiger Mann, dachte ich.

»Lass uns weitermachen«, sagte er. »Hier läuft unsere Gruppe zum Fluss Zembi. Plötzlich riefen die Wächter: ›Die Toten sind da.‹ Wir knieten nieder und spürten, wie die Toten uns von hinten mit Erde bewarfen. Ihre Klauen hinterließen Spuren auf unseren Rücken und den Hintern. Danach wuschen wir uns im Fluss. Aber erzähle das niemandem, Remi, verrate auf keinen Fall den Ort, die Zeit und niemals irgendwelche Namen.«

»Aber das ist doch alles lange her?«

»Das spielt keine Rolle«, entgegnete er.

Ich schaute durch das vergitterte Fenster nach draußen. Ich fragte, wer die Fotos gemacht hatte.

»Es gab da einen Lehrer, der ein wenig verrückt war. Ich gab ihm meinen Apparat und sie ließen ihn einfach machen.«

Auf den Fotos sah ich, wie die Jungen zuerst zu den *makhulu* gingen, gespaltenen Holzblöcken auf den Gräbern der Ahnen. Frauen reichten den Kindern Fetische. Man rasierte ihnen die Köpfe, spuckte ihnen auf die Schultern, den Kopf, den Nabel, um ihnen Kraft zu geben. Danach fand die Beschneidung mit einer Rasierklinge statt.

Er zeigte mir dann zahlreiche Aufnahmen, wobei er jede einzelne kommentierte. Close-ups der Penisse. Das Messer fiel auf den Boden, in den lockeren Sand, und wurde mit parfümiertem Talkumpulver desinfiziert. Die Jungen unterdrückten den Schmerz. Zwei Trommler standen auf dem Dach der Initiationshütte und machten einen Höllenlärm. Über Wochen lebten diese Jungen abgesondert im Initiationslager. Sie wurden im Jagen, im Umgang mit Frauen, auch im Weben unterrichtet. Sie rauchten Hanf, mit einem glühenden Eisen drückte man ihnen ein Brandzeichen in die Haut. In der Nacht zogen sie ins Dorf, um ihre Mütter zu beleidigen. Sie liefen zwischen den Hütten umher und riefen ihnen zu: »Du hast ein Loch, das stinkt«, und kopulierten mit einer Kuhle im Boden.

In dem Buch von Plancquaert zeigte Maurice mir ein Foto von den Narben auf den Rücken der Jungen und deutete dann auf eine kleine Narbe auf seinem eigenen Arm. Er legte meine Hand auf die Narbe. Rasch zog ich sie fort.

Auf den letzten Seiten des Albums war das abschließende öffentliche Fest zu sehen. Die Initiierten waren die Helden des Dorfs. Sie trugen die Masken, die jetzt hier auf den Bücherregalen zur Schau gestellt wurden. Es herrschte ein ohrenbetäubender Lärm, berichtete Maurice. Alle lachten und hatten sich Hühnerfedern in die Haare gesteckt. Man sah Männer mit Pfeifen, Sonnenbrillen und Regenschirmen; Maurice tanzte mit dem Dorfchef. Sie nannten ihn lachend *le Flamand*, auch wenn er kein Sterbenswörtchen Niederländisch sprach.

»Schlagartig war ich zu einem Mann geworden«, sagte er und meinte das keineswegs ironisch.

»Warum werden Jungen eigentlich beschnitten?«, fragte ich ihn.

»Weil ihre eigenen Kinder ansonsten den Kopf nicht aufrecht halten könnten; ihr Hals wäre zu schwach.«

»Erklären sie das damit?«

»Ja, das ist die Begründung.«

»Und Sie?«, wollte ich wissen. »Sie sind doch kein Yaka? Warum haben Sie daran teilgenommen?«

»Durch das Ritual war ich endlich kein *mundele* mehr«, erklärte Maurice. »Plötzlich war ich kein Weißer mehr – und genau das hatte ich gewollt. Ich fragte auch, warum sie diese Tradition eigentlich haben. Ihre Antwort lautete, sie hätten das schon immer so gemacht.«

»Aber warum haben Sie es denn gemacht?«

»Ich wollte einer von ihnen werden.« Kurz schaute er mich verträumt an.

Dann nahm er eine Salami aus dem Kühlschrank und schnitt dünne Scheiben ab. Er bot mir davon an, aß sie dann aber alleine auf. Ich wollte so schnell wie möglich fort aus diesem Haus. Als Maurice kurz nicht hinschaute, berührte ich schnell eine der Masken. Blaue Farbpigmente blieben an meinen Fingern kleben; ich wischte sie an der Unterseite des Tisches ab. Wir verabschiedeten uns in der vergitterten Eingangshalle.

Zwanzig

Aus den Gesprächen, die ich mit fünfzehn alten Patern führte, ergab sich schon bald, dass jeder von ihnen extreme Kriegssituationen miterlebt hatte. Oft ging es um Leben und Tod: um Konflikte mit Rebellen, mit Soldaten im Rausch oder mit Anhängern des aufständischen Mulele. Nach all den Jahren berichteten sie eher unbewegt davon, als würden sie einen Film zusammenfassen. Ja, es war eine abenteuerliche Zeit gewesen, das schon, aber sie relativierten ihre Erlebnisse. »Wir versuchten, stark zu bleiben.« Ihre legendären Vorgänger waren noch zuhauf an der Schlafkrankheit gestorben, kämpften immer wieder mit schweren Malaria-Anfällen und mussten Hunderte Kilometer zu Fuß bewältigen oder per *tipoj*, im Tragsessel. Oder sie starben einfach sofort nach ihrer Ankunft.

Aber die Pater sagten: »Wir gingen nicht verloren.«

Die meisten von ihnen hielten sich in Popokabaka auf, der Stadt mit diesem fröhlichen Namen, bei dem man immer an *Tim und Struppi* denken muss. Die Stadt in der Region Kwango faszinierte mich.

Die Pater erwähnten auch kuriose Rituale, Fetische, entfesselte Tänze und Sklaven, die es dort zu ihrer Zeit noch gab.

Um etwas über die bereits verstorbenen Pater, die in Popo gearbeitet hatten, zu erfahren, besuchte ich das KADOC-Archiv in Löwen. Jeder einzelne Pater war mit einem ausführlichen, gut geschriebenen Nachruf gewürdigt worden; das jeweilige *In Memoriam* war sehr persönlich und reich an Einzelheiten. Ich erfuhr, dass es Lecompte im Kongo offensichtlich bis zum Rektor gebracht hatte; er fand einen gewaltsamen Tod. In den Beständen des KADOC stieß ich auch auf ein Exemplar von Plancquaerts *Les sociétés secrètes chez les Bayaka*, dessen Bogen noch nicht aufgeschnitten worden waren. Es handelte sich tatsächlich um genau jenes Buch, das der junge Remi damals Maurice gebracht hatte. Der Archivar erlaubte mir, es vorschichtig mit einem scharfen Messer aufzutrennen. Das Messer: Als würde ich selbst, Seite für Seite, einen Initiationsprozess in Remis Leben vollziehen. Dabei wurde mir immer klarer, wie Remi vom Kongo gerufen worden war, er einer raschen Veränderung entgegeneilte.

21

Nach dem Besuch bei Maurice kehrte ich verstört nach Heverlee zurück. Auf den grauen Fotos der Savanne war mir eine unbekannte Unendlichkeit begegnet. In den Masken das Gegenteil davon. Die anzüglichen Masken und der Bericht über das Beschneidungsritual hatte ein Unwohlsein in mir ausgelöst. Diese Abneigung, die ich deutlich spürte, hatte mich gleichzeitig in ihren Bann geschlagen und reizbar gemacht. Als ich Lecompte davon erzählte, sagte er: »Sei vorsichtig mit Menschen, die Geheimnisse haben.«

Das erschreckte mich. Als hätte ich gerade erst begriffen, dass dieser Mann auf die ein oder andere Weise gefährlich war.

Lecompte zuckte mit den Schultern. Seine Fingerspitzen ruhten sanft auf einer Karte Afrikas, die ausgebreitet auf dem Schreibtisch lag. Ich grübelte darüber nach – ohne laut zu fragen –, ob ich auch nach Afrika gehen könnte.

Ja, eigentlich sprach nichts dagegen, nach Afrika zu gehen.

»Du hast dich wie ein Voyeur gefühlt«, sagte Lecompte, »weil dieser Mann selbst ein Voyeur ist. Manche Männer wollen alle Fesseln abwerfen, ihr Leben frei gestalten, und suchen die Gefahr. Ein Mensch ohne Scham gibt eine traurige Figur ab.«

Im Philosophieseminar für die Scholastiker sprachen wir über Personen, denen man begegnet und die einen beeinflussen, positiv oder negativ. Wir interpretierten Platons *Symposion*, in dem sich eine bemerkenswerte Passage über den Daimon findet. Daimones sind in der antiken Welt weise, immer unsichtbare Halbgötter, die inspirieren und Schutz bieten. Sie vermitteln zwischen den eigentlichen Göttern und den Menschen. Sie übersetzen die göttlichen Befehle und – umgekehrt – bringen die flehentlichen Bitten der Sterblichen nach oben. Daimones darf man auf keinen Fall mit Dämonen verwechseln.

Vanhove, unser Philosophieprofessor, warf folgende Frage in die Runde. Es ging um eine spielerische, philosophische Reflexion, eine offene Frage: »Wenn die Götter – oder sagen wir, Gott – nicht existieren würden, dann würde es logischerweise auch diese Halbgötter nicht geben. Wenn das der Fall wäre – wer wären dann die Daimones?«

Nachdrücklich, fast schon flehend, wiederholte Vanhove die Frage: »Wer wären dann die Daimones?«

Es schien so, als würde auch er selbst noch nach der Antwort suchen. Er blickte jeden Einzelnen im Raum genau an.

»Wer wären in diesem Fall die Daimones?«, fragte er noch einmal und legte eine rhetorische Pause ein. Nach einer Weile beantwortete er die Frage selbst. »Wir reden hier von Mittlern. Menschen, die zwischen dem, was hier präsent ist, und jenem Nichts dort reisen.«

Wieder herrschte Stille.

»Lasst uns einmal davon ausgehen, die Götter beziehungsweise Gott würden nicht existieren. Trotzdem sind diese Daimones unterwegs, denn sie überbringen Botschaften. Also, wer wären in diesem Fall die Daimones?«

Die anderen Studenten machten einen gelangweilten Eindruck, dieser philosophische Diskurs schien sie zu ermüden; sie warteten einfach ab, bis der Professor seine Argumentationskette abspulen würde. Mich hingegen faszinierte diese Frage. Was zuerst wie ein lockerer, unbeschwerter Gedankenaustausch erschien, versetzte mich in eine ungeahnte Zwischenwelt.

Kann man Menschen begegnen, die besondere Botschaften überbringen?

Hatte das vielleicht mit dem Heilen von Menschen zu tun?

Eine peinliche Stille lag über dem Seminarraum. Um dem Gedankenexperiment neuen Schwung zu verleihen, sagte Vanhove, es existiere eine unbekannte Metaphysik des Nichts, des immer Dunklen und Zweischneidigen, eine Metaphysik der Sehnsucht. Dann schwieg er wieder.

»Welche Metaphysik ist das?«, fragte ich.

»Das weiß ich auch nicht«, antwortete er sofort. »Diese Metaphysik ist uns noch unbekannt. Aber wir können diese wechselseitige Bewegung sehen oder zumindest spüren. Wir wissen nicht, wohin sie führt oder woher sie kommt. In unseren Gedanken und unseren Tagträumen findet eine ruhelose Wanderung statt, eine nervöse Suche unserer Sehnsucht.«

Vanhove blickte mir jetzt direkt in die Augen. Er sagte: »Wir sind uns dessen bewusst, dass andere schon gegangen sind, wir sind es, die hier zurückbleiben. Wir bleiben und warten auf eine Antwort. Manchmal kommt jemand zu uns zurück und bringt etwas Befremdliches mit. Aber was?« Er schwieg eine ganze Weile. »Man kann das nicht verstehen«, griff er den Gedankengang wieder auf, »man muss selbst dorthin gehen, um es zu verstehen.« Die folgende Pause ließ mich fast frösteln.

»Wer sind also die Daimones?«, fragte er unbeirrt, nachdrücklich. Er erläuterte die Frage – oder schweifte er ab? »Nein, ein Daimon ist kein Dämon. Mit Dämonen kennen wir uns natürlich auch aus – jeder hat seine eigenen.«

Die Eingangsfrage blieb unbeantwortet, die Stunde war zu Ende.

Es gab in Heverlee verschiedene Pater, zu denen ich eine gute Beziehung entwickeln konnte, aber vor allem Vanhove interessierte mich. Seine Ausführungen waren oft vage, scheu, voller Zweifel, aber kühn. Wir hatten noch weitere Dozenten, voller Energie und Klugheit, deren Vorträge sich suchend vorantasteten, wie bei Vanhove. Sie litten durchweg an Migräne und Neurasthenie; fast schien dies ein unvermeidliches Opfer zu sein. Ich wollte genauso gewagt leben, denken, reden. Vor allem wie der allzeit heitere Vanhove, mit seinem fröhlichen, stets neugierigen Blick. Vanhove war immer frisch rasiert und roch angenehm. Aber vielleicht war er ja selbst so ein Daimon, ein besonderer Botschafter?

Gerne besuchte ich ihn in seinem mit Büchern vollgestopften Zimmer.

»Ach, Menschen lassen mich einfach nicht los«, erzählte Vanhove hinter seinem Schreibtisch. »Wenn ich ihre Geschichten höre, betrete ich diese wie ein Haus. Ich suche den Zusammenhang, den inneren Antrieb. Vor Kurzem, am Sonntag Laetare, sprach eine Frau mit mir über ihr Kind, das sie vor achtzehn Jahren hat wegmachen lassen, weil ihr Mann das so wollte. Ich konnte ihr nicht einfach sagen, dass ich ihr vergab. Sie musste selbst versuchen, ihren Weg zu finden.«

Vanhove erzählte das gelassen. Dabei beobachtete er mich, sodass ich schließlich unruhig wurde.

»Welchen Weg?«, fragte ich.

»Den Weg zurück, den zwischen ihr und dem Kind.«

Vanhove sortierte ein paar Bogen Papier auf dem Schreibtisch. Geschickt befüllte er seinen Füller mit Tinte.

»Können Sie denn Menschen heilen?«, wollte ich wissen.

Vanhove lachte auf. »Ich kann Menschen nicht heilen, aber ich bringe sie in Bewegung. Das habe ich dort gelernt.«

»Dort?«

»Im Kongo«, sagte Vanhove. Er hatte dort lange gearbeitet, aber die Afrikaner kamen mit seiner fordernden Art nicht zurecht, wie er einräumte. Er war zu nüchtern, asketisch, verinnerlicht. Er wollte, dass sie zu Silvester beteten, aber sie tranken lieber Bier und tanzten. Vanhove biss sich auf die Unterlippe. Von einem Augenblick zum anderen versenkte er sich in eine Mappe auf dem Schreibtisch und fing konzentriert an zu schreiben. Geräuschlos verließ ich den Raum.

Am nächsten Tag sprach mich Vanhove an: »Du erwähntest gestern den Kongo. Folge mir bitte.«

Vanhove führte mich in einen dunklen Raum auf dem Dachboden des Klosters. Dort war das kleine *Musée du Kwango des Pères Jésuites*. Eigentlich war es nur ein Lagerraum für ethnologische Objekte, die von den Missionaren

Renard, Lamal, De Beir, Van Roy, Van Gool und Plancquaert stammten. Von Plancquaert kannte ich schon das Buch über die Initiationsriten.

In dem Raum standen große Kartons und dunkelgrüne Metallkisten, in denen afrikanische Fliegenklatschen, Kämme, Kopfbedeckungen, Kopfstützen, Pfeifen und vor allem Masken und Figuren aufbewahrt wurden. Dazu gehörten einige Hefte, in denen die jeweiligen Sammler knapp Notizen gemacht hatten, und zwei Bücher aus den zwanziger Jahren: *L'art nègre* von Georges Hardy aus dem Jahr 1927 und *La sculpture nègre primitive*, 1929, von Guillaume und Monro.

Aus einem großen Wandschrank zog Vanhove zwei breite Schubladen heraus. Eigentlich waren es zwei tiefe Holzfächer, in denen Statuen und Figürchen lagerten. An manchen Objekten hing ein Zettel mit Bezeichnungen wie Mbwuul, Halang, Mayaang und Nkonzo. Manchmal wurde die Herkunft des Objekts vermeldet, wie: »Gefunden in Mukalal, Katota.«

Ich sprach die Namen laut aus, um die exotischen Klänge zu hören. Vanhove korrigierte meine Aussprache und erläuterte bei dieser Gelegenheit die Bedeutung der Laute in den afrikanischen Sprachen.

»Das müsste jemand alles einmal ordnen«, sagte Vanhove. »Bei den Kunstliebhabern sind die Yaka in erster Line für ihre großen, sehr auffälligen Masken mit erotischen Darstellungen bekannt. Aber bei uns in der Sammlung haben wir vor allem die kleineren Figuren.«

Diese Figuren waren maximal dreißig Zentimeter groß, hatten gewölbte Augen und geschwungene Nasen. Auf dem Kopf hockte beispielsweise ein Vogel oder ein Affe – es gab auch solche mit ineinander verknoteten Schlangen. Alle diese Figuren ähnelten einander, aber keine zwei von ihnen waren identisch.

»Jemand müsste die Sammlung einmal ordnen«, griff Vanhove seinen Gedanken wieder auf. »Vielleicht kannst du dich in die Literatur einarbeiten und dann eine Inventarliste erstellen. Was hältst du davon, Remi?«

Ich musste sofort an Onkels Marcels Geschichte über Pius denken, an die Holzfiguren, die er damals in unserer Werkstatt geschnitzt hatte.

Natürlich nahm ich die Aufgabe an.

Die Gesichter der Figuren besaßen große, breite Ohren, fast schon wie Handgriffe, die eckig vom Kopf abstanden. Die auffälligen Frisuren bildeten einen Knoten, manche trugen auch europäische Hüte und manchmal saß ein Adler oder ein anderes Tier darauf. Ihre Arme waren verschränkt, die Beine eingeknickt. Die Bäuche geschwollen, man sah deutlich den Bauchnabel, alle hatten einen großen Hintern.

1945 beschrieb ein gewisser René Gaffé erstmals aus westlicher Perspektive diese Yaka-Figuren: In *La sculpture au Congo belge* nannte er sie »eher hässlich«. Er bezeichnete sie als »kantige, zerbrochene Karikaturen« und als »groteske

Übertreibungen«. Das lag an ihren verzerrten, bruchstückhaften Gesichtern und außerdem an »*ce curieux nez qui défie le ciel, les lois de l'équilibre et celles, plus simples, de la beauté*«. Olbrechts schrieb über die auffälligen, übertriebenen Stupsnasen und die gewölbten, hervorspringenden Augenlider. In den Augen befand sich immer eine typische Kerbe. Professor Maesen nannte die Augen sphärisch, Wingert verglich sie mit Kaurimuscheln.

Bei diesen Figuren stieß ich jedes Mal auf dasselbe Muster, dasselbe Verhältnis von Kopf, Rumpf und Beinen. Was hatte das zu bedeuten?

»Vielleicht sorgt diese Wiederholung schon für eine Art Gleichgewicht«, sagte Vanhove. »Dieser Rhythmus zeigt das Leben in festen Relationen. Gleichzeitig unterscheiden sie sich aber und erst das macht jeden Menschen zu einem Individuum.«

(Diese Erklärung verriet mehr über Vanhove als über die Figuren.)

»Einige der Figuren wurden nachträglich bearbeitet«, sagte er spöttisch. »Ist dir das schon aufgefallen?«

Ich hatte das bereits vermutet. »Wer war das?«, wollte ich wissen.

»Wir, würde ich sagen. Manchmal wurde nämlich ein hervorstehendes Körperteil entfernt.«

Drei Wochen benötigte ich für die Inventarliste. Als ich beinah fertig war, hörte ich ein lautes Poltern im Flur. Eine größere Gruppe stieg die Treppe empor. Hinter dem Rektor des Klosters erschien ein schwarzer Mann. Er war der erste Afrikaner, dem ich begegnete. Fasziniert betrachtete ich seine schwarzbraunen Hände. Weder Falten noch Haare oder Schrunden waren zu sehen. Der Mann trug einen modischen olivgrünen Anzug, der vielleicht etwas zu weit war, aber er hatte einen perfekten Schnitt.

Während ich schlaksig an dem niedrigen Tisch saß und arbeitete – ich hielt einen fingerdicken Bleistift in der einen und ein Lineal in der anderen Hand –, senkte ich unbeholfen den Kopf in seine Richtung. Ich zweifelte keinen Augenblick daran, dass ich eine hochstehende Persönlichkeit vor mit hatte. Es war niemand anderes als der *Kyaambvu*, der König der kongolesischen Yaka. Er hielt sich wegen einer kleineren Augenoperation in Belgien auf und stattete uns in Heverlee einen kurzen Besuch ab. Der stolze Rektor wollte ihm unbedingt das bescheidene Museum zeigen.

Aus der Höhe schaute der *Kyaambvu* auf mich herab. Dann entdeckte der Yaka-König all die kleinen Figuren, die um mich herumstanden.

Ich hob eine kleine, schmale Figur hoch. Sie war eleganter als alle anderen. Sie ähnelte trotz aller Abstraktion einer Frau, aber auch einem Vogel, etwas Sphärischem.

»Diese Figur von Ndzaambi ist so viel wert wie ein kleines Auto«, sagte der Yaka-König nüchtern.

»Wer ist Ndzaambi?«, fragte ich ihn.

»Ndzaambi Phungu ist der Yaka-Name für Gott«, antwortete der kongolesische König.

Danach inspizierte er eine nach der anderen die restlichen Figuren. Auf seinem Gesicht erschien ein Runzeln. Kurz riss er sogar die Augen auf, als hätte er sich erschreckt. Ohne jegliche Ironie oder Herablassung sagte er: »Hier bleibe ich nicht«, drehte sich um und ging.

Am Abend kam ich am Zimmer von Vanhove vorbei. Ich hörte, wie im Inneren jemand heftig weinte. Ich blieb stehen. Eine weibliche Stimme, die sich zu einem lauten, beinah männlichen Schrei verformte. Ein Tier, das in einem menschlichen Körper eingesperrt war und mit zugedrückter Kehle versuchte zu schreien. Lautstark fiel ein Stuhl um. Jemand wurde geschlagen oder fiel mit einem lauten Geräusch zu Boden. Ich hörte, wie Vanhoves Stimme lauter wurde, böse.

»Komm zurück«, rief er und betete dann laut das Vaterunser. Danach war es still. Verwirrt lief ich in mein Zimmer.

Eine halbe Stunde später sah ich Vanhove aufgebracht im Klostergarten umherlaufen. Dabei atmete er tief aus und ein. Ich ging ebenfalls hinaus. Vorsichtig sprach ich ihn an und fragte, ob es Probleme gebe.

»Was hast du genau mitbekommen?«, entgegnete er. Seine Stimme klang heiser, das Gesicht war verzerrt, die Augen standen weit offen.

»Ich hörte Geschrei, Weinen, auch das Vaterunser.«

»Ich hatte einen Gast, ein Gespräch«, sagte Vanhove.

Misstrauisch und nervös zwinkerte er. »Das Bistum schickt Leute zu mir. Manchmal hat ihnen jemand geraten, einen Teufelsaustreiber zu besuchen, der stärker als diese Mächte ist.«

»Können Sie wirklich Menschen heilen?«, wollte ich wissen.

»Die Menschen denken, sie seien Opfer von etwas Bösem geworden. Ich spreche von solchen Mächten.«

»Sind das denn Hirngespinste? Einbildungen? Oder gibt es sie wirklich?«

»Wie meinst du das, Remi?«

»Sind die Menschen besessen?«

»Ich arbeite nicht mit Weihwasser und Kerzen, Remi. Ich laufe auch nicht dreimal im Kreis um sie herum, wenn du an so etwas denkst. Aber ich gebe ihnen auch nie das Gefühl, dass diese Besessenheit nur irgendetwas in ihrem Kopf ist. Die Behandlung dauert mindestens eine Stunde.«

»Haben Sie das im Kongo gelernt?«

Vanhove wich aus: »Eigentlich habe ich gar keine richtige Ausbildung dafür.«

»Können Sie denn den Teufel austreiben?«

»Von wem sprichst du?«

»Vom Teufel.«

»Den du da beim Namen nennst, habe ich noch nie gesehen. In meinem Zimmer erleben die Menschen urplötzlich eine Krise. Auf der Matte vor meinem Schreibtisch werfen sie sich weinend zu Boden. Sie sabbern, treten um sich. Ist das Besessenheit? Ist das der Teufel?«

»Wie soll ich das wissen?«, sagte ich.

»Genauso wenig wie ich«, antwortete Vanhove. »Aber ich begleite sie, während sie erzählen; gleichzeitig zeige ich ihnen aber auch, dass ich nicht mit in den Abgrund gerissen werde. Ich höre einfach zu, auch wenn es mich im Inneren tief bewegt. Ich bleibe ganz ruhig. Ich bete und weiß, es wird aufhören. Wenn die Geschichte zu Ende erzählt ist, dann …«

Vanhove schwieg.

»Wie wissen Sie das? Wann ist eine Geschichte vollkommen zu Ende erzählt?«

»Ganz einfach. Wenn die Dinge wiederkehren. Dann reagiere ich. Ich höre immer irgendetwas, das ich greifen kann, das einen Halt bietet. Als würde sich eine lebendige, innere Energie darin verbergen.«

Mit Daumen und Zeigefinger packte Vanhove etwas, das in unserer Fantasie zwischen uns hing. »Siehst du es?«, fragte er.

Ich schüttelte den Kopf. »Was hat die Frau denn gesagt? Was war ihr Halt?«

»Sie sagte, dass die anderen sie nicht kriegen würden. Das sagte sie aus der Tiefe ihres Glaubens, ihres Stolzes. Das war ihre Rettungsboje. Ich zeigte ihr, wie stark ihr Glaube ist. Ich sagte: ›Wenn du darauf vertraust, wirst du gerettet werden.‹ Zum Abschluss beteten wir gemeinsam und ich hielt mit beiden Händen ihren Kopf fest.«

»Und ist sie jetzt geheilt?«

»Sie kann weitermachen«, antwortete Vanhove.

Einundzwanzig

Den Tipp hatte Remi mir gegeben: Das Brüsseler Bellevuemuseum zeigte eine Ausstellung mit dem Titel *Großmasken aus dem Kongo*. Drei große Säle, atmosphärisch ausgeleuchtete Dioramen und darin sehr viele *nkhanda*-Masken. Es wurden auch riesige *kakuungu*-Masken ausgestellt, die eine Höhe von mehr als einem Meter haben. Charakteristisch für sie sind runde Wangen, eine vorgewölbte Stirn, tief liegende Augenschlitze und lange Wimpern. Einfach nur furchteinflößend sind die scharfgezeichneten Münder und, ganz klar, die blinden Augenschlitze. Düstere, schmerzend-wunde Augen blickten mich böse an. Und darunter die vollen, gesunden Wangen. Von Haaren überwucherte Fratzen. Auch die Hundemaske *mbwa* wurde präsentiert, ein aufgedunsener Kopf, wie eine mit Blut vollgesaugte Zecke. Einige der *nkhanda*-Masken erinnerten mich an Gasmasken; wahrscheinlich weil sie mich mit weit aufgerissenen Augen anstarrten.

Während des *nkhanda*-Initiationsritus ähnelt der Einzelne – auch äußerlich – einem Strauch, in dem schlagartig jemand anderes erscheint. Plötzlich ist man erwachsen, ein Mitglied der Gesellschaft.

Der junge Mann, der die Ausstellung erläuterte, war der Kurator persönlich. Auf hellbraunen Slippern betrat er dynamisch den Raum, setzte sich an sein Pult und stützte den Kopf auf den verschränkten Fingern ab. Er wartete, bis sich der Saal mit Männern im fortgeschrittenen Alter gefüllt hatte. Waren das alles Sammler? Wissenschaftler? Der Kurator begann mit seinen Ausführungen zur Yaka-Ethnografie.

Er projizierte ein Dia von einer einschlägigen Figur, direkt daneben eine Aufnahme eines leutseligen Paters, dessen bräunlich-blondes Haar sich über der Stirn wellte. Dieser Priester hatte die Figur in den dreißiger Jahren erworben.

Sein Name war Paricio. Ich erinnerte mich an den Namen, Remi hatte von ihm erzählt. Ich hatte sein *In Memoriam* im KADOC-Archiv gelesen.

Die Figur war ein Fetisch, der gegen Hexerei verwendet wurde.

»Gesammelt von Patern, heute in einer Sammlung in Iowa«, sagte der Kurator und projizierte eine Landkarte sowie eine vergleichbare Figur, diesmal jedoch aus dem östlichen Gebiet. Er wolle heute etwas genauer auf die Unterschiede zwischen dem östlichen, dem westlichen und dem zentralen Yaka-Stil eingehen.

Vor mir saßen zwei afrikanische Frauen. Die jüngere trug ein T-Shirt mit der Aufschrift *Black is beautiful.*

Ich grübelte darüber nach, wie in den dreißiger Jahren eine Statue gegen Hexerei wohl von einem Jesuiten hatte »gesammelt« werden können. Hatte er sie gekauft? Oder gegen Weihwasser eingetauscht?

Über solche Dinge redete der Kurator nicht. Er ging ausführlich auf die Ikonografie ein, erklärte, warum diese Figur so viel Kraft besaß, und wie der Heiler, der *ngaanga*, diese Kräfte gebrauchen und kontrollieren konnte. Der ältere Herr neben mir zog einen Zettel aus seiner Lederbrieftasche und schrieb sich darauf einige kongolesische Wörter auf: »ngaanga«, »nkisi«, »ndoki«.

Als sich der Kurator fünfundvierzig Minuten später nach Fragen erkundigte, meldete sich die ältere schwarze Frau. Sie stand auf. Sie würde sich daran stören, dass diese Kultur hier als primitiv dargestellt würde, erklärte sie langsam. Die andere Afrikanerin sagte leise, der Vortragende habe das so doch gar nicht gesagt. Daraufhin schloss die ältere Frau die Augen, blieb aber stehen. Sie nahm sich die Zeit, die sie für ihren kritischen Zwischenruf benötigte, und fing von Neuem an. Es läge an den Worten, der Sprache, überhaupt den Erläuterungen des Kurators, sagte sie, ein leichtes Zittern bebte in ihrer Stimme, es seien die Wörter *sorcellerie* und *nkisi*, die sie irritierten und störten.

Es läge an der Art, wie hier geredet würde, sagte sie, wie man Dias von Objekten zeige, die in Museen erforscht würden und die sogar viele Afrikaner selbst heutzutage als abstoßend empfinden würden. »Verstehen Sie das?«, wandte sie sich direkt an den Kurator. Dass sie selbst, die Kongolesen, von ihrer Kultur getrennt lebten, störte sie, und aus ihren Worten klang Entrüstung, sogar Wut darüber, dass es ihr so schwerfiel, diese Gefühle und Überlegungen klar zu formulieren.

Der Kurator reagierte eher ungeschickt, er redete die Wortmeldung klein, bestritt alle Kritikpunkte. Der ältere Herr neben mir flüsterte, solche Anmerkungen aus dem Saal seien seiner Meinung nach nicht hilfreich.

Nach der Veranstaltung sprach ich die beiden Frauen an, fragte, ob sie schon lange in Belgien seien, möglicherweise unterrichteten, oder ob sie, wie ich, vielleicht auch schrieben. Waren sie Intellektuelle?

Sie hießen Feeza und Myriam. »Wir sind Hausfrauen«, sagten sie bescheiden. Sie ärgerten sich vor allem über die Stereotypen über den Kongo und Mobutu. Davon hatten sie genug. Ich solle Mudimbe lesen, rieten sie mir, und – merkwürdigerweise – Placide Tempels, »*c'est lui que l'on nous a enseigné à l'école*«. Pater Tempels hatte sie *la philosophie bantoue* und *l'art nègre* erst verstehen lassen. Sie erzählten, sie hätten erst hier all diese Dinge gelesen, die Kolonialzeit habe ihre Kultur in bizarrer Weise sowohl deformiert als auch bereichert.

Ich sagte, ich wolle über Heiler und Hexerei schreiben, über die Krokodile in Popokabaka.

»Was weißt du denn davon?«, fragte die Frau, die Myriam hieß.

»Glaubst du etwa an eine unsichtbare Welt?«, wollte Feeza wissen.

»Natürlich will ich mich auf diese Geschichte einlassen«, sagte ich.

Sie erzählten, sie würden nach etwas suchen, das sie verloren hätten. Darum würde sie diese opulente Ausstellung auch so verstören. Bloß dass Schwarz schön war, das wusste Feeza ganz sicher, *black is beautiful.*

Am Abend stöberte ich auf Online-Versteigerungen nach Yaka-Masken und Yaka-Figuren. Wochenlang verfolgten mich daraufhin noch aufploppende Anzeigen im Internet.

Kurz bevor das Afrikamuseum in Tervuren wegen einer gründlichen Renovierung seine Tore schloss, entdeckte ich im Museumsshop die Kopie einer Yaka-Statue. Sie war aus bemaltem Harz oder Kunstharz gefertigt. Die typischen geknickten Beine, die vorstehende Nase: Ich kannte das aus einem Buch von Bourgeois.

Ich kaufte die Figur. Jedes Mal wenn ich an meiner Studie arbeitete, stellte ich sie auf den Schreibtisch. Ich bewunderte immer mehr die Waghalsigkeit, die Remi in jungen Jahren an den Tag gelegt hat. Seine Entscheidung, in den Orden einzutreten, hatte nichts mit Unterwürfigkeit zu tun, sondern mit dem Verlangen nach radikaler Veränderung. Einmal sprachen Remi und ich über Platons *Symposion* und die Daimones. In diesem Punkt blieb Remi kategorisch: Daimones existierten und erzeugten eine Ruhelosigkeit, die zu Entdeckungen führte, zu notwendigen Distanzierungen von den ursprünglichen Wurzeln.

In einem ruhigen Augenblick dachte ich darüber nach, ob ich nicht doch selbst in den Kongo reisen müsste. Ich berichtete Remi davon.

»Ich werde dir die nötigen Kontaktadressen besorgen«, sagte Remi sofort. Er gab mir die Mailadresse und die Telefonnummer von Jesuiten im Kongo, auch von der kongolesischen Schwester Espérance. Sie war gerade zu Besuch in Belgien.

22

Am Patronatstag des heiligen Ignatius wurden uns die Ernennungen offiziell mitgeteilt. Die Tage vor dieser Entscheidung nennt man *status*. Der Rektor bat jeden einzeln zu sich. Einige durften in Zukunft unterrichten, andere sollten Aufsicht führen. Kein Einziger widersprach.

Ich hatte dem Rektor schon früher gesagt, dass ich gerne fortwollte.

»Oh ja, *bon*«, hatte er geantwortet.

Dass ich in den Kongo wolle, ergänzte ich.

»Dergleichen kann man nie ausschließen«, hatte der Rektor ausweichend geantwortet.

Aber ich durfte in den Kongo. Noch am selben Mittag rief ich meine Mutter an und berichtete ihr von den Neuigkeiten. Am anderen Ende der Leitung war kein Laut zu hören.

Schließlich sagte sie doch etwas: »Aber es zwingt dich doch niemand, auch dieses Elend sehen zu müssen?«

Ich hatte nicht sofort eine Antwort parat.

»Wer hat dich so gestraft?«, fragte meine Mutter auch dieses Mal.

»Ich habe mir das gründlich überlegt«, sagte ich. »Das ist die richtige Entscheidung für mich.«

Schon in den nächsten Tagen packte ich meinen Koffer. Eigentlich lagen darin nur eine Bibel, ein Brillenetui und ein Anzug. Ich erhielt meine Armbanduhr zurück, die der *Socius* die ganze Zeit über für mich aufgehoben hatte. Als ich sie aufzog, spürte ich, dass erst ab jetzt meine ganz eigene Zeit anfing.

In Brüssel besuchte ich noch eine ältere kongolesische Schwester. Ich traf sie in ihrer einfachen Unterkunft in der Frans Gasthuislaan, in der Nähe der violett erleuchteten Koekelberg-Basilika. Die Schwester, eine achtundsechzigjährige Lehrerin, litt an fortgeschrittenem Knochenkrebs. Außerdem verzehrte sie das Heimweh nach Afrika. Als sie von meinen Reiseplänen hörte, sagte sie sofort, ich sei ihr *petit frère.*

»Ich werde an deiner Stelle in den Kongo zurückkehren«, sagte ich zu ihr.

Die Schwester zog mich dicht an sich heran. Sie flüsterte, sie sei meine *grande soeur* und im Kongo würde man mir die *pheembe* geben. Während sie das sagte, schob sie langsam meinen rechten Ärmel hoch. Mit einer kräftigen Bewegung des Daumens salbte sie die Innenseite meines Arms. Auf meine Stirn zeichnete sie mit Daumen und Zeigefinger ein Kreuz. Sie sagte: »*Que Dieu te bénisse.*«

Das war wie eine Geste meiner eigenen Mutter. Als ich mich verabschiedete, zog sie sich zum Gebet in die Kapelle zurück, einen engen dunklen Keller in dieser dürftigen Behausung.

Im September brachten mich meine Eltern zum Flughafen. Ich war gerade einundzwanzig geworden. Ich trug eine unpraktisch weite, weiße Soutane und gab sicherlich ein skurriles Bild ab. Vater war aufgewühlt und brachte kein Wort heraus. Mutter weinte ununterbrochen. Sie sagte: »Musst du denn wirklich so aufbrechen, ganz in Weiß?«

Eine halbe Stunde später saß ich in einem Flugzeug der Sabena, zwischen anderen Patern und Schwestern, die genau den gleichen makellosen weißen Habit trugen. Um uns herum saßen überall Afrikaner. Plötzlich entblößte eine junge schwarze Frau Schultern und Füße. Ein afrikanischer Mann trug einen fluoreszierenden hellblauen Anzug, der wie Petroleum in der Sonne glitzerte. Ich musste mich zusammenreißen, damit ich nicht zu ihnen hinüberstarrte. All diese dunklen, leuchtenden, unlesbaren Gesichter. Ein unsympathischer Kerl hinter mir kommentierte die Lendentücher kongolesischer Frauen. Er erörterte auch den Unterschied zwischen verschiedenen Baumwollstoffen, insbesondere zwischen *wax hollandais, wax anglais* und *superwax*, »aber *wax hollandais* bleibt doch der beste«. An Bord war auch ein Mann in den Sechzigern, er trug einen beigen Anzug und alle nannten ihn nur »Papa«. Kongolesische Frauen gingen zu ihm und reichten ihm ihre Babys. War er ein Priester? Ein ehemaliger Diplomat? Oder doch einer der letzten Kolonialherren?

Zweiundzwanzig

Im wallonischen Dörfchen Limal hatte ich mich verabredet, neben der Kirche auf der Place Albert 1er. Schwester Espérance, an die Remi mich verwiesen hatte, wartete in einem Dorfgasthaus. Sie hatte Sorgen, war übermüdet, ihre zahlreichen Verpflichtungen lasteten auf ihr. Als junge kongolesische Krankenschwester leitete sie in Popokabaka ein Waisenhaus mit hundertvierzig Kindern.

Espérance sagte sofort, ich könne im Kongo bei ihr wohnen. Ihr sei kalt hier, bemerkte sie. Sie war nur kurz wegen einer Spendenaktion für ihr Waisenhaus nach Belgien gekommen. Wir aßen beide ein Croque Monsieur mit reichlich Ketchup. Als wir uns nach dem Gespräch auf dem Gehweg verabschieden wollten, stürmte aus dem Nichts ein freilaufender Schäferhund auf uns zu. Espérance lief panikerfüllt auf die Straße, ein herankommender Wagen musste abrupt bremsen und hupte lautstark. Als der Hund verschwunden und der Wagen weitergefahren war, verabschiedeten wir uns nun tatsächlich voneinander, allerdings waren wir beide nach der brenzligen Situation ganz durcheinander. Wir standen daher noch kurz im weichen Licht der Straßenbeleuchtung, in der kostbaren blauen Dämmerung, bevor der Abend sich endgültig senkte. Beide atmeten wir tief durch. Gleichzeitig fragten wir »Ça va?« und mussten lachen. Wir vereinbarten, uns in Popokabaka wiederzusehen, und umarmten einander, als würden wir uns jetzt schon vermissen.

Ich fuhr durch die ausgestorbene wallonische Landschaft nach Hause. Auf der Strecke, an der langen Straße bei Wavre, tauchte ein grell erleuchteter Fußballplatz auf. Jeden Augenblick könnte ein Raumschiff auf diesem grünen Billardtuch landen.

In der Zeit danach schickten Espérance und ich uns regelmäßig Mails. Im Dezember wünschte sie mir aus dem Kongo

»*beaucoup de paix, joie, amour, patience, courage, force, simplicité, vérité, justice, humour, santé et succès pour tout et en tout.*« Sie versprach, sie würde mich in alle ihre Gebete einschließen. Sie drängte mich, vor meiner Abreise ihre belgischen Mitschwestern aufzusuchen, die Schwestern der heiligen Maria von Brakel und Popokabaka.

Selbstverständlich war mir ihr Wunsch Befehl.

Bereits eine Woche später zeigte mir die Schwester Oberin in ihrem kleinen Kloster in den flämischen Ardennen die brandneue Küche und den Aufenthaltsraum, in dem ein klares christliches Licht durch die Fenster fiel. Um den Tisch saßen zehn steinalte, dünne Damen. Sie lächelten fromm, vielleicht beteten sie auch still. Auf einer gemütlich rot-weiß karierten Wachsdecke mit Weihnachtsmotiven standen Käsebrote. Die Damen gaben mir Ratschläge für meine Reise in den Kongo. Pack luftgetrocknete Wurst ein. Lass nichts auf dem Armaturenbrett liegen. Trödel nicht auf dem Markt herum, denn du wirst eingekreist, bevor du es merkst. Die Kongolesen werden dich Papa nennen.

Aber auch: »Das sind so feine Menschen.«

Schwester Gonzague schob eine dicke Mappe zu mir herüber und sagte: »Dort wurden unsere Unterlagen entweder von den Termiten aufgefressen, zerrissen oder verbrannt, oder man benutzt sie jetzt als Packpapier auf dem Markt.«

Die Dokumente in der Mappe erzählten die Geschichte ihres Ordens in Kwango, die eng mit der Vergangenheit der Jesuiten verknüpft ist. Als die Schwestern Ende 1939 dort ankamen, notierte Schwester Wigberta Folgendes. Ich habe die Passage exakt in mein Notizbuch übertragen:

> *Dort verläuft die langestreckte Piste durch das flache Kwango-Gebiet. Für dieses Volk werden wir uns nun abrackern, ihnen werden wir unsere beste Zeit und unsere Kräfte schenken, heute liegt noch die dunkle Nacht des*

Aberglaubens auf ihnen. Wir biegen auf den Weg zur Mission ein. Die Kinder bilden ein Spalier. Wir steigen aus. Da stehen unsere Mädchen: schwarze Köpfchen, schwarze Körper. Ergriffen passieren wir die beinah ängstlichen, aber auch neugierigen Gesichter. Herr, lass dein Licht auf diese Menschen scheinen.

»Eine erstaunliche Geschichte, das ist alles so lange her«, sagte ich freundlich.

Alle Schwestern schüttelten die zarten Köpfe. Sie waren ganz und gar nicht meiner Meinung, denn Schwester Wigberta war ja noch keine dreißig Jahre tot. Für sie war das alles quasi erst im letzten Jahr passiert. Sie wussten, dass Remi auch in Popo gewesen war, aber waren sehr zögerlich, wenn es darum ging, mir Einzelheiten zu verraten.

»Hast du etwas Zeit mitgebracht?«, wollte die kleine, scharfzüngige Gonzague wissen. »Dann fahren wir jetzt rasch zu unserem Altenheim in Marke, das ist ganz in der Nähe.«

Die Hügellandschaft, durch die wir fuhren, war grün und dunkel vom Regen. Mein Navi wies mich an, die Hauptstraße zu verlassen. Gonzague erstaunte die akzentfreie niederländische Frauenstimme, die plötzlich im Auto zu hören war. »Immer ihr nach«, sagte Gonzague und übersetzte die Anweisungen in ihren Dialekt. Ich sollte auf der Landstraße nicht so schnell fahren, meinte sie.

Alle Weiler in der Gegend hießen irgendwas mit Maria.

Im Heim wartete Schwester Beata auf uns, verträumt und altersweise, in einem großen rollbaren Stuhl. Vor ihr stand ein Rollator. Beata war neunundachtzig. Gonzague einundachtzig. Beata sagte: »Mir war es 1957 beschieden, nach Kwango zu gehen.«

»Beschieden?«

»Ja, ich war dazu bestimmt, wurde gerufen. Man brauchte eine Hebamme.«

An der Wand hing ein kleines Schwarz-Weiß-Foto der zehntausendsten Geburt, die Beata betreut hatte. Sie reichte mir ein paar alte Fotos: ein Auto auf einer schwankenden Holzbrücke über den Wamba, die Kühe von Bischof Bouckaert, Fischer auf dem Kwango, ein Geisterhaus, schwarze und weiße Schwestern, die prustend zusammen Ananas aßen. Ich kannte solche Aufnahmen natürlich schon, aber in diesem kleinen Zimmer begriff ich, dass sie mich an ihrem Leben teilhaben ließen. Auf einem der Gruppenporträts entdeckte ich Remi. Ich hatte ihn zuerst gar nicht erkannt.

»Jeden Sonntagnachmittag spielen wir hier Karten und reden über Popo.«

Popo, das war Popokabaka.

Die beiden Schwestern erzählten von ihren Erlebnissen, insbesondere von Müttern, die starben, und davon, was mit den Kindern geschah. Das Muster war jedes Mal dasselbe: Eine Frau starb bei der Entbindung und hinterließ ein kaum lebensfähiges Kind. Manchmal wollte man das Kind lebendig bei der Mutter begraben, aber Beata sagte dann, sie würden das Baby retten. Gelegentlich funktionierte das auch, so ganz ohne Brutkasten; sie benutzte eine Wärmflasche. Sie zählte alle Namen der geretteten Kinder auf. »Manchmal ist es grausam.«

»Es zerreißt einem das Herz«, nickte Gonzague zustimmend. Mittlerweile hatte sie Spielkarten aus einem Etui gezogen und mischte diese. Ich saß neben ihnen, wir tranken Kaffee und sie erzählten von Popokabaka, während sie Karten spielten. In mir entstand allmählich das Bild einer Stadt, wie eine Sepia-Postkarte, eine immer wieder erzählte Erinnerung, ein Ort, den ich unbedingt mit eigenen Augen sehen musste.

Ich erzählte, dass ich bald auch nach Yitaanda reisen würde, an jenen Ort, an dem Remi damals lebte. Ob sie den Ort kannten?

Yitaanda? Sie hatten gehört, die Christen seien dort wieder zu den Gebräuchen ihrer Ahnen zurückgekehrt. Es gab sogar

Schwestern, die heimlich etwas aus der Familie bei sich trugen, »*un blanc ne peut pas comprendre*«.

»Man hat wenig darüber gesprochen«, sagte Beata.

»Das ist eine sensible Angelegenheit«, ergänzte Gonzague.

Als ich nach einer Stunde sagte, ich müsse aufbrechen, legten sie sofort die Karten hin. Sie standen auf und schauten einander stirnrunzelnd an. Sie gaben mir große und kleine Briefumschläge mit, zwei Kartons mit schweren Lehrbüchern, Kalender und auch einige fest mit Klebeband umwickelte Päckchen. Dieser Stapel wartete anscheinend schon seit einer Weile auf mich, ohne dass sie mir das angekündigt hätten oder ich von alleine darauf gekommen wäre.

»Du darfst zweimal zweiunddreißig Kilo mitnehmen«, beruhigten sie mich.

»Aber was ist in den Päckchen? Darf ich das alles einfach so einführen?«

Darauf gaben sie mir keine Antwort. »Gib das alles nach deiner Ankunft weiter an Espérance, sie weiß, was damit zu tun ist.« Wir kannten einander zwar erst kurz, trotzdem gaben sie mir noch ein Bündel Bargeld mit. Mir ging das alles etwas rasch. Aber ich traute mich nicht, die Bitte abzulehnen.

»Du darfst das Geld nicht zerreißen«, sagte Gonzague noch. »Steck es dir in einem Leinenbeutel in die Hose.«

Teil 3

Im Kongo

23

Das *Institut de Philosophie* von Kimwenza lag wie ein mittelalterliches Kloster auf einem Hügel, ein Stück entfernt von der Hauptstadt Kinshasa. Das Kloster gab sich zwar einen mittelalterlichen Anstrich, aber es handelte sich um einen Neubau. Neoromanische Bogengewölbe mit schmalen Säulen schützten die Gänge um den Hauptplatz. Alles wirkte sehr europäisch. Zum Glück standen im Vorgarten zwei gigantische Baobabs, allerdings hatte man auf erläuternde Tafeln nicht verzichten wollen: *Adansonia Digitata Baobab.*

»Willkommen in Kimwenza«, begrüßte uns der Rektor feierlich. »Und zur Erinnerung – das Motto unseres Instituts lautet *Rigueur et Qualité.*« Der Rektor war niemand anderes als Lecompte, den ich schon in Belgien kennengelernt hatte. Er wartete auf dem Rasen auf uns, den neuen Scholastikerjahrgang. Was mir sofort auffiel: Er trug ein weites, hellblaues Hemd der Luftwaffe, mit Brusttaschen und sogar Epauletten. Es war eine Zeit, in der immer mehr Missionare die weiße Soutane gegen Hose und Hemd tauschten, damit sie nicht mehr aus der Menge herausstachen. Als ein Erkennungszeichen trugen sie nur noch ein kleines silbernes Kreuz auf dem Hemd oder an einem Kettchen.

Bei meiner Ankunft kam ich mir wie ein Filmschauspieler vor: Irgendwo musste eine Kamera stehen, die sich auf mich fokussierte, mich inmitten der restlichen Menschheit in Großaufnahme zeigte, in diesem Land aus verschwommenen und gleichzeitig so verschwenderischen Technicolor-Farben.

»Endlich bin ich hier«, platzte es aus mir heraus. Endlich hatte ich mein Ziel erreicht.

»Ich habe etwas für dich«, sagte Lecompte. »Folge mir bitte.«

Die Wände von Lecomptes kargem Büro schmückten nur ein Kalender mit großen Helvetica-Buchstaben und Zahlenreihen in Rot und Schwarz sowie ein Porträt des lachenden Papstes.

Der Schreibtisch war nackt, die Stühle ungepolstert, noch nicht einmal einen Teppich gab es. Lecompte wischte ein paar Bleistiftspäne vom Tisch und hängte einen Stempel ordentlich in die Halterung. Aus dunklen Augen schaute er mich an.

Unsere erste Begegnung in Belgien war fröhlich gewesen, hier schien er eher müde und zurückhaltend. Er sagte: »Es gab eine Zeit, da verschleppten wir die Afrikaner zu Millionen, wie Tiere, nach Amerika. Dann haben wir sie hundert Jahre kolonialisiert. Früher sagten die jungen kongolesischen Männer zu uns: ›*La peau noire est mauvaise.*‹ Heute sagen sie das nicht mehr. Jetzt machen uns die Soldaten Probleme, die versuchen, uns zu erpressen. Es ist so weit gekommen, dass wir bei Taufen keine christlichen Namen mehr benutzen dürfen.«

Er lachte kurz, tonlos. Mit einer erschöpften Geste reichte er mir den *Catalogus Provinciae Africae Centralis.* Es handelte sich um eine lange, eng gedruckte Liste mit Namen und Adressen. Ich wurde darin vermeldet als *Stud. scient. soc. lic.* 2. Zum ersten Mal stand mein Name in diesem Register.

Ich bin jetzt hier, dachte ich wieder, ich habe mein Ziel erreicht.

Endlich schüttelte ich die Ketten ab.

»Meinen Glückwunsch«, sagte Lecompte. »Die Ausbildung dauert bei uns vierzehn Jahre. Wer danach nicht ausgetreten ist, darf seinen eigenen Weg gehen. Aber zuerst muss man aller Eitelkeit, der Ruhmsucht und den unkontrollierten Charakterzügen entsagen.«

Ich nickte, daran wollte ich glauben. Auch wenn ich für Mystik und Liturgie wenig empfänglich war, auch wenn ich mich noch immer schwertat mit der althergebrachten Frömmigkeit. Ich betete immer noch nicht, aber im Laufe der Zeit würde sich alles finden, das wollte ich zumindest glauben.

»Wir haben die richtigen Leute«, fuhr Lecompte fort, »und du bist einer von ihnen. Mir ist deine Entschlossenheit aufgefallen. Du bist vielversprechend, Remi. Drei Jahre wirst du hier in

Kimwenza studieren, gemeinsam mit Kongolesen, Mosambikanern, Ruandern, Burundiern und auch ein paar Europäern.«

Ich nickte, es war nicht nötig, dass ich etwas sagte.

Als ich gehen durfte, richtete ich mich in meinem Zimmer ein. Dazu brauchte ich nur wenig Zeit, es war, als würde ich ein Hotelzimmer beziehen. Ich konnte gleich das Institut besichtigen.

Direkt unter dem Zinkdach war es kochend heiß, aber in den Studentenzimmern und Seminarräumen herrschte eine angenehme Kühle. Im Innenhof erhob sich ein kleiner Turm, in dessen Spitze sich der Wassertank verbarg. In der Bibliothek erkannte ich die kleinen Yaka-Masken an der Wand. Es handelte sich um sehr sittsame Exemplare, aber vielleicht hatte man sie auch nachträglich bearbeitet.

In einem Buchregal stieß ich auf ein gebundenes Konvolut von *Le Soir Illustré's*, mit Fotoreportagen von Brüsseler Hochzeiten und anderen Neuigkeiten aus der Welt der feinen Gesellschaft. Das erschien mir absurd, hier gerade auf diese mondäne Seite meines Vaterlandes zu stoßen. Ich blätterte achtlos darin und blieb bei einer Reportage über den brandneuen Campus Lovanium bei Kinshasa hängen. Ich betrachtete die Fotos der hochmodernen Gebäude, des Forschungsreaktors, der motivierten Studenten. Kolonialisierung würde im Kongo auf Basis von wissenschaftlichen Erkenntnissen stattfinden, konnte ich lesen. Es gab auch eine auffällige Kirche in Fischform. Sie war selbstverständlich katholisch. Unter dem Bild stand: »In der Kirche taucht die Äquatorsonne den Altar in ein geheimnisvolles Licht.«

Das stimmte sogar, auf dem Foto leuchtete der sonnenbeschienene Altar zart in Vanillefarben. Ich blätterte weiter in den Zeitschriften, sprang von den fünfziger Jahren in die sechziger. Das Gesellschaftsmagazin präsentierte die jüngste Geschichte des Kongos, die Bilder des gutmütig, kindlich lächelnden Kongolesen waren darin abgelöst worden von

Aufständen und brennenden Autos. Keine Speerwerfer und pittoresken Tänzer mehr, sondern brisante Demonstrationen im kalten Schwarz-Weiß. Der ikonische Lumumba mit seiner modischen Brille, manchen zufolge ein schwarzer Gott, laut anderen der leibhaftige Teufel. Panische Belgier neben startbereiten Flugzeugen. Tote Kongolesen, die man wie alte Kleider auf der Teerdecke des Flughafens abgelegt hatte.

Aber auch wenn dieses Land gerade unabhängig geworden war, in unserem Kloster in Kimwenza bestimmte die belgische Küche weiterhin dreimal am Tag den Speiseplan. Morgens gab es Kaffee und Weißbrot mit Schokocreme. Der Grießpudding schmeckte genauso, als hätte ihn meine Mutter gemacht. Hinten im Garten stand ein Stall mit zweitausend Hühnern, und Bruder Jozef lieferte Tag für Tag tausend Eier mit seinem VW-Bus an die Hotels in der Hauptstadt aus. Manchmal begleitete ich ihn. Ich genoss es, wie der schwülheiße Wind durch das geöffnete Fenster hereinwehte.

Ich musste mich erst an die brütende Hitze der Tropen gewöhnen. In meinem Zimmer hörte ich dem Regen zu: Er schwoll immer mehr an, geradezu explosiv, immer tiefer hallten die Töne auf dem Dach nach. Langsam, fast widerwillig, senkte sich die Kühle in mein Zimmer. Theatralisch versprühte ich Insektizide, *Super Killtox, for all flying and crawling insects.*

Die Glocke zum Essen läutete. Ich wartete kurz hinter der Tür, bevor ich hinausging. Ich hörte, wie alle anderen vorbeizogen, sich dabei mit tiefen, sonoren Stimmen unterhielten. Erst dann ging ich hinaus. Als würde ich mich selbst zwingen müssen, die Bühne zu betreten.

Dann wurde ich zu einem von ihnen.

Erstaunt merkte ich, wie schnell die Dämmerung hier hereinbrach, schlagartig, wie ein Stein, der zu Boden fiel.

Die Tischgesellschaft war ausgesprochen international. Nach dem Essen schlurfte der kongolesische Bruder Gerard zurück in sein Zimmer und kam dann flotter zurück mit einem fleckigen Fotoalbum voller persönlicher Erinnerungen. Einige der Fotos hatten Knicke oder sogar Risse, manchmal waren die Abzüge sehr schlecht gemacht worden.

»Warum zerknitterst du denn die Fotos bloß so, Bruder?«

»Weil man mir hier kein anständiges Album geben will«, witzelte er zurück. Eine Stunde lang unterhielt er die Gruppe mit geflügelten Worten von verstorbenen oder abwesenden Patern. Die Stimmung war fantastisch. Diese alten und jungen Männer nannten sich selbst *la compagnie.* Sie bildeten eine große Familie, waren immer unterwegs, wurden entsendet, begleiteten einander in immer wechselnden Zusammenstellungen. Auf der Veranda saßen diese Männer zusammen, bereicherten und vergnügten einander mit ihren Erzählungen und Gedanken. Ihre sanften Lachanfälle pflanzten sich gedämpft oder auch ungehindert in die Umgebung fort, wie Wellen.

Während Gerard die letzten Fotos rundgehen ließ, betrachtete ich ihre nackten Füße in den Sandalen. Die Füße waren plump und dunkel, staubig, die groben Nägel eingerissen. Als hätten diese *broussards,* Buschleute, diese schier unermesslichen Bistümer und Provinzen, dieses riesige Land, zu Fuß durchquert. Am rechten Fuß hatte der alte Pater Gonda einen verwachsenen großen Zeh, der sich unter die vier anderen Zehen bohrte. Es tat schon weh, das nur sehen zu müssen, aber Gonda hinkte trotzdem nur leicht. Eher schaukelnd ging er zurück in sein Zimmer.

Die alten Männer auf den niedrigen Holzstühlen schwiegen. Sie schauten einander an. Ein junger Scholastiker las in Frantz Fanons *Schwarze Haut, weiße Masken.* Seine Augen und Lippen bewegten sich beim Lesen; manchmal machte er auch kleine Gesten mit der Hand. Ich las Camus' *Der Fremde* und blieb ziemlich ungerührt. Man hörte nur noch das Quaken der Frösche im nahen Sumpf.

Dreiundzwanzig

Sollte ich selbst in den Kongo reisen? Irgendwann hatte ich diesen Gedanken zufällig laut ausgesprochen, aber manchmal hatte ich das Gefühl, Remi hätte mir die betreffenden Worte in den Mund gelegt. Durch seine Erzählungen hatte er mir diese Reise quasi auferlegt. Es gab kein Entkommen, allerdings hatte ich Angst vor dem unbekannten Land. Mir gelang es sogar, meine Abreise mehrmals hinauszuzögern – etwa weil ich keine gute Unterkunft in Kinshasa fand, weil Espérance krank wurde oder weil im Herbst die schweren Regenfälle die Straße zwischen Kinshasa und Popo unbefahrbar machten.

Bei meiner Ankunft auf dem Flughafen wurde ich nicht durchsucht. Endlich konnte ich durchatmen, in meiner Hose hatte ich schließlich ein dickes Bündel Geldscheine versteckt.

Das Taxi fuhr über die nur dämmrig beleuchtete Avenue Lumumba. Auf jeder Seite gab es vier Fahrspuren. Überall randvolle, klapprige Kleinbusse und junge, muskulöse Männer, die sich im abkühlenden Abendwind geschickt an den Türen festhielten. Es war zwar schon fast Nacht, trotzdem waren noch Tausende, ja Zehntausende Menschen in Kinshasa unterwegs. Eine junge Frau in einem weißen Brautkleid überquerte wagemutig die Straße, andere waren vorsichtiger und warfen den dahinrasenden Fahrern ängstliche und bittende Blicke zu.

Der Taxifahrer lenkte das Gespräch auf *nos amis les Chinois.* »Was sie machen, bringt uns voran«, fing er an, »aber sie sind auch ganz schön dreist, schnappen sich unsere Arbeitsplätze und jetzt machen sie sich auch in unserem *petit commerce* breit.«

Wir fuhren am Markt von Masina vorbei, dahinter liegen die Slums. Ich sah unglaublich teure Mercedes-Limousinen und die schweren Handkarren der *pousse-pousseurs.* An der Place de l'Echangeur verengte sich die breite Autobahn und verwandelte sich in eine unbefestigte Straße mit Buckeln und Löchern. Abseits des geschäftigen Treibens entdeckte ich das kaum beleuchtete Denkmal für Patrice Lumumba. Im Dunkeln stand dort der bronzene Volksheld, schwer und massiv. Ich hatte ihn mir schlanker vorgestellt.

Zu Füßen des Denkmals verhafteten gerade zwei Polizisten einen Obdachlosen. Er trug nur ein Unterhemd und eine zerrissene kurze Hose, neben ihm wartete sein Hund. Eine Szene wie aus einem Comic. Die Polizisten fesselten ihm mit einem dicken orangen Seil die Hände.

Die Bronzestatuen aus der Kolonialzeit, die Leopold II. und Stanley huldigten, waren in dieser Stadt schon lange entthront worden. Man hatte sie demontiert und irgendwo in ein Depot gebracht. Das war schon zu Remis Zeiten geschehen. Heute lauteten die Botschaften anders.

Auf einem Auto las ich: »*Pas de causerie avec le diable.*«

Auf einer Mauer an der Straße stand: »*Cette parcelle n'est pas à vendre.*«

Ich sah arme Schlucker, aber auch herausgeputzte *sapeurs* in Designerkleidung von Armani und Versace. Und auf der anderen Seite des Flusses: die Lichter von Brazzaville.

In Kinshasa wohnte ich im Servico, Avenue de la Justice, im Bezirk Gombe. Das war früher das größte Depot der Jesuiten gewesen, mit Lagerhallen, unterirdischen Benzintanks und Kühlkammern, wo tonnenweise Waren aus Belgien ankamen und von dort aus im Kongo verteilt wurden. Heute lebten hier dreizehn Jesuiten, alle nicht mehr die Jüngsten. Außerdem gab es noch genauso viele Gästezimmer für durchreisende Pater.

Ich erzählte ihnen, warum ich hier war: Ich hatte vor, das Krokodil von Popokabaka zu erforschen. Sie fanden mein Thema witzig, vermutlich auch vollkommen überflüssig und lächerlich. Einige von ihnen hatten Remi gegen Ende der sechziger Jahre gut gekannt. Sie nickten respektvoll, aber niemand sagte etwas über ihn, was ich nicht schon gewusst hätte.

Morgens beim Frühstück saß Bruder Cyprien neben mir. Er trug ein weißes Polohemd und am Handgelenk eine dicke goldene Uhr. Er röstete vier Brotscheiben. Konzentriert schnitt er eine Wurst an und verteilte den Inhalt auf seinem Brot. Langsam tunkte er das Brot in den Kaffee. Über den Tisch liefen kleine Ameisen. Er hatte von meinen Krokodilen gehört.

»Ach, Hexerei«, sagte Cyprien. »Manchmal macht man das einfach, eine *leçon des gens.* Bei der Arbeit greift man kurz nach einem Feld-*nkisi*, reibt sich daran die Hände und schon geht alles leichter.«

Am Sonntagmorgen besuchte ich die Messe. Das war sehr ungewohnt für mich.

Dann telefonierte ich meine Liste ab, plante Verabredungen und unterhielt mich mit allen Brüdern und Patern, die Zeit für mich hatten. Viele von ihnen waren schon einmal in Belgien gewesen. Während ein Bruder ihm gerade die Haare schnitt, zählte Pater Thierry alle Metrostationen von Brüssel auf. Dieudonné hatte auch dem Zoo von Antwerpen einen Besuch abgestattet: *»Vous avez pris tous les animaux du Congo. Même l'okapi.«*

Auf dem Lesetisch auf der überdachten Veranda lag die Zeitung *Le potentiel.* Die schmierige Tinte des faserigen, fast wächsernen Zeitungspapiers klebte sofort an meinen Fingern. Das Blatt beschäftigte sich ausführlich und durchaus besonnen mit den fragilen Bemühungen, die Demokratie im Kongo erstarken zu lassen.

Am nächsten Tag stand ich schon früh am Morgen in einem nicht enden wollenden Stau. Ich war im Taxi unterwegs zur Universität, wo ich einen Freund von Remi treffen wollte. Links und rechts waren kleine Läden, allesamt mit Reklame zugeklebt: *Photo minute, La main de Dieu. La Sémence. La Modernité. La grande prophétie. L'opportunité.*

Überall Menschenmengen, in Eile, aber entspannt. Und überall Müll. Der Boden war schwarz vom verbrannten

Plastikabfall. Auf der Windschutzscheibe eines blau-gelben Kleinbusses las ich: »Dieu va tout faire.«

»*Dieu est fidèle*«, stand auf einem anderen Wagen.

Mein Taxifahrer erzählte mir, dass an diesem Tag am Palais de Nation demonstriert würde. Der Protest richte sich gegen die Mitglieder des Parlaments: Der Präsident habe sie bestochen, damit sie das Wahlrecht änderten. Langsam schoben wir uns an einem Einsatzwagen vorbei, der schwer bewaffnete Soldaten transportierte. Sie setzten sich in Pose, lagen da wie träge, selbstbewusste Filmschauspieler; hinter ihren großen Sonnenbrillen blickten sie zu mir herüber.

24

Wir jungen Scholastiker galten am *Institut de Philosophie* von Kimwenza als Zukunftshoffnung. Wir studierten dort in den sechziger Jahren Thomismus. Wir fingen bei Plato und Aristoteles an. Wir arbeiteten uns durch Descartes, Kant und Hegel, auch Freud, Marx und Sartre waren unvermeidlich. Wir bekamen Unterricht in Geschichte, Soziologie und Physik. Wir lasen die berühmte *Bantu-Philosophie* von Placide Tempels und eigneten uns einige Kikongo-Grundlagen an. Unser Professor las uns aus Neuerscheinungen aus Paris vor, etwa Senghors Texte über die *Négritude* und die Gedichte von Aimé Césaire.

Der Zufall wollte es so, dass Vanhove, der direkt aus Belgien kam, hier einige Monate unterrichten sollte. Unser Wiedersehen war sehr herzlich. Als er im Unterricht über Plato sprach, durften seine geliebten Daimones natürlich nicht fehlen.

Seine Erläuterungen fingen so an: »Daimones, um das ein für alle Mal zu klären, sind keine Dämonen.« Das war schon eine andere Formulierung als damals, sie war sehr viel bestimmter.

»Das wissen wir«, sagte ich. »Das Christentum hat sie im Lauf der Zeit dazu gemacht.«

»Das ist möglich«, sagte Vanhove kühl, feinsinnig. Was mir auch gleich auffiel: Vanhove stellte hier nicht die Hypothese auf, dass die Götter – oder Gott – nicht existieren. Er definierte hingegen sehr eindrücklich, wer die Daimones waren: »Man kann sie als gestorbene beziehungsweise lebende Helden betrachten. Meistens sind es Menschen, denen man begegnet oder auf die man in der Literatur stößt.«

Mit großer Bestimmtheit führte er aus: »Denn manchmal begegnet man im Leben Menschen, die eine besondere Bedeutung für einen haben. Man scheint ihnen zufällig über den Weg zu laufen, und – wie sich später zeigt – ist man der

Einzige, der ihre tief greifende Botschaft verstanden hat. Sogar derjenige, der diese eine, bestimmte Geschichte erzählt, begreift in diesem Augenblick vielleicht nicht, was er weitergibt, anstößt. Sogar der Daimon versteht kaum, was es bedeutet. Der Einzige, der es weiß, bist du selbst. Und manchmal erst im Rückblick.«

Vanhove wartete kurz und fuhr dann fort: »Aber wenn du dir die Geschichte anhörst und sie in dich aufnimmst, dann spürst du, um wie viel du reicher geworden bist, wie viel Kraft du daraus schöpfen kannst.«

Vanhove blickte sich eindringlich um. Zuletzt schaute er mich an.

Er zwinkerte mir zu.

Als wir auf dem kleinen Campus einen bunten Abend veranstalteten, sangen wir Lieder von Harry Belafonte und John Littleton. Einige konnten Gitarre spielen oder trommelten. Das per Hand abgezogene Programmheft hatte ich mit der Zeichnung einer Yaka-Maske illustriert. Zu meiner Verwunderung beschwerten sich drei kongolesische Studenten darüber. Sie fanden die Maske unangemessen.

»Ihr Weißen macht euch über uns lustig«, sagten sie.

Meine Erklärungen halfen nichts. War das nicht gerade typisch kongolesisch? Rektor Lecompte musste vermitteln. Um sie zu beruhigen, zeigte der Rektor ein ethnologisches Buch aus Tervuren, in dem Masken und Figuren der Pende, der Luba und der Yaka abgebildet waren.

Die Studenten fragten: »Wenn diese Objekte so wertvoll sind, warum habt ihr sie dann entfernt und verbrannt?«

Das war eine unangenehme Frage. Ich schaute zu Lecompte. Der schwieg und wartete ab. Dann versuchte er durch eine versöhnliche Gebärde das Gespräch zu beenden.

Welche Rolle spielten denn die Weißen noch im Kongo? Manchmal begegnete ich noch der alten Arroganz, den Klischees von Dummheit und Aberglauben. Mir fiel auf, dass der Schäferhund eines alten weißen Bruders nur Schwarze anbellte. Ich merkte es auch, als ein belgischer Dozent uns ein Seminar über seine ethnologische Arbeit in Kwango gab.

»Kwango liegt unterhalb des Kwilu«, sagte der Dozent. »In Bandundu, an der Grenze zu Angola.«

»In Kwango leben die Yaka«, ergänzte ich enthusiastisch.

»Ja, und auch die Suku, die Pelende, die Lunda und die Holo. Die Yaka sind eher feingliedrig und sehnig, während die Lunda breiter und größer sind. Der Yaka-Mann ist zwar nicht hochgewachsen, aber nichts kann ihn ermüden. Seine Nacktheit ist sehr diszipliniert.«

Einer der Studenten, er hieß Frederic und stammte selbst aus Kwango, antwortete: »Und wie diszipliniert genau?«

Der Dozent führte das gerne aus: »Damit meine ich: Bei den Yaka gehen Brüder nicht gemeinsam schwimmen, da sie dasselbe Blut teilen. Und wenn Männer zum Fluss gehen, rufen sie schon aus der Entfernung und warnen so die Frauen. Und ein Sohn darf mit seinem Vater keinen Wels essen.«

»Warum nicht?«, wollte Frederic wissen. Seine Stimme klang noch immer sachlich.

»Aus Respekt. Der Wels wird mit Weiblichkeit assoziiert, weil man den Fisch kaum packen kann. Damit wird gezeigt, dass der Sohn kein Anrecht auf seine Mutter hat.«

Und da fiel es mir auf: Peinlich berührt schauten alle Afrikaner nach draußen.

Ein Student sagte: »Bringen Sie uns lieber etwas bei, womit wir uns nicht auskennen.«

»Studieren Sie uns wie wilde Tiere?«, fragte Frederic. Ich schaute ihn an, sein Gesichtsausdruck war jetzt wütend; der Ton der Frage scharf, *maliziös*.

Der Dozent trommelte nervös mit den Fingern aufs Pult, blätterte überheblich in seinen Notizen, sein Blick war düster. Die Kritik hatte ihn verstimmt – er sprach sogar von einem subversiven Verhalten der Studenten.

»Darf ich noch etwas fragen?«, warf Frederic dennoch ein. Er wollte jetzt nicht aufhören. Ein leichtes Beben lag in seiner Stimme.

»Wenn es sein muss«, antwortete der Dozent am Katheder.

»Warum wurden in Kwango keine höheren Schulen gebaut?«

Ein Student ergänzte die Frage: »In Kwango sagt man, ein Missionar habe einmal einen Fluch ausgesprochen: keine höheren Schulen für die Yaka.«

»Das ist Unsinn«, antwortete der Dozent.

»Nehmen Sie uns das nicht übel«, sagte der Student. »Und nehmen Sie das nicht so persönlich. Aber manchmal werden wir wie eine niedere Sorte Mensch behandelt.«

Auch in der Pause diskutierte Frederic weiter, diesmal mit mir. Er fragte: »Warum habt ihr uns im Lovanium nicht Rechtswissenschaft studieren lassen? Hattet ihr Angst, wir würden zu schlau werden? Schlauer als ihr?«

Ich hörte, wie er »ihr« zu mir sagte. Das war ein richtiger Schock für mich. Was dachte er von mir, wenn er mich einfach dazuzählte?

»Wir wollen nicht von euch analysiert werden«, fuhr Frederic fort. »Diese Zeiten sind vorbei. Auch von Freud sind wir nicht sehr begeistert, schon gar nicht von eurem Geschwätz vom *pensée sauvage*.«

Er zuckte mit den Augen und entschuldigte sich dann für seinen Ausbruch. Ich sagte, das müsse er nicht, ich verstünde seine Kritik und sie sei berechtigt. Am Abend spielten wir zusammen Schach. Ich hatte Weiß, Frederic Schwarz. Das erste Spiel gewann ich, das zweite er.

»*Il faut la fermer de temps en temps*«, sagte er gutwillig, sogar versöhnlich. Ich nickte zustimmend. Am nächsten Morgen sangen wir gemeinsam – brüderlich – in der Kirche. Die Messe wurde auf der Hammondorgel begleitet. Die Melodien waren zuckersüß, träge. Die Gläubigen schwangen sanft hin und her. Zwölf Messdiener tänzelten leichtfüßig, in weißen langen Kleidern. Auch auf der Empore wiegte sich der Chor im Rhythmus des lateinischen Hymnus.

Auch hier sang der Priester »*Asperges me*«. Das erinnerte mich an unsere Dorfkirche in der Westhoek; nur war hier alles viel klarer, deutlicher. Mein Gesicht bekam tüchtig Weihwasser ab.

Nach der Messe trafen wir uns wieder auf der Veranda. Der älteste Pater, Gonda, der wie immer seine schlabbrige, knallgelbe Weste ohne Ärmel trug, wurde dreiundneunzig, und das wurde gebührend gefeiert. Wir aßen geschmolzenes Milcheis, Spritzgebäck und weißen Schokoladenbruch. Der Rektor gab lauwarmen Champagner aus. Die Hälfte des schäumenden Getränks schoss aus der Flasche und strömte über den Betonboden.

Gonda hob den traurigen Kopf. Er war so alt, dass man durch sein kurzes graues Kraushaar die nackte Haut sah. Er war schon seit Jahren taub, hinkte und machte einen mitleiderregenden Eindruck, aber er lehnte jede Hilfe ab, als er sein Glas an die Lippen führte.

Er sagte nur: »*Ahwoom.*«

Die Glocke läutete zweimal. Geordnet begaben wir uns zu Tisch; wir waren fast zwanzig Studenten. Nur wenige belgische Pater waren da, alle anderen waren Afrikaner, vor allem Kongolesen. Rektor Lecompte leitete das Gespräch während des Essens. Er ärgerte die jungen, schüchternen Studenten ein wenig. Demütig räumte er danach den Tisch mit ab.

Insbesondere die jungen Kongolesen waren selbstbewusst und tatendurstig, wie mir auffiel. Die Stimmung war politisch und äußert antikolonial, die Gemüter gepeinigt, aber voller Kraft. Machtlosigkeit und Erniedrigung waren die großen Themen. Sie schwiegen nicht mehr.

Mittags ruhte ich mich aus, um mich von der tropischen Hitze zu erholen. Lang ausgestreckt lag ich auf dem Bett und öffnete den ersten Brief, der mich von zu Hause erreicht hatte.

Sie würden mich vermissen, schrieben sie. Obwohl sie mich in Belgien auch nicht öfter gesehen hatten. Es gab eine Neuigkeit: Unser Hund Baron war von einem auf den anderen Tag verschwunden. Mutter befürchtete, die Wilderer hätten ihn vergiftet, wie damals Mirza. Aber die Schmuggler hätten das abgestritten. Vater schrieb unter den Brief: »Oder ist unser schwarzer Baron nach Frankreich zurückgekehrt? Er wird nicht wiederkommen und es uns erzählen.«

Ich erschrak. Über meinem Kopf stürzte sich ein Greifvogel auf das Wellblech des Dachs und machte dabei raue, kratzende Geräusche. Unter dem Baobab saß ein greiser Pater unbeweglich auf einem Holzstuhl. Es war Pater Michel Plancquaert, der Autor des Buches über die geschlossenen Gemeinschaften der Bayaka. Betete oder meditierte er? Oder war das etwa sein Mittagsschläfchen?

Vierundzwanzig

Auf den ersten Seiten von *Les Yaka du Kwango*, einem Buch des Jesuiten Jacques Denis, stieß ich auf eine Charakterisierung der Yaka. Remi hatte mir das 1964 erschienene Buch geliehen. Der Autor beobachtete damals eine Verelendung der Yaka. Vor Sonnenaufgang seien sie in Lumpen unterwegs auf die Baustellen, um dort als Tagelöhner hart und schlecht bezahlt zu schuften.

Über dieselben Yaka sprach ich nun also so viele Jahre später an der Unikin, der Universität von Kinshasa, mit Professor Nlandu. Er war ein guter Freund von Remi. 1959 hieß diese Universität noch Lovanium, eine Anspielung auf die belgische Universitätsstadt Löwen. Man lobte sie wegen ihrer großen gelben und grauen Betongebäude als die schönste Universität Afrikas – Le Corbusier, aber mit belgischer Schwere. Alles war auf Wachstum angelegt.

An jenem Tag war ich der einzige Weiße zwischen den Kongolesen. Auf eine merkwürdige, respektvolle Art nickten mir einige Polizisten zu.

Professor Nlandu, Schriftsteller und Hochschullehrer für englische Sprache, räumte ein, es stünde schlecht um die Fakultät. Sein Schreibtisch war ein niedriges Tischchen in einer dunklen, staubigen Ecke der juristischen Fakultät. Neben ihm hing ein schmales Regalbrett mit alten Englischlehrbüchern. Vor dem Schreibtisch standen zwei Stühle, wie im Wartezimmer eines Arztes. Sein Sekretär organisierte die Sprechzeiten für die Studenten, aber ich war der einzige Besucher. Er gab zu, dass es kaum noch Interessierte gab, die bei ihm englische Literaturgeschichte studieren wollten.

Ich fing an, über Senghor und Fanon zu sprechen, aber Professor Nlandu zog den unkonventionellen, romantischen D. H. Lawrence vor, über den er promoviert hatte. Er erwähnte Joseph Conrad, der in *Herz der Finsternis* den

Kongo als ein Land voller grausamer Menschen, Krokodile und Schlangen beschrieb.

»Lebten im Kongo wirklich Menschenfresser?«, fragte ich ihn.

»In der Fantasie der Weißen schon, das war seit jeher so. Alles, was bedrohlich und grausam erschien – das waren wir.«

Er schaute mir tief in die Augen. Ich hatte ihm vom Thema meiner Diplomarbeit erzählt. Dachte er vielleicht, dass ich – naiv oder sogar rassistisch – dieselben Muster in meiner Erforschung der Krokodilerzählungen reproduzierte? Denn in diesen Geschichten und Fantasien vereinigen sich doch die bekannten Klischees über Dummheit und Aberglauben?

Zusammen spazierten wir über den Campus. Professor Nlandu zeigte mir die Gillon-Aula und die Bibliothek. Alles, was einmal großzügig und hoffnungsvoll war, schien nun kraftlos. In der Bibliothek standen auf den durchgebogenen Regalbrettern nur noch diejenigen Bücher, die es nicht zu stehlen lohnte; drei Computer waren vorhanden – keiner von ihnen funktionierte. Es gab zwar WLAN, aber kein Student konnte es sich leisten. Der Professor erzählte, er sei ein Yaka. Im Kongo lebten eine halbe Millionen Yaka, davon dreihunderttausend in Kinshasa. Früher seien sie berühmt für ihren Stolz und ihre Unnachgiebigkeit gewesen, aber nachdem sie von den Kolonialherren aus dem Handel verdrängt worden seien, hätten die Yaka als minderwertig und störend gegolten.

Nlandu bekam einen Anruf. Er entfernte sich ein paar Schritte. Mit Sorgenfalten auf der Stirn kam er zurück. »Momentan haben wir mit großen politischen Problemen zu kämpfen«, flüsterte er.

Er entschuldigte sich und vertraute mich einem seiner zufällig vorbeikommenden Studenten an. Mit Denis setzte ich den Gang über den Campus fort. Er zeigte mir die Studentenwohnheime, das Volleyball- und Basketballgelände, das leere Schwimmbad und die ehemaligen Villen der Doktoren und Professoren. Überall saßen Studentengruppen mit ihren Dozenten auf der Wiese.

»Gibt es eigentlich Städte in Belgien?«, fragte mich Denis in einem akzentfreien Englisch. »Gibt es Straßen in Belgien? Wie ist der Unterricht? Kann ich bei euch studieren?«

Zweimal rief ihn während des Spaziergangs ein Mädchen auf seinem Handy an. Denis wimmelte sie ab. Freundlich, aber bestimmt, sagte er ihr beide Male, sie sei faul.

»Ist sie hübsch?«, wollte ich wissen. Denis reagierte nicht. Wir tranken Cola – an einem knallroten Tisch, der von Coca-Cola gesponsert war. Er fragte mich weiter über Belgien und die Studienbedingungen dort aus. Er erzählte mir auch, die Stadt Lovanium sei von den Yaka gebaut worden.

25

Pater Michel Plancquaert sah so aus, wie man sich früher einen Missionar vorgestellt hat – wie ein alttestamentarischer Prophet in einer weißen Soutane; ein Bild, das sein imposanter Moses-Bart nur noch unterstrich. Er war alt und dünn und seine grünen Augen waren rotgerändert, aber immer noch nannten ihn seine Konfratres »den großen Feuerspucker«. Er war infolge einer schlecht behandelten Malaria halbblind. Als ich sein Zimmer betrat, sagte Pater Michel: »Remi, wenn man einen leichten Luftzug spürt, sagt man, Gott würde an einem vorübergehen.«

Ich hatte nichts gespürt. »Wer sagt das?«

»Die Yaka sagen das. Gott geht auch durch den Raum, wenn ein Gespräch von einer merkwürdigen Stille unterbrochen wird und alle einander erstaunt, auch verlegen anschauen. *Ndzaambya Phungu hyokele*, der allmächtige Gott zieht vorüber. Gott ist in der Stille, im unsichtbaren Wind. Erzähl mir, Remi, weshalb besuchst du mich?«

Ich wusste nicht, was ich antworten sollte.

»Was willst du von mir wissen?«

»Ich wollte Sie nur kennenlernen«, sagte ich beeindruckt. »Ich werde Ihr Buch lesen«, stotterte ich.

Der alte Pater erhob sich hinter dem Schreibtisch. Mit seinem trüben Blick betrachtete er mich. Er schwieg, wartete ab, pfriemelte an seinem Ärmel. Das Zimmer war geradezu spartanisch eingerichtet. Über einer großen, aus einem Stück gefertigten Trommel hingen eine große Maske und ein vergilbtes Farbfoto einer russischen Ikone, das war alles. In diesem Moment klopfte jemand an der Tür. Eine Krankenschwester kam herein, um den Blutdruck zu messen. Während sie seinen Ärmel geübt nach oben schob, fixierte mich Michel weiterhin mit dem rechten Auge. Er nahm die Brille ab und mit dem Bügel deutete er auf das linke Auge, das ins Leere blickte.

Energisch fragte er: »Hast du gerade gesehen, wie der alte Gonda am Fenster vorbeiging?«

Ich nickte.

»Ich nicht. Aber ich habe ihn am Geräusch seiner Schritte erkannt. Komm, wir gehen hinaus, hilf mir bitte.«

Michel und ich verließen nebeneinander das Institut, ich stützte ihn mit einem Arm. Mit kleinen, stockenden Schritten passierten wir die beiden Baobabs. Auf der Straße begegneten wir einigen singenden Männern, die hintereinander herliefen. Sie waren zerlumpt, mager und erschöpft. Jeder balancierte ein schweres Paket auf dem Kopf und hielt einen dünnen Stock fest. Ihre Oberkörper waren fast nackt. Um die Hüfte hatten sie sich schlampig ein halbes Lendentuch gebunden, darüber trugen sie eine kurze, offene Weste. Das Ganze machte aber auch einen pittoresken Eindruck; einer von ihnen trug einen Hut, eine zerschlissene Melone. Sie sangen.

»Die Männer sind Yaka«, sagte Michel.

»Woran erkennen Sie das?«

»Ich kenne das Lied. Schon in den dreißiger Jahren zogen sie zu Fuß aus Kwango zur Hauptstadt. Heutzutage leben sie in den *bas-fonds* von Kinshasa Cité. Ohne Kanalisation, fließend Wasser oder Elektrizität. Sie machen aus der Hauptstadt wieder ein Dorf. Sie sind hier zu Hause, aber sie bleiben auch die Yaka aus Kwango.«

»Ich habe schon viel über sie gehört.«

»Ohne dass ich sie sehen kann, spüre ich, wie sie uns betrachten. Sie sind erfüllt von Schwermut. Sie träumen von einer besseren Zukunft. Manchmal übermannt sie eine kindliche Bosheit, der wir väterlich begegnen. Das ist eine fehlgeleitete Reaktion von unserer Seite.«

Michel berichtete, wie die Yaka zu Fuß die fünfhundert Kilometer aus Kwango hinter sich brachten, damit sie in Kinshasa ihre Handelsware verkaufen konnten. »Hier verdingen sie sich als billige Arbeitskräfte. Sie sind Nachtwächter oder Küchenhilfen, sie sparen sich alles vom Mund ab, damit sie etwas Geld auf die Seite legen und schnell zurückkehren können. Jeder verachtet sie. Yaka ist ein Schimpfwort, *Woo Muyaka* eine Beleidigung.

Gebannt schaute ich den Männern hinterher.

Einige Tage später erzählte ich Michel begeistert, dass ich sein Buch über die Initiation ausgelesen hatte. Er zuckte bescheiden mit den Schultern. »Ich dachte, es wäre hilfreich, diese Dinge aufzuschreiben.« Dann hob er den Kopf und deutete auf ein Manuskript auf dem Schreibtisch. In großen roten Buchstaben stand darauf: LE RÉALISME MERVEILLEUX. Er sagte: »Ich arbeite an etwas Neuem.«

Pater Michel hatte in seinem Leben zahlreiche Missionen gegründet, Unmengen Kinder getauft und Erwachsene getraut. Die Dorfältesten respektierten ihn, erzählte er, da er sich mit den alten Dynastien manchmal besser auskenne als sie selbst. Seine grünen Augen glänzten, als er das sagte.

»Ich muss dir etwas erzählen«, sagte er nach einer Weile. »Siehst du die Maske da?« Er zeigte auf eine große ockerbraune Maske hinter sich.

Ich stellte mich dicht davor. Sie hatte die typischen Kauri-Augenschlitze und einen kleinen, ringförmigen Mund mit scharfen Holzzähnen. Die Nase dieser Maske war fast realistisch gearbeitet, aber die Augenöffnungen waren tiefschwarz. Ich scheute zurück. Es war verrückt, aber jemand schien mich durch diese Augen anzublicken. Ich musste sogar kurz die Maske von der Wand nehmen und sie von hinten betrachten, um mich zu beruhigen. Ich tat dies so beiläufig wie möglich, aber Michel war es natürlich nicht entgangen.

Als Buschpater hatte er einmal ein Dorf besucht, erzählte er. Nach der Messe fragte er die Dorfbewohner: »Habt ihr große Figuren?«

»Nein, wir haben gar nichts«, antwortete der Dorfälteste abweisend. Beim Essen fragte Michel noch einmal: »Ihr habt hier wirklich keine großen Figuren?«

Schließlich zeigte der Dorfälteste auf ein altes, nicht mehr benutztes Klo. »Vielleicht hängt da noch was«, sagte er widerwillig.

Michel schaute nach und entdeckte die Maske. Seine Träger sprangen zur Seite, fingen an zu schreien. Sie fürchteten sich vor dem, was Pater Michel in den Händen trug. Wer es festhielt oder auch nur anfasste, würde unfruchtbar werden, riefen sie.

»Und jetzt hängt diese Maske ganz einfach hinter mir an der Wand«, sagte Michel. »Im selben Dorf zeigte mir ein Mann eine große Wunde am Fuß, die nicht verheilen wollte. Um sein Bein trug er einen dicken, straff sitzenden Ring, der aus einem Zweig geflochten war.« Michel sagte zu ihm: »Den Ring würde ich besser abmachen.«

»Das ist nicht erlaubt«, antwortete der Mann.

»Gib mir ein Messer«, befahl ihm Michel und schnitt den Ring ab. Sofort warf er das Ding ins Feuer. Prasselnd loderten die Flammen auf. Voller Abscheu wichen alle zurück.

»Und jetzt gehst du zu einem Arzt«, hatte Michel knapp angeordnet. »Diese Fetische bringen die Leute auf verrückte Gedanken. Wusstest du übrigens«, wandte er sich an mich, »dass die Yaka die besten Heiler und Wahrsager haben?«

Ich fing an, über sein Buch zu reden, über die Geschichte mit der *nkhanda*-Initiation.

»Eine Geschichte?«, fragte Michel korrigierend. »Du meinst das Initiationsritual. Die jungen Männer trinken giftige Tränke oder Schlafmittel. Man bemalt sie mit weißer Erde. Sie haben dabei Baströcke an.«

»Baströcke?«

»Ein Rock aus langen Palmfasern, in einen Reif aus Zweigen geflochten. Einige der jungen Männer sterben sogar im Initiationslager. Wenn sie zu Männern geworden sind, sprechen sie geheime Worte.«

»Das ist sehr aufregend«, sagte ich.

»Zweihundert habe ich protokolliert«, sagte Michel. »Aber ich habe meine Notizen nie veröffentlicht.«

Er schaute sich im Zimmer um, als würde er plötzlich jemanden suchen. Oder wollte er nur sichergehen, dass niemand sonst im Raum war?

»Ich habe die Notizen zusammengenäht«, flüsterte Michel. »Mit einer Nadel und groben Stichen, zugenäht, damit niemand die Papiere je lesen kann. Wegen der *revenants.*«

»Revenants?«

»Die Untoten«, sagte Michel. Er zwinkerte mir zu.

»Wusstest du, dass Afrikaner nicht zwinkern können?«, schweifte er ab.

»Aber warum legen sie all diese Initiationsprüfungen überhaupt ab?«

Michel reagierte erstaunt auf meine Frage. »Die *nkhanda*? Um erwachsen zu werden natürlich. Weshalb bist du wohl hier, was denkst du?«

Michel sprach von der »Sippe« und von »Superstitio«, wenn er Aberglaube meinte. Tätowierungen nannte er »Hautstimulationen«. »Der Heiler ist ein Verzauberer«, flüsterte der Pater. »Der *ngaanga* ist kein Hexer, sondern ein Priester wie wir, ein Priester-Heiler.«

»Ich bin kein Priester«, merkte ich an.

»Ich habe nicht von dir geredet«, entgegnete Michel. »Ein Heiler kann sogar riechen, wo die Ursache einer Krankheit liegt. Er ist gerissen und mächtig. Er kann heilen, wahrsagen, er ist ein Therapeut. Darum: Sag niemals Hexer zu einem Heiler oder Wahrsager. Davon abgesehen: Es gibt übrigens Hexer, aber auch Hexen.«

Der alte Pater war bei diesen Worten aufgestanden. Mit seinem Gehstock trat er hinter dem Schreibtisch hervor und ging in die Mitte des Zimmers.

»Wie ein Hund schüttelt der Hexer die Tropfen aus seinem Fell. Zitternd zieht er seine Menschenhaut aus und hängt sie an einen Nagel in der Hütte. Er bricht auf, erhebt sich in die Lüfte wie ein Raubvogel, der uns weit unten im Regen herumgehen sieht. Es regnet, Gott segnet, die Schindeln werden nass, und manchmal ist das Wasser vergiftet und manchmal ist der Regen Gottes Segen aus dem Himmel, der sich auf die wilden Tiere ergießt, ohne Unterlass.«

Mir war in diesem Augenblick nicht klar, mit welchem tiefen Ernst der Pater sprach. Als würde er nach Reimen suchen, als wolle er singen und hätte bloß die Melodie noch nicht gefunden. Tatsächlich fabulierte er sogar: »Wilde Tiere tirilieren.«

Dann rezitierte er mit Inbrunst Dialoge, und während er anscheinend zum Himmel blickte, auf fliegende Hexer-Verzauberer – »Allmächtiger, schau, da kommen sie, sie fliegen durch die Nacht« –, befragte und dirigierte er für mich die unsichtbaren Geister.

War es eher ein Theaterstück oder doch eine Art Trance? Gleichzeitig sprach eine ungeheure Würde aus den Bewegungen des alten Mannes, aus seinem schweren Körper.

»Hinweg«, rief Michel, »höre auf mit diesen Verhüllungen und Verdrehungen hinter meinem Rücken, fort mit dir«, tanzend drehte der alte Pater sich um, schlug mit seinem Stock auf etwas ein, das nur er sehen konnte. »Und nimm diesen vermaledeiten Hund mit, zerschmettere ihm den Schädel.«

Mit großen Augen starrte ich den Pater an.

»Ich muss dir etwas erzählen«, sagte er.

Er schwitzte, vielleicht bekam er gerade einen Malaria-Anfall. Seine roten Augen verengten sich. Verschwörerisch sagte er: »Diese verschiedenen Ordnungen brechen auf mich ein. Ich sehe, wie du mich entgeistert anschaust, Remi, aber das ist der einzige Weg, wie ich überhaupt darüber sprechen kann.«

Zwischendurch benutzte er französische Wörter, sogar lateinische, wenn er über das *pars virilis* oder die *partes* der Frau sprach, denn die Art, wie die Frauen tanzten, beschrieb er als äußerst anstößig. »Ich habe die eindeutigsten Imitationen ansehen müssen«, erläuterte er prüde, harsch. Aber im nächsten Moment zwinkerte er mir wieder zu.

War das eigentlich ein Zwinkern oder ein nervöser Tick? »Das alles liegt am Fetischismus, am Totemismus«, erklärte er mir. »Ein Zauberbündnis, die imaginierte, übernatürliche Sippe.« Und nach einer kurzen Pause sagte er nochmals: »Ich muss dir etwas erzählen.«

Vielleicht war dieser alte Pater einfach nicht mehr ganz richtig im Kopf. So nannte er den Urwald beispielsweise »Ohrwort«. Er redete über einen »Strauchelschnabel«, einen »Schober«, ein »Gejucke«, das auf seiner Brust brannte, ich nickte nur. Unter »Geistesemigration«, »Teufelseinflüsterung« und »Nach-Seelen« konnte ich mir wenig vorstellen. In einem Satz sprach Michel über Blitz-Pisse, Hahneneier und christliche Vergebung.

Es klang wie ein fantastischer Unsinn.

»Das kann ich nicht sagen«, warf Michel ein, der meine Gedanken lesen konnte. »Du darfst das nicht alles glauben. Aber alle Kongolesen glauben daran; und vielleicht ist es genauso unvernünftig, alles von vornherein zu verwerfen wie alles ohne genauere Untersuchung zu akzeptieren.«

Er schaute sich gehetzt um. In seinen wässrigen Augen konnte ich Panik erkennen. Auf seine Bitte hin brachte Bruder Thierry einen großen Supermarktkarton herein. Michel zog einen kleinen weißen Schuhkarton daraus hervor. Er öffnete ihn und suchte vorsichtig etwas darin. Seine Bewegungen waren jetzt langsamer. Nach einer Minute schüttelte er die Hände ab, als wollte er sie reinigen.

»Der *nkisi* ist ein Fetisch«, referierte Michel. »Er ist gleichzeitig ein Geist, ein Zauberding und ein geistiges Energieobjekt. *Nkisi* können Steine und Pflanzen sein oder aus Tieren gemacht werden. Sie stehen unter dem Einfluss eines Geistes. Ich zeige sie dir.«

Alle Fetische in der Schachtel waren sorgfältig einzeln in Zeitungspapier eingeschlagen worden. Behutsam packte Michel sie einen nach dem anderen aus. Ich spürte, wie um meinen Hals, in meiner Kehle eine unangenehme Anspannung entstand. Ich rückte etwas ab. Die Fetische waren kleine, rotbraune oder schwarze Gegenstände, die mit Tüchern und Fäden zusammengehalten wurden. Körper, die an Ton, Vögel oder Fledermäuse erinnerten. Manchmal ragten Zähne oder Zähnchen aus ihnen heraus, wie bei Fossilien oder den mumifizierten Mäulern kleiner Raubtiere. In der Schachtel lagen auch zusammengebundene Federn und das schmutzige Fell einer Zibetkatze. Michel wies mich an, noch weiter vom Schreibtisch wegzurücken.

»Das hier sind monströse Fetische«, sagte er, während er sie blind abtastete. »Es braucht eine Gewalttat, damit sie entstehen; sie werden mit Menstruationsblut und Speichel durchweicht, Schatten liegen auf ihnen, man beschmiert sie mit Asche, geschnittenen Fingernägeln, dem Auswurf von Rasenden …«

Ich wollte Michel zur Hand gehen und auch einen Fetisch auspacken, aber er wehrte ab: »Sie würden deine Haut und deine Augen verätzen.«

Mittlerweile lagen zehn oder mehr Objekte auf dem Schreibtisch. Einige wollte der Pater nicht ganz zeigen, denn das würde sie zerstören, wie er erklärte.

»Aber ist das nicht, was Sie wollen?«

»Ich kann das nicht«, sagte Michel. Das konnte vieles bedeuten. Schnell wickelte er die Fetische wieder in Zeitungspapier. Er sagte: »Böse Geister sind ein unvermeidlicher Bestandteil des Lebens.«

Er schwieg. Er fühle sich nicht gut, murmelte er. »Das Böse kennt sein Ziel nicht, es ist gefährlich. Der Abgrund zieht uns an.«

»Ich muss mich unbedingt hinlegen«, fuhr er fort. Unmittelbar danach verdrehte er die Augäpfel nach oben, bis sie vollständig verschwanden. Er sank auf dem Stuhl zusammen, den ihm Bruder Thierry noch rasch hinschieben konnte. Unkontrolliert kippte sein Kopf nach hinten. Der Bruder und ich trugen ihn auf dem Stuhl vorsichtig zu seinem Bett, wo er langsam das Bewusstsein wiedererlangte. Verwirrt blickte er mich an.

Fünfundzwanzig

Bevor ich in den Kongo aufbrach, führte ich mit Remi ein langes Gespräch über Heiler, Fetische, Wahrsager und Hexerei. Remi sprach diesen Themenkomplex regelmäßig an. Er verwehrte sich gegen jegliche Form der Exotik wie auch gegen das Klischee, das alles seien primitive Vorstellungen. Die Bezeichnung »Zauberer« hielt er für ungeeignet, auch wenn er sie gelegentlich selbst verwendete. Er sprach lieber von Heilern, Wahrsagern und Hexern, aber noch häufiger verwendete er die ursprünglichen Yaka-Wörter.

Der Heiler – oder *ngaanga phoongu* – ist ein Priester-Heiler, der in Erscheinung tritt, wenn es Probleme im Clan gibt. Er verwendet *nkisi*, weiße Magie, aber auch hier fand Remi den Begriff Magie vollkommen ungeeignet. »*Nkisi* ist ein Fetisch«, sagte er, »man nennt ihn auch Talisman, *charm* im Englischen. Eine korrektere Definition wäre: ein Energieobjekt.«

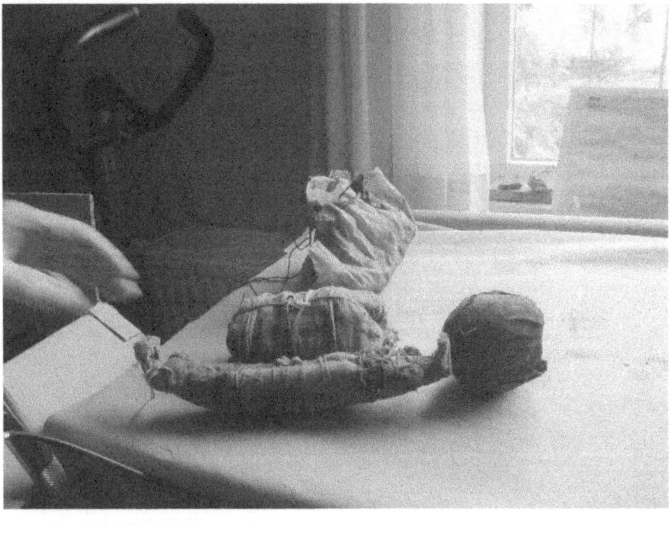

Es geht, wieder einmal, sagte Remi, um »magische Mittel, rituelle Gegenstände«.

»Nun sagst du selbst wieder Magie«, warf ich ein.

»Ja, ich weiß – uns fehlen ganz einfach die richtigen Termini. Fetische lösen Krisen aus: Menschen weinen, verlieren das Bewusstsein, kriechen plötzlich auf Hausdächer. Fetische können von den Menschen Besitz ergreifen, sodass diese Menschen dann selbst wieder zu Heilern werden.«

Neben dem Heiler spielt der Wahrsager, der *ngaanga ngoombu*, eine wichtige Rolle, erklärte mir Remi: »Er ist ein Schamane, ein Seher. Er erzählt beziehungsweise verrät, in Orakeln, wann ein Unglück passieren wird, was es bedeutet. Er sagt nichts vorher, er ahnt eher. Er liest und deutet die Zeichen. Er kann Schatten lesen und sieht das, was sich dem Zugriff der Familie entzieht. Er entdeckt das Böse, das Schicksal, und sucht dessen Ursprung. Er kann erkennen, welche Muster zu welcher Familie gehören, manchmal geht er dafür zwei oder drei Generationen in die Vergangenheit.«

»Remi, arbeitest du als Psychoanalytiker nicht auch so?«

»Das könnte man sagen. Der Wahrsager arbeitet wie ein Therapeut oder ein Psychologe und rät, welche Mittel gegen das Übel eingesetzt werden sollten. Man sagt übrigens: Frage am besten einen Wahrsager aus einer anderen Gegend.«

Ich notierte mir das alles, Wort für Wort, in mein Notizheft.

»Und dann gibt es noch den bösartigen Zauberer«, ergänzte Remi, »den Hexer, *ngaanga buloki*; mit *kindoki* bezeichnet man die böse Magie.«

Magie? Diesmal sagte ich nichts.

»Der Hexer weckt und lenkt die bösen Kräfte«, fuhr Remi ungestört fort. »Er benutzt heilende oder tötende Fetische, saugt die Lebenskraft aus einzelnen Familienmitgliedern. Er lebt am Rande der Gemeinschaften, besitzt psychische Kräfte, macht sich aber auch geheime Kenntnisse über Gifte und Drogen zunutze.«

Mich faszinierte das alles. In französischsprachigen Texten über Hexerei und Fetische stieß ich übrigens gelegentlich auf das Wörtchen *malice*.

»Gibt es Hexer und Hexen wirklich?«

»Nun, es ist ein Volksglaube, ein Versuch, mit dem Bösen ins Reine zu kommen. Auch mit der Wut, der Angst, dem Neid, dem Unglück und überhaupt der Niederträchtigkeit, der man im Leben begegnet, zurechtzukommen.«

»Aber können sie tatsächlich hexen?«

»Natürlich, jeder Älteste kann im Prinzip Kräfte aufrufen und gegen jemanden einsetzen, das ist Hexerei.«

Ngaanga buloki gibt es auch bei uns, auch wir haben Hexer und Hexen, überzeugte er mich. Menschen machen einander mit bösen Worten krank, verderben Beziehungen, erzeugen negative Kraftfelder. Auch hier trifft man doch auf bösartige Leute? Sie sind wie entfesselt, zornig und man kann ihnen nicht trauen. Sie sind auf Rache aus, ohne dass man überhaupt wüsste weshalb. Im Kongo sagt man, dass niemand weiß, wer sie sind – aber wenn man dich als Hexer oder Hexe beschuldigt, bist du es auch. Das wiederholte Remi oft.

»Denn in jedem von uns lauert das Böse«, sagte er. Gut gelaunt zwinkerte er mir zu.

26

Nach meinem Erlebnis mit Pater Michel Plancquaert las ich nochmals sein Buch *Les sociétés secrètes chez les Bayaka*; ich wollte das Geschehene besser verstehen. Außerdem hatte ich ja die Beklemmung, die zu seinem Bewusstseinsverlust führte, auch am eigenen Leib gespürt. Bei Placide Tempels las ich vom »entarteten Menschen, dem Lebensvertilger *ndkoki*«, sowie über »die Bosheit im vollen Sinne des Wortes, die Schlechtigkeit im höchsten Grade«. Ich fragte mich, was ein Fetisch wohl genau bewirkt.

Hilft ein Fetisch einem Seher dabei, Gedanken zu erspüren und zu sortieren? Leitet solch ein mächtiges Objekt den Seher zum Kern des eigentlichen Problems? In etwa wie ein Hund menschliche Emotionen und Gedanken erahnen kann?

Ich spekulierte noch weiter: Besitzt ein Fetisch eine eigenständige Kraft? Ja, können Figuren und Fetische sich mit einer Art Intelligenz aufladen, allein schon durch die Intensität, mit der man ihnen täglich begegnet?

Die Figuren, die ich damals in dem kleinen Museum geordnet hatte, waren für mich bloß ästhetische Objekte gewesen. Ich hatte sie ausgemessen und nachgezeichnet. Aber diese Fetische von Michel konnten Schaden anrichten, wie ich selbst gesehen hatte. Auch wenn die Pater versuchten, das kleinzureden. Während einer Unterhaltung zählte Rektor Lecompte die Hexerei in einem Atemzug mit anderen kongolesischen Missständen wie Neid, Erpressung, Diebstahl und dem Mangel an Disziplin auf. Er nannte noch einige weitere verbreitete Unsitten.

In der afrikanischen Sonne flirrte ein eigenartiger Schatten neben mir auf der Erde. Ich glaubte, auf der Tischfläche unter meinen Händen eine fremdartige, sich bewegende Dunkelheit zu erkennen. Es war wahrscheinlich nur der Schatten meiner Hände, aber irgendetwas stimmte mit ihm nicht.

Forschend blickte Rektor Lecompte mir direkt in die Augen. Er würde mein Mitgefühl für den alten kranken Michel zu schätzen wissen, sagte er.

»Ist Pater Michel krank?«

»Ja, natürlich ist er krank«, sagte Lecompte, »er ist todkrank.«

Lecompte lobte mich, sagte, ich sei äußerst gewissenhaft in allem, was ich täte, gleichzeitig rücksichtsvoll in meinen Worten und Urteilen, mit einer tiefen Erkenntnis. Er korrigierte sich: mit einer tiefen Sehnsucht nach Erkenntnis. Aber ich dürfe mich nicht abkapseln, sagte er. Als würde er ein Rezept ausstellen, ergänzte er: »Innerliche Einkehr, dreimal am Tag.«

Ich nickte.

Lecompte sagte auch: »Ich glaube übrigens, du betest zu wenig.«

Schon wenig später wurde Michel immer schwächer. In dicke Kissen gebettet, wartete er unerschütterlich, vielleicht sogar ungeduldig auf den Tod. Er hörte auf zu essen. Kürzlich habe man einen schwerwiegenden Herzfehler bei ihm diagnostiziert, erzählte er mir lächelnd. Von einen Tag auf den anderen wurden seine Augen stumpf und die zerbrechlichen, blutleeren Hände zitterten unaufhörlich. Ab diesem Zeitpunkt leistete ich ihm häufig auf der Veranda Gesellschaft und saß auf einem Stuhl neben ihm. Er war oft gereizt. Er schimpfte: »Überall in diesem Land regieren Lügen. Ihre Radikalität zerstört so vieles, aber sie machen einfach weiter. Aber es ist ja schließlich ihr Land.«

Er berichtete mir, wie er sich einmal auf die Suche nach der alten Sklavenroute gemacht habe, die aus dem Osten bis ans Meer führte.

»Und haben Sie sie gefunden?«

»Ja, denn entlang der Sklavenroute wächst ein besonderer Baum, der *boa*. Plötzlich entdeckte ich in der Landschaft überall diese Bäume, das war großartig. Die Kongolesen kannten die Route allerdings sowieso aus ihrer Überlieferung. Aber sie waren so taktvoll, mit mir nicht darüber zu sprechen, auch nicht zu sagen, dass meine Entdeckung für sie nichts Neues bedeutete.«

Als er noch im Busch gewesen sei, habe er jeden Monat zwei Briefe geschrieben, erzählte mir Pater Michel. Einen an seine Mutter, in dem er sie wissen ließ, dass alles im Kongo wie geplant verlief, und einen an seine Schwester. Darin schrieb er auch über seinen Hang zur Melancholie. Einmal verwechselte er aus Unachtsamkeit die beiden Briefe. Sein alter, dicker Bauch bebte vor Lachen, als er das erzählte.

In Popokabaka hatte er sogar einen gregorianischen Chor gegründet. Mit zwölf polyfonen Sängern übte der Pater die verschiedenen Stimmen ein. Die Probe fand im Lehrerzimmer statt, in dessen Ecke ein Kunststoffskelett stand. Einer der Jungen zeigte darauf, behauptete aus heiterem Himmel, Michel sei ein Menschenfresser. Auf einen Schlag verstummten die Sänger. Einer der Jungen schrieb einige Worte auf ein Blatt. Ein anderer ergänzte zwei weitere Wörter. Dadurch war die Bedrohung durch das Skelett gebannt.

Diese Formeln seien Anrufungen, Segnungen, Verwünschungen, sagte Michel. Er habe später noch weitere dieser traditionellen Beschwörungen und Flüche in einem Schulheft gesammelt. Es fasziniere ihn, dass manche Wörter Kraft, sogar Gewalt besaßen. Es waren *misaasu.*

»Mit Wörtern«, sagte er, »kann man lieben, beschützen, heilen, aber auch sehr effektiv töten, ohne jemanden berühren zu müssen.«

Das weckte meine Neugierde.

»Darf ich einen Blick in das Heft werfen?«, bat ich ihn.

»Auf dem Umschlag ist eine Zeichnung des jungen Königs Boudewijn.« Anscheinend hatte er meine Frage nicht richtig verstanden.

»Ja, gut, aber darf ich es mir einmal ansehen?«, fragte ich.

»Es liegt noch in Popo«, antwortete Michel unter Schmerzen.

»Macht das Manuskript Fortschritte?«, erkundigte ich mich. »Wie sieht es mit *Le réalisme merveilleux* aus?«

Michel massierte sich mit den Fingerspitzen die Stirn. »Das wird wohl eine Rohfassung bleiben. Aber ich möchte dir noch etwas anderes erzählen.«

Er schwieg.

Ich sagte ihm, dass ich zuhörte.

Aber das reichte schon aus, um ihn zu reizen: »Wenn du sagst, du würdest zuhören, sprichst du doch schon.«

Ich schwieg und schaute ihn mit großen Augen an.

Er sagte: »Ich muss dir etwas anvertrauen.«

Nachdenklich zupfte er sich am Bart. Mit der linken Hand ergriff er die Haarpracht unter seinem Kinn. Er sagte: »Ich habe einen Toten geschlagen.«

Zuerst verstand ich ihn nicht richtig. »Was? Sie haben jemanden erschlagen?«

Michel reagierte zugleich unwirsch und betrübt: »Ich sagte, ich habe einen Toten geschlagen.«

Ich wusste nicht, wie ich reagieren sollte. Das klang wie eine Beichte oder die Ankündigung davon. Damit hatte ich keine Erfahrung.

»Ich war noch nicht lange im Kongo«, berichtete er. »Eines Nachts hörten wir die Trommeln einer Trauerfeier. Man erzählte uns, ein Wahrsager sei gestorben. Mit meinen Katecheten wollte ich mir das anschauen. Aber ich wurde wütend, verlor die Selbstbeherrschung. Ich wollte ihnen einfach die Leviten lesen. Wenn es mir gelänge, diesen elenden Aberglauben auszurotten, hätte die Kirche dieses Gebiet gewonnen. Ich malträtierte die Leiche. Wiederholt schlug ich auf den Toten ein. Später erfuhr ich, dass dies einem Fluch gleichkam, denn wer einen Wahrsager schlägt, lässt das Gewebe verwesen und beschwört Unheil. Durch meine Dummheit starb der Tote ein zweites Mal.«

Michels Augen waren nun voller Unruhe. Die Pupillen schossen hin und her, die Nasenflügel und die Lippen bebten.

Ich schwieg. Ich traute mich immer noch nicht, etwas zu sagen.

»Pater, die zu grob handeln«, fuhr er fort, »werden entfernt und ohne Ausnahme nach Europa zurückgeschickt. Auf keinen Fall dürfen wir nervös oder böse werden. Ganz abgesehen davon, dass wir keine Toten schlagen. Das war ein schlimmes Vergehen. Ich habe das noch nie jemandem erzählt. Ich habe mich sogar selbst belogen.«

Ich wusste nicht, was ich ihm sagen sollte.

»Niemand machte mir danach Vorwürfe.«

»Nur eine falsche Einschätzung der Situation«, versuchte ich, ihm eine Brücke zu bauen.

»Lass es gut sein.« Michel wollte alleine sein.

Als ich am nächsten Tag bei ihm klopfte und das Zimmer betrat, stand Michel mit verschwitztem Gesicht neben dem Bett. Mit schwarzen Augen starrte er vor sich hin. Arme und Hände hatte er auf dem Rücken verschränkt, als wären sie dort zusammengebunden. Er redete leise und zwanghaft mit sich selbst. In diesem Augenblick begriff ich, dass er in der Stille des Zimmers, allein, Gespräche mit unsichtbaren Menschen führte. Michel erschrak, als er mich bemerkte. Er forderte mich auf, das Zimmer sofort wieder zu verlassen. Sein harscher Ton schüchterte mich ein.

Am nächsten Tag kam ich wieder. Abermals stand Michel mitten im Raum. Er kaute mechanisch, schien ängstlich, gehetzt, verirrt in seiner eigenen Welt. Ein Opfer der unvermeidlichen Gespräche in seinem Inneren.

»Für die Totenwache ist es noch zu früh«, teilte mir Michel brüsk mit. »Mit dir habe ich nichts zu besprechen.«

Ich drehte mich um, zögerte kurz und verließ das Zimmer. Aber dieses Mal rief Michel mich zurück. Er sagte, ich solle mich ihm gegenüber hinsetzen und zuhören.

Er erzählte mir eine Geschichte aus Kwango über eine Mutter, die ein Kind bekam, aber das Kind starb kurz nach der Geburt. Die trauernde Mutter begrub das Kind und klagte Ndzaambi Phungu ihr Leid. Das ist Gott, das höchste Wesen. Gott wandte sich ihr zu: »Du hast dein Kind begraben, das ist richtig so, aber du darfst das Grab des Kindes in den nächsten drei Tagen nicht besuchen.«

Die Mutter gehorchte zunächst. Wie befohlen, wartete sie, allerdings gewann ihre Ungeduld die Oberhand und sie ging doch vor Ablauf der drei Tage an das Grab. Das Kind lebte, die Mutter stieß Freudenschreie aus, aber wegen ihres Ungehorsams starb das Kind nun unwiederbringlich.

Dann schwieg Michel einige Minuten, bevor er sagte: »Und jetzt gehe, Junge.«

Am nächsten Tag durfte ich sein Zimmer überhaupt nicht mehr betreten. Nur die Krankenschwester ließ er für die nötigsten Erledigungen hinein. Ich wachte aus der Entfernung über ihn. Ich wusste: Der sterbende Michel befragte seine Daimones, aber sie befragten auch ihn. Er führte letzte Gespräche mit den Eltern und Ahnen, Leuten aus den Dörfern von früher, Patern und Brüdern, großen kongolesischen *chefs coutumiers*, Trägern und Fahrern, Katecheten und schließlich mit allen Kindern, die er getauft hatte – und die in langen Reihen anstanden, um zu ihm zu gelangen. Er sagte, was er noch auf dem Herzen hatte, flehentliche Gebete beantwortete er mit göttlichem Rat – und umgekehrt. Der Pater musste, so glaubte ich, erfahren, wer von all den Menschen in der Schlange noch lebte und wer bereits tot war, und immer häufiger führte ihn das zur letzten, wichtigsten Frage, nämlich, ob er selbst noch am Leben war.

In meinem Zimmer saß ich allein, unkonzentriert und abwesend, und las Michels Buch über die Initiationsgemeinschaften. Ich wollte mit ihm reden, ihn trösten, ihm Fragen stellen, aber ich durfte nicht.

In seinem Buch beschreibt er, wie auf dem gründlich gesäuberten Dorfplatz die mit weißem Lehm bestrichenen Jungen zusammenkamen und tanzten. Pater Michel stand einfach zwischen ihnen, so sah ich es vor meinem inneren Auge, mit lauter Stimme sang er ein unverständliches Lied und warf in eigenen Worten eine Art Simultanübersetzung zwischen die Zeilen des Gesangs – nur für mich.

Der Schlaf übermannte mich und mein Kopf sank auf das Buch.

Später am selben Abend fand die Schwester Michel Plancquaert tot auf dem Zimmerboden.

Nach einem kräftigen Wolkenbruch krochen fliegende Ameisen aus der Erde am roten unbefestigten Weg nach Kimwenza. Die Kongolesen ernteten diese Delikatesse. Sie nannten es *le dernier cadeau du père Michel*.

Nach Michels Tod wollte ich, mit ungeahntem Eifer, alle erhältlichen Veröffentlichungen über die Yaka studieren. In meinem Zimmer hängte ich eine Karte von Kwango an die Wand. Auf ihr suchte ich die Ortsnamen und sagte sie dann laut auf, um sie mir besser einzuprägen. Die Menschen aus Kwango faszinierten mich, während ich die meisten der Pater allenfalls interessant fand. Manchmal ärgerte ich mich sogar über ihre vorbildliche Selbstbeherrschung. Während sie am Fortschritt arbeiteten, das Land erziehen und aufbauen wollten, beschäftigten mich die kleinen, komplizierten Dinge, die um mich herum geschahen. Oft waren das überraschende, widersprüchliche Ereignisse im Zusammenhang mit der Zauberei, die – wenn es nach den Patern ging – bald aussterben würde.

So geschah beispielsweise Folgendes: Während der Exequien trank ein junger Mann Petroleum und spuckte Feuer auf die Familie des Verstorbenen.

Und das hier: Ein Schuldirektor aus Kwango kam in die Hauptstadt, um die Großeinkäufe für seine Schule zu erledigen. Auf dem Ngabaplatz in Kinshasa raste ein Fahrzeug auf den Gehweg und der Direktor aus Kwango wurde zwischen dem Wagen und einer Hauswand zerquetscht. Sofort beschuldigten seine Söhne zu Hause die Mutter des Opfers. Ihre Großmutter habe aus der Entfernung ihren eigenen Sohn ermordet, so sagten sie.

Ein anderes Mal wurde ein Verrückter mit einem Seil an einem Baum festgebunden.

Sechsundzwanzig

Auch das Verfassen einer Diplomarbeit stellt eine nicht zu unterschätzende Aufgabe dar, aber ich muss zugeben, dass die Aufzeichnungen in meinem Notizbuch mitunter eher vage sind. So weiß ich nicht mehr genau, ob Remi tatsächlich jenes Manuskript von *Le réalisme merveilleux* auf Michels Schreibtisch hat liegen sehen. Möglicherweise habe ich es auch selbst gesehen, im Servico, auf dem Schreibtisch des alten Paters Metena, der mir ein Buch über die Yaka-Könige auslieh.

Später las ich auch, dass der Begriff »réalisme merveilleux« eine andere Bezeichnung für die literarische Strömung des magischen Realismus ist.

Schrieb Michel darüber? Nur darüber? Das wollte mir nicht einleuchten.

Ich hatte verstanden, vielleicht auf eine naive Art, dass die Wirklichkeit selbst erstaunlich für uns werden kann, verzaubernd. Denn nach den Gesprächen mit Remi ist dies immer mehr zu meiner festen Überzeugung geworden: Träume können uns etwas erzählen, über die Dinge, die geschehen, eine unbestreitbare Realität, durch die die Wirklichkeit selbst als wundersame sichtbar wird.

Remi sagte dazu, und jetzt schreibe ich seine Worte exakt aus meinem Notizbuch ab: »Der Traum ist eine Art zu sehen, zu erkennen. Nicht technisch oder buchstäblich, aber der Traum geht dem Träumenden tatsächlich voraus. Der Traum verweist nicht buchstäblich auf die Zukunft, besitzt aber eine adhäsive Macht und macht sozusagen Vorschläge für die Zukunft. Beim Aufwachen hat man manchmal die klarsten Erkenntnisse, nicht wahr?«

27

Unmittelbar nach dem Tod von Pater Michel machte sich Lecompte daran, dessen Schreibtisch zu leeren, als könne das nicht warten. Er schien etwas zu suchen.

Ich fragte ihn, ob er beim Aufräumen das Manuskript von *Le réalisme merveilleux* gefunden hätte.

Der Titel sagte ihm nichts. Er war allerdings auf den Karton mit den Fetischen gestoßen, die würde er an das kleine Museum in Belgien schicken.

»Oder ein zusammengenähtes Heft?«, fragte ich ihn. »Ist das wiederaufgetaucht?«

»Auch das habe ich nicht gesehen«, sagte Lecompte. Allerdings waren ihm in Michels Papierkorb unzählige Schnipsel aufgefallen. Manche von ihnen hingen noch mit Garnresten aneinander fest. Er fand auch ein von Michel eigenhändig eingebundenes Büchlein. Auf dem Einband stand in schwungvoll kalligrafierten Buchstaben: *Weisheiten der Bayaka, Popokabaka, 1937–1945*.

Darüber hatte Michel mir nichts erzählt, aber Lecompte kannte es. Vor langer Zeit hatte der Pater achthundert solcher Sprüche auf der Rückseite alter Rechnungen in Lautschrift notiert. Daneben hatte er jeweils eine eigene Übersetzung geschrieben, zum Beispiel: »Wohin die Geißenmutter läuft, geht die ganze Schar.«

Oder eine munterere Fassung: »Wenn die Geiß im Grünen springt, folgt das Geißlein recht geschwind.«

Gleich am nächsten Tag studierte Lecompte Michels Übersetzungen. Er fände sie viel zu frei, sagte er, sogar schlampig – das lag zweifelsohne an Michels Gewohnheit, unbedingt zu reimen. Lecompte wollte die Übersetzung, trotz seiner zahlreichen Verpflichtungen als Rektor, persönlich überarbeiten. Schon zwei Tage später hatte er einen gewissen Timothé auf der Straße aufgelesen, der ihn unterstützen sollte.

Timothé war ein armer Yaka, der in der Cité mit Abwaschen und Bügeln seinen Lebensunterhalt bestritt.

Lecompte und Timothé saßen sich am Tisch gegenüber. Timothé, ein schlanker Mann von etwa dreißig Jahren, behagte die plötzliche Aufmerksamkeit augenscheinlich nicht. Er saß steif vor Lecompte, der ernst das alte Büchlein aufschlug.

Der Rektor las das 27. Sprichwort vor: »*Tweenda taata, mwanaaku. A taata, phiingila, mwanaaku.*«

»Was bedeutet das?«, fragte er den armen Kerl. Das Gespräch wurde auf Kiyaka geführt, der Sprache der Yaka, aber zwischendurch übersetzte Lecompte auch einiges für mich.

Timothé setzte sich aufrecht hin und legte die Handflächen kurz auf die Wangen. Er erklärte, dass kleine Kinder im Prinzip immer bei ihrer Mutter im Dorf blieben, aber es komme auch vor, dass ein besonders aufgewecktes Kind seinem Vater bei der Arbeit im Wald Gesellschaft leiste. »Was sagt der Vater dann?«, fragte Timothé rhetorisch. Er rückte seine schmutzige, fleckige Weste zurecht.

»Ja, was sagt der Vater dann?«, ging Lecompte auf die Frage ein.

»*Tweenda taata, mwanaaku. A taata, phiingila, mwanaaku*«, antwortete Timothé logischerweise. Lecompte ergänzte in der Abschrift von Michel ein Komma und versah die Vokale mit Betonungszeichen.

»Sagt man das häufig?«, wollte er wissen.

»Manchmal.«

»Hat dein Vater das früher einmal zu dir gesagt?«, fragte der Pater. Dabei strich er sich mit der Zungenspitze über die Mundwinkel.

Timothé antwortete nicht gleich, sondern dachte nach. Dann nickte er. Timothé erzählte von zwei Situationen, um die Verwendung der Redensart zu verdeutlichen: Ein Vater geht auf die Jagd oder rodet Land im Wald. »Das Kind will Erfahrungen sammeln. Es will sein wie der Vater.«

Als wörtliche Übersetzung notierte Lecompte schließlich: »Lass uns aufbrechen, Papa, es ist dein Kind. Papa, warte auf mich, ich bin dein Kind.«

Ich beobachtete beide Männer während dieses Übersetzungsversuchs. Ich konnte ihrem Gespräch kaum folgen, aber zum Glück erläuterte mir Lecompte einzelne Sätze. Das waren für mich ganz besondere Augenblicke, denn so erwarb ich meine ersten Kiyaka-Kenntnisse. Ich schrieb alles mit, was er sagte. Für jedes Sprichwort benötigten sie mindestens eine Viertelstunde. Jeden Tag nahmen sie sich eine Stunde Zeit für diese Aufgabe. Die Gespräche drehten sich um die Ahnen, Brüder, Onkel oder Verhältnisse zwischen Männern und Frauen. Schwierige Sprichwörter konnte ich daran erkennen, dass Timothé lange die Fingerspitzen aufeinanderdrückte. Umständlich suchte er die passenden Wörter, in immer neuen Anläufen. Lecompte lehnte sich dann nach vorn und fuchtelte mit der Hand in der Luft, als wolle er so die Bedeutung einfangen. Und Timothé zeichnete mit den Fingern unterstützend Kreise um die Wörter auf Lecomptes Papierbogen, obwohl er weder lesen noch schreiben konnte.

Sobald Timothé gegangen war, zeigte ich Lecompte meine Notizen. Er korrigierte die Fehler. Wenn ich wirklich Kiyaka lernen wolle, müsse ich einen besseren Weg finden, sagte er.

Ich begriff nicht, warum sich Lecompte plötzlich mit so viel Energie auf diese Aufgabe stürzte. Brauchte er diese alte Liste mit Sprichwörtern, um mit dem verstorbenen Plancquaert in Kontakt zu treten? Oder suchte er die Nähe der Yaka?

Es regnete den ganzen Monat, ich fror sogar und konnte mich in die Kultur der Yaka versenken. Während ich las, drang ich immer tiefer in das unbekannte, unerreichbare Universum der Yaka ein. Ich verstand nur wenig. Verschwendete ich hier meine Zeit?

Ich sagte vorsichtig zu Lecompte: »So langsam habe ich genug von der thomistischen Philosophie.«

»Was du da sagst, klingt für mich vor allem arrogant«, antwortete Lecompte.

»Ich meine: Ich finde das Theologiestudium ziemlich weltfremd, wenn ich das sagen darf.«

»Du darfst alles sagen, selbstverständlich. Das darf hier jeder.«

Ich unternahm einen neuen Versuch: »Ich möchte lieber nach Popokabaka, nach Kwango.«

»Ich lasse dich wissen, falls sich eine Möglichkeit ergibt«, antwortete der Rektor.

War das eine abwehrende oder eine freundschaftliche Antwort? Ich wusste es damals nicht und werde es auch nie erfahren, denn eine Woche später wurden alle in Kimwenza mitten in der Nacht geweckt. Es herrschte Panik. Studenten rannten orientierungslos aus ihren Zimmern und schlugen auf die Türen ihrer Kommilitonen. Helles Mondlicht fiel zwischen die Säulen der Veranda. Durch die Eingangshalle zog sich eine blutige Spur. Ich sah gerade noch, wie ein langer, kräftiger Körper auf die Krankenstation geschleppt wurde. Es war der schwer verletzte Lecompte, der auf dem Rückweg von Kinshasa überfallen worden war. Er hatte sich gewehrt und wollte seine Autoschlüssel nicht herausgeben.

»Es war keine politische Tat«, wurde sofort betont. »Der Mörder war nur ein gemeiner Krimineller.«

Lecomptes hellblaues Hemd saugte sich mit dunklem Blut voll. Unheilverkündend wuchs der Fleck weiter, aber zu diesem Zeitpunkt war Lecompte bereits seinen Verletzungen erlegen.

Ich war zu Tode betrübt. Lecompte war der freundliche Botschafter beziehungsweise Daimon gewesen, der mich nach Afrika geschickt, der mich geradezu angezogen hatte, wie soll ich das anders sagen? Am nächsten Morgen wachte ich mit fürchterlichen Kopfschmerzen auf. Rund halb zehn entdeckte ich im Augenwinkel eine kleine schwarze Schlange. Ich bewegte den Kopf. Die Schlange war weg.

Plötzlich tauchte sie wieder auf, hinterließ eine bewegliche Spur aus schwarzer Tinte. Ein dünner schwarzer Faden, der sich bizarr auffächerte und dann aus dem Blickfeld verschwand. Stimmte etwas mit meinem rechten Auge nicht?

Später in derselben Woche, nach dem bewegenden Begräbnis, ging ich am frühen Abend an den Kongo, um frische Luft zu schnappen. Ein großes Passagierschiff verließ den Hafen. Auf dem Deck winkten mir Touristen ausgelassen zu. Glaubten sie, mich zu kennen?

Alles passierte so rasch: erst der Tod von Plancquaert, dann der brutale Mord, die allgemeine Erschütterung beim Begräbnis. Mir blieb diese unscharfe, fiebrige Welt ein Rätsel. Ich lief über den Boulevard du 30 Juin, spazierte ziellos in der glühend heißen Sonne durch den Staub, inmitten des Verkehrslärms. Auf dem Gehweg standen Autos. Langsam näherte sich ein Polizist, der den Fahrern mit einem Bußgeld drohte, aber eigentlich war er nur auf ein kleines Schmiergeld aus. Straßenkehrer in großen, sackförmigen Uniformen fegten den umherfliegenden Sand auf, mit viel zu kleinen Kehrblechen. Vor dem Mund trugen sie verdreckte Tücher. Überall boten Händler Alkohol, Brot, T-Shirts oder geschmacklose Krawatten an, aber niemand kaufte etwas. Auch auf dem Fußweg beim eleganten Hotel Memling sorgten Schuh- und Mützenverkäufer für dieselbe sinnlose Betriebsamkeit. Niemand kaufte etwas, wirklich niemand. Jeder wartete ab, genau wie ich.

Siebenundzwanzig

Die sogenannte Entdeckung Kwangos fand am 3. April 1854 statt. An diesem Tag erreichte David Livingstone die Ufer des Flusses Kwango. Die erste Begegnung mit den Belgiern, an die sich dann die Kolonialisierung anschloss, erfolgte später, als Leutnant Francis Dhanis, Söldner von Leopold II., in Kasongo-Lunda dem Protokoll gemäß vom König empfangen wurde, dem Kyaambvu.

Fast fotografisch genau wird diese Szene in den Geschichtsbüchern beschrieben: Der Kyaambvu sitzt auf einem breiten, niedrigen Podest, das ganz von Leopardenfellen bedeckt wird. Er trägt einen einfachen Lendenschurz, im Haar hat er mehrere Federn. Rechts von ihm stehen große Trommeln und Flötenspieler, darum herum tanzen Frauen, die tief in ihrer Kehle kreischende Geräusche erzeugen, und bewaffnete Männer, Hunderte davon. Der Kyaambvu trinkt. Er teilt Dhanis mit: »Geh nicht weiter, denn das würde mich erniedrigen; einen größeren Führer als mich gibt es nicht.«

Aber Dhanis zog weiter. Er schloss Verträge mit den Führern der Wamba und einer portugiesischen Expedition aus Angola ab. Auf seinem Rückweg gründete er 1890 Ngoa beziehungsweise Ngowa Café, wie Popokabaka zuerst hieß. So zerschlug Dhanis, Leutnant Leopolds II., genannt »viele Peitschenhiebe«, die Macht des Yaka-Königs.

Ab diesem Zeitpunkt ist die Kwango-Region ein Teil der Kolonialgeschichte. Die Sandböden waren nicht sehr fruchtbar, Exportprodukte gab es quasi nicht. Die Frauen bauten Maniok, Knollengemüse oder Süßkartoffeln, Bohnen, Ananas und Erdnüsse an. Die Männer jagten mit Pfeil und Bogen, manchmal auch mit veralteten Karabinern, die sie den Portugiesen abgekauft hatten. Im Mai 1915 fing man mit der Missionierung der Ureinwohner an, als der Jesuit Hanquet einen Katecheten nach Ngoa schickte. Die Jesuiten hatten es dann eilig, weil sie hörten, dass auch die Protestanten in der Region aktiv wurden.

1920 hatte die *Mission de Ngoa*, die Missionsstation, bereits 4310 getaufte Christen vorzuweisen.

Zweimal im Jahr besuchten Abgesandte die Dörfer und impften die Bewohner gegen tropische Krankheiten. Das ganze Dorf erschien jeweils und ließ sich impfen. Schlafkrankheit, TBC und Malaria wurden so bekämpft. Ansonsten war den Belgiern die Bevölkerung weitgehend egal, es sei denn, man benötigte Zwangsarbeiter für den Bau der Eisenbahnverbindung Matadi–Leopoldstadt oder für die Zinnminen von Maniema. Ab 1942 mussten die Yaka hohe Gummiquoten erfüllen. Um der Knechtschaft zu entkommen, flüchteten sie immer häufiger tief in den Busch. Überall, wo das Dampfboot der Belgier gesichtet wurde, verschwanden die Yaka im Urwald.

»*Opposition occulte et passive au regime colonial*«, hielt der belgisch-kongolesische Verwalter fest. Der Gouverneur Pétillon sagte über Kwango: »*Pays pauvre, gens pauvres et difficiles à civiliser. Beaucoup de travail.*«

Der stellvertretende Regionalverwalter André Ryckmans schrieb hingegen: »*Les Bayaka sont une race vive, artiste, malicieuse.*«

28

Nach dem Tod von Rektor Lecompte ging ich ins Servico in Kinshasa, in der Avenue de la Justice. Ich wollte Klarheit über meine eigene Situation erlangen. Im Innenhof hörte ich, wie der alte Pater Bernard, der neue Rektor, energisch auf einer mechanischen Schreibmaschine tippte. Die Tür zu seinem Büro stand auf, eine hölzerne Antilopenfigur verhinderte, dass sie zuschlug. Ich klopfte und setzte mich direkt vor ihn. Auch ihm sagte ich, dass ich am liebsten nach Kwango aufbrechen wollte.

»Zu welchem Zweck?«, wollte Bernard wissen. Er schob einige Papiere zur Seite und blickte mich konzentriert an. Er hatte weißes, welliges Haar und war für sein Alter sehr agil, aber Kopf und Arme bedeckten unzählige Altersflecke.

»Ich möchte ihre Sprache erlernen. Rektor Lecompte hat das unterstützt.«

Kurz schüttelte Bernard den Kopf. Nach einigen kritischen Fragen von ihm konnte ich nicht mehr abstreiten, dass dieser Plan doch sehr auf eine Flucht ins Ungewisse hinauslief.

»Und wenn du dann ihre Sprache beherrschst, was dann?«

»Das werden wir dann sehen.«

»Ja, das werden wir dann schon sehen«, sagte Rektor Bernard. Er stand auf und ich ging mit ihm nach draußen. Auf dem riesigen Servico-Gelände befanden sich Schulen, eine beeindruckende Bibliothek, Wohnungen und Sportanlagen. Mitten in dem Komplex hatte man sogar ein Stückchen unberührten Urwald erhalten. In den Buscheichen saßen fette Eidechsen, blau glänzende Kolibris und große Vögel, die wie Alarmsirenen kreischten. In einem großen Bambuswald lag eine Kapelle versteckt. Bernard und ich gingen am Natursteinaltar und an einem alten Termitenhügel vorbei und liefen auf einem schmalen Weg hangaufwärts.

»Das hier ist mein Pfad«, sagte er, »ich habe ihn selbst angelegt.«

Wir stiegen zwischen den Büschen nach oben. Der Pfad mündete auf einen schmalen Kiesweg. Wir liefen über einen kurz geschnittenen Rasen und eine dicke Mango zerplatzte vor unseren Füßen. Überreifes Fruchtfleisch und Saft spritzten auf.

Da, in der klaren Luft, stand ein großes, schnörkelloses Gebäude mit gusseisernen Fensterrahmen und hohen Metalltüren. Wir betraten es. In den großzügigen Fluren filterten Glasbausteine das Tageslicht und färbten es ein. Safrangelb, ein kräftiges Rubinrot, Malachitgrün.

Auf die Bitte von Bernard hin legte der Archivar des Zentralarchivs einen Stapel Tagebücher vor mich auf den Tisch. Es handelte sich um die *diaires* von Patern, die seit den frühen Jahren in Popokabaka gearbeitet hatten.

»Früher habe ich dort auch unterrichtet«, ergänzte der Archivar. Latein, Französisch, Erdkunde und auch Ästhetik. Er zeigte mir seine Unterlagen für den Kunstkurs, darunter waren zahlreiche Schwarz-Weiß-Drucke: *L'art nègre*, daneben ein kubistisches Porträt von Picasso und Vermeers *Das Mädchen mit dem Turban.* »Wen findet ihr am schönsten?«, fragte er dann seine Schüler. »Die Fetischfigur, das zerbrochene Frauengesicht von Picasso oder das holländische Porträt?«

Und nach den Antworten: »Was genau findet ihr schön?«, woraufhin er die verschiedenen Stile erläuterte.

Drei ganze Tage las ich in diesen alten Tagebüchern der Mission in Popokabaka. Aus den Aufzeichnungen erfuhr ich, wie die Pater mit zerlegbaren Dampfbooten die großen Flüsse befuhren, gefährlichen Stromschnellen und Sandbänken trotzten. In den Tagebucheinträgen hatten sie detailliert festgehalten, wie ihr Alltag aussah, die Ernte, die Gebäude, der Katechismusunterricht, das vielfältige Gemeindeleben und die kirchlichen Zeremonien. Dazwischen standen immer wieder Beschwerden über Fehlverhalten und Verbrechen der Handelsagenten. Die Pater stellten das brutale Regime von König Leopold II. an den Pranger und litten unter ihrer eigenen Ohnmacht. Ich stieß auch auf kritische Anmerkungen zum Gummihandel der Compagnie du Congo Belge.

Mir fiel eine Lücke in den Einträgen zwischen Mitte 1959 und Mitte 1961 auf. Die Jahre fehlten ganz einfach. Wo waren die Verfasser in dieser für die Unabhängigkeit entscheidenden Zeit? Ich fand nur ein einzelnes loses Foto, auf dem der VW des Bischofs zu sehen war. Auf der Rückseite stand in einer geradlinigen Handschrift: »*A l'époque on se déplaçait en VW à travers tout le Congo.*«

Manchmal waren auch Fotos direkt in die Tagebücher geklebt worden, beispielsweise anlässlich des Besuchs des Generaloberen des Ordens. Aus einem Sportflugzeug, das mich an eine Libelle erinnerte, stiegen vier Männer in wehenden weißen Soutanen. Sie lachten ausgelassen, wie Jungs auf einem Schulausflug. Close-up: Sie trugen die typische Lumumba-Brille jener Jahre, ihre Kinnbärte waren lang und unfrisiert. Aufgereiht lauschten sie dem kongolesischen Lehrer, der eine Begrüßung vorlas. In den lichtdurchfluteten Räumen von *Le Mission* tranken sie Kaffee und unterhielten sich mit den Missionsschwestern. Auf einem anderen Foto nippen sie an kleinen Gläschen.

Danach erfolgte der ersehnte Besuch eines sogenannten einheimischen Dorfes; die Pater wie große weiße Götter, zwischen tanzenden Kindern in Raffiaröckchen, eine alte Frau mit verschrumpelten Brüsten. Auf jedem Foto war der ranke *père général* zu sehen, mit seiner kantigen Nase und dem Kahlkopf. Er wirkte steif und beherrscht. Vorsichtig schüttelte er die Hände, die sich ihm entgegenstreckten.

Am Abend, nach dem Besuch des Archivs, setzte ich mich zu den Patern an den Tisch zum Abendessen. Als einziger Weißer saß ich zwischen den zehn kongolesischen Priestern und Scholastikern. Der Subminister bediente jeden am Tisch und schöpfte die Suppe aus. Das brauchte Zeit, aber so sollte es sein.

»Wer waren wir früher eigentlich?«, fragte einer meiner Tischgefährten etwas spöttisch.

»Ja, manchmal fragt man sich, wer wir früher eigentlich gewesen sind«, stimmte der Subminister ein und gab somit ein Signal, dass das Gespräch eröffnet war.

»Neger«, sagte jemand. »Früher waren wir Neger, *les Nègres*. Manchmal auch nur ›der Neger‹.«

»Und dann waren wir *les noirs*«, warf ein anderer schnell ein. »Manchmal mit einem Großbuchstaben *les Noirs*.«

»Ich weiß noch eine Bezeichnung«, sagte der Nächste verschmitzt. »*Les Aborigènes de l'Afrique*. Man nannte uns auch ›die sogenannten Primitiven‹.«

Auf vielen Gesichtern am Tisch zeigte sich ein Grinsen. Das *fufu* wurde weitergereicht. Auch hier bestand der Subminister darauf, jeden persönlich zu bedienen.

»Wir waren *les gens de couleur du Congo et du Ruandi-Urundi*«, ergänzte jemand.

»Wir waren Bantu«, sagte jemand und betonte das wie ein Weißer, der versucht, seine primitiven wulstlippigen schwarzen Mitmenschen nachzuäffen. Die Tischrunde hätte beinah laut losgeprustet.

Derjenige, der die Frage aufgebracht hatte, schien noch nicht zufrieden mit diesen Antworten zu sein, er machte eine ungeduldige Geste. »Wir waren natürlich auch *les indigènes*, die Eingeborenen«, sagte er.

Es wurde still am Tisch.

Der Subminister beendete das Gespräch: »Zuerst waren wir Einwohner von Belgisch-Kongo, dann von Kongo, dann von Zaire.« Während er das sagte, entfernte er zwei störrische Fussel von meiner Schulter.

Das Gespräch verlief bislang freundlich und oberflächlich, aber ich hatte den Unterton herausgehört und verstanden. Niemand ergriff das Wort. Bis ich fragte: »Und wer waren dann wir Belgier, in dieser gemeinsamen Geschichte?«

Der Subminister zitierte: »Von allen Völkern Galliens sind die Belgier am tapfersten.«

Am Schreibtisch in meinem Zimmer las ich an den Abenden zum wiederholten Male Plancquaert. Von alters her, so schrieb er, habe man die Yaka für kriegssüchtig gehalten. Vor allem ihre Zauberer waren berüchtigt und gefürchtet. In Kinshasa nannte man sie die Streitlustigen, aber sie hatten die besten Heiler und Wahrsager, das sagten alle. Und so hatte es der schmerzlich vermisste Plancquaert aufgeschrieben.

Ich konnte gar nicht schnell genug nach Kwango aufbrechen.

Achtundzwanzig

Remi hatte erzählt, er habe damals auch ein anderes Archiv in der Nähe besucht. Deshalb saß ich jetzt ebenfalls dort. Der Archivar zeigte mir dieselben Tagebücher, die Remi damals gelesen hatte. Der Archivar war natürlich mittlerweile ein anderer, es waren schließlich fast fünfzig Jahre vergangen, aber die Tagebücher, der Lesetisch, die Stühle, die Gardinen etc. hatten den Lauf der Zeit überstanden. Man würde die Einrichtung heute vermutlich als »Vintage« bezeichnen. Mir schien es in meiner kleinen Zeitkapsel, als würde ich den jungen Remi selbst dort sitzen sehen, tief in die Dokumente versunken. Was ich damit meine: In meiner Vorstellung teilten wir uns quasi einen Platz.

»Möchten Sie etwa alle Tagebücher aus Kwango so gründlich lesen?«, fragte mich der Archivar.

Aber so fanatisch wie Remi war ich dann doch nicht. Ich blätterte durch ein umfangreiches grünes Fotoalbum, das den Titel *Nova et vetera* trug. Es fing mit dem Jahr 1917 an, und zwar mit einem Reisebericht über Klöster in Kisantu, zeigte Porträts unterwürfiger Einheimischer, allerdings war man so aufmerksam gewesen, ihre Namen in zierlicher Schrift neben den Fotos festzuhalten. Außerdem stieß ich darin auf Bilder junger, kräftiger Stiere, eine Marienstatue, die hübsch auf Palmblättern in Szene gesetzt wurde, viele Katecheten, ein Beschneidungslager in Kikwit, Kinder mit Schlafkrankheit und, und, und. Auf allen Seiten befanden sich kleine braune Flecken und Klebstoffspritzer.

»Kennen Sie *Ngando*?«, wollte der Archivar von mir wissen.

Ich schüttelte ahnungslos den Kopf und schaute zu ihm hoch.

»Kennen Sie das Buch *Das Krokodil*, auf Kongolesisch *Ngando*?«, fragte er nach.

Davon hatte ich noch nicht gehört. Remi hatte es nicht erwähnt.

»Das Buch ist fantastisch, aber heikel. Es geht darin auch um einige Gewalttaten.«

»Gewalttaten? Meinen Sie Mord, geht es darum?«

»Unter anderem, manchmal opfern Stammesführer Menschen, damit sie an ihre Augen kommen und so das dritte Gesicht erlangen, oder wegen ihrer Lippen, damit sie richtig sprechen, oder wegen ihres Geschlechtsteils, in dem sich alle Macht konzentriert. In den alten Texten tauchen solche Geschichten regelmäßig auf: Ein Missionar wird von einem Dorfältesten aufgesucht, der ihn fragt, ob er ›es‹ schon gegessen habe. Diese Geschichten kursieren noch immer. Die Führer brauchen menschliche Opfer, um größere Macht zu erlangen.«

Remi hatte mich vor solchen Erzählungen gewarnt. Er hatte gesagt: »Bei Menschenopfern handelt es sich vor allem um mächtige Vorstellungen.«

Ich fing sofort an, *Ngando – Le crocodile* zu lesen. Verfasst hatte es der Kongolese Paul Lomami-Tshibamba. Vorne im Buch befand sich ein Foto des Autors. Ein Dreißiger in vornehmer, städtischer Kleidung, in der Brusttasche trug er das obligatorische, etwas geckenhafte Einstecktuch. Lomami-Tshibamba wurde für dieses Buch 1948 der Preis der Foire Coloniale de Bruxelles verliehen. In der Laudatio wird sein feiner, scharfsichtiger und grammatikalisch einwandfreier Stil gelobt.

Im Vorwort skizziert der Autor sein eigenes Leben: Er wurde 1914 geboren und verbrachte die Jugend an den Ufern des Kongos. Plötzlich auftretende Taubheitsepisoden machten ihn hypochondrisch, stimulierten aber auch eine meditative Seite an ihm; er fing an, die Stille der Bibliotheken zu lieben. Dort entdeckte er die Werke von Jules Verne und Edgar Allan Poe. Er lernte Maschinenschreiben und fand eine Anstellung als Schreibkraft. Außerdem erfährt man über den Autor, dass er verheiratet ist und seine zwei kleinen Töchter gestorben sind: »*Nous n'avons plus d'enfant et, ce qui pis est, n'espérons plus en avoir ...*«

Ich schaute auf und sah, dass mich der Archivar von seinem Schreibtisch aus beobachtete, während ich gebannt in *Ngando* las. Er sagte: »Das Buch handelt vom Bösen. Sind Sie sich dessen bewusst?«

»Existiert das Böse denn an sich?«, entgegnete ich. »Das Böse, substantiviert?« Ich war mir nicht sicher, worauf er hinauswollte.

»Lesen Sie erst einmal weiter«, sagte der Archivar. »Sie erinneren mich übrigens an den jungen Remi, wie er damals an diesem Platz saß.«

»Wie können Sie das wissen?«

»Dieses Bild drängt sich doch auf.«

Ich las weiter. In *Ngando – Le crocodile* beschreibt Lomami-Tshibamba die Hauptstadt Kinshasa am Stanleypool, wo das Wasser des Kongos breiter wird, bevor er kraftvoll über zweiunddreißig Wasserfälle zwischen den Mangengenge-Bergen in Richtung Matadi strömt. Am ersten Wasserfall gibt es eine große, flache Steinplatte. Hier versammeln sich die ertrunkenen Seelen in Gestalt von bösen Wassergeistern. Sie haben eine weiße Haut. Der Sand am Ufer erzeugt ein merkwürdiges Geräusch, wenn man über ihn läuft: Es seien die Ertrunkenen, die jammerten und klagten, schreibt der Autor.

Nebenbei bemerkt er, dass die Weißen nicht an diese schwarzen Wahrheiten glauben würden.

Außerdem behaupte sich unter den Kongolesen die Überzeugung, dass mitten im Fluss eine Geisterinsel existiere, auf der sich die Fischer in Halbgeister und Halbmenschen verwandelten. Sie würden dort Hexensabbat feiern, schreibt Lomami-Tshibamba, und das *ngando*, das Krokodil, bringe ihnen die Opfer. Diese Krokodile stellen sich in den Dienst von Fetischisten, die in den Leib des Krokodils kriechen und so Menschen jagen und verschlingen. Wer von einem Krokodil gepackt wird, ist verhext.

Das war natürlich buchstäblich ein gefundenes Fressen für meine Abschlussarbeit. Ich machte mir Notizen und fotografierte den Text mit meiner Digitalkamera ab.

Später tranken der Archivar und ich einen Kaffee im großen Salon der Jesuiten. Vierzehn Sessel aus weißem Metall standen im Raum, gepolstert mit schwarzen Kunstlederkissen. Auf dem Tisch in der Mitte lag die Zeitung *Le Potentiel*; gestern wurde jemand in Kinshasa niedergeschossen, ein anderer protestierender Mann war nur knapp den Kugeln entkommen.

»Der Präsident will die Wahlen verschieben, koste es, was es wolle«, las der Archivar aus der Zeitung vor.

Hinter ihm hing ein beeindruckendes Gemälde von Dijlatendo: stilisierte Vögel und Fische, Männer in Raffiaröcken und zwischen ihnen bewegten sich merkwürdige Gestalten mit Sichelhänden, eine hatte einen großen Krokodilkopf.

Remi und ich hatten schon über die grauenerregenden Geschichten gesprochen, die in der Yaka-Ethnografie dokumentiert sind. Ich hatte beispielsweise gelesen, dass früher bei der Beerdigung eines Stammesführers auch zwei Sklaven ins Grab gestoßen wurden; man hatte sie enthauptet oder ihnen zumindest Arme und Beine gebrochen. Manchmal wurde der Stammesführer auch mit einer gehängten Frau begraben. Auf diese Art konnten sie ihm auch im neuen Leben dienen.

Remi hatte mich unbeeindruckt, sogar skeptisch, angesehen. Zu Hause auf dem Bauernhof konnte er als Junge ein Huhn zwischen die Beine klemmen und ihm den Kopf abreißen, sagte er. Gut gelaunt half er beim Schlachten der Schweine, stand mitten im Blut – aber im Kongo weigerte er sich sogar, auch nur ein Huhn zu töten.

Ich verstand nicht, was er mir sagen wollte.

Er sagte: »Kannibalismus ist ein Symbol für die Destruktion des sozialen Ich.« Er führte aus, dass alle Menschen – egal in welcher Kultur – dieselben großen Fragen hätten und schließlich dieselbe große Unfähigkeit zur Gemeinschaft erfahren müssten. »Jede Generation fängt wieder von vorn an, die Menschheit zu erfinden, und in jeder Kultur kommt es zur Verstümmelung, immer.«

»Immer?«

»Ja, immer. Immer, egal wo.«

Teil 4

Kwango

29

Morgens um fünf verließen wir in einem alten Toyota die Hauptstadt. Im Auto saßen Pater Metena, zwei weitere kongolesische Pater, ich sowie unser Fahrer Bertin. Das Auto war bis an die Decke mit verschiedensten Dingen vollgestopft. Von der Hauptstadt nach Popokabaka waren es vierhundertfünfzig Kilometer.

Endlich, dachte ich. Endlich bin ich aufgebrochen. Zum ersten Mal hatte ich nicht mehr das Gefühl, vor dem Bauernhof in der Westhoek zu fliehen.

Unterwegs stimmte Bertin in die ermüdenden Refrains der Kirchenlieder ein, die im Radio vor sich hin plätscherten. Als wir am Morgen um halb acht durch ein Dorf fuhren, hielt uns ein bewaffneter Polizist an. Im Dorf wurde die kongolesische Fahne gehisst. Danach folgte umständlich der militärische Gruß, wie es das Protokoll verlangte.

»Ein Erbe der Kolonialzeit«, informierte uns Metena. »Nur die Farben der Fahne haben sich in der Zwischenzeit geändert. Übrigens, der Flaggenmast steht genau dort, wo früher die Peitsche ihren Dienst tat.«

Das klang bedrückt, aber auch der politische Unterton war nicht zu überhören.

Kleine Jungen boten ihre Ware an: dicke, ölfarbige Raupen. »*La route est bonne*«, lachte Bertin und nach einigen Verhandlungen kaufte er ihnen den ganzen Vorrat ab. Der Nebel verzog sich und schon bald fuhren wir durch eine leere, hellgrüne Ebene, mit einem verschwommenen Horizont in der Ferne. Gelegentlich kamen wir an Männern auf Fahrrädern vorbei, die Holzkohle oder Wasserkanister transportierten. Auch Kinder mit Macheten sahen wir.

Nach zweihundert Kilometern verließen wir die Hauptstraße, die nach Kikwit führte, und bogen rechts ab, in südliche Richtung. Ohne Vorwarnung befanden wir uns in einer anderen Zeit. Stundenlang bretterten wir über schlechte Sandpisten, für die man eigentlich einen Geländewagen mit Vierradantrieb gebraucht hätte. Wir passierten armselige Dörfer aus zwanzig oder dreißig rechteckigen Hütten aus Gras oder Lehm, die in einem umzäunten Kral zusammenstanden. Innerhalb des Krals hatte man die rotbraune Erde gefegt. Männer und Frauen starrten uns an. Bewegungslos saßen sie im Schatten. Einige Kinder riefen erstaunt *»mundele«*, wenn sie mich im Auto entdeckten; sie hoben den Daumen. Ich winkte zurück, hob auch den Daumen.

Der Busch war aufregend, anstrengend, voller Risiken. Die Straße verlief zwischen den Schlangenlinien der Karren, manchmal liefen zehn Wagenspuren kreuz und quer durcheinander, manchmal nur eine einzige, tief eingegraben in der sumpfigen Erde zwischen dem grünen, wehenden Gras der Savanne. In Kwango existierten nur solche Pisten als Transportwege. Es gab keine Eisenbahn oder gar Flughäfen, nur einige Flüsse voller Sandbänke, Wasserfälle und Stromschnellen. Die Flüsse zerschnitten feuchte, schwüle Waldgalerien mit zwanzig Meter hohen Bäumen und einem hellen Blätterdach.

Einmal begegneten wir einem jungen Pater auf einem Moped. Aus seinem Rucksack zauberte er violettrote Früchte hervor, die Bertin mit den Händen aufbrach. Es waren süße, klebrige Mangostanfrüchte, die mich an Litschis erinnerten. Bertin zeigte mir, wie man sie isst. Im nächsten Dorf beschimpften uns einige Kinder und riefen, Bertin habe letztes Mal ihren Hund angefahren.

»Das war ich nicht«, schnaubte Bertin zurück. Sein Ausruf klang irgendwie halbherzig. Er rief noch, dass wir es eilig hätten. Ohne anzuhalten, fuhren wir weiter. Bertin schwieg nach dieser kleinen Episode verschlossen. Er kaute die ganze Zeit auf dem Unterkiefer herum und sagte dann etwas Abfälliges über Hunde: Sie seien nicht treu, nur unterwürfig, charakterlos, und wenn sie doch treu wären, wisse man nicht wem.

Meine Augen streiften über die flimmernde, heiße Ebene. Ich genoss es, in diese weite schiere Unendlichkeit zu schauen, nur hier und da wuchsen Sträucher oder kleine, verstreute Bäume. In der Ferne tauchten die blausilbrigen, majestätischen Hügel Angolas auf.

Wusste ich eigentlich, was ich dort suchte?

Wir erreichten Ndembla, wo man spontan ein Fest für uns ausrichtete. Oder war es schon in vollem Gange, als wir eintrafen? Man wies uns Stühle an. Kleine Mädchen, die kaum acht waren, inszenierten eine Szene: eine Darstellung aus dem *ngoombo*-Kult, informierte uns Metena. Eines der Mädchen legte einige Gegenstände auf ein Tuch, sang und fing an, wild zu tanzen. Weitere Mädchen kamen dazu. Das war alles zunächst sehr unschuldig, aber ihr Tanz wurde provozierender, sogar erotisch.

Wir fuhren weiter und schwiegen eine ganze Weile, die Mitfahrer auf der Rückbank machten ein Nickerchen, aber ich blieb wach und musste gebannt auf die Landschaft schauen. Nichts ist festgelegt, dachte ich, alles liegt offen vor mir, gerade passiert etwas Unumkehrbares.

Der Fahrer erläuterte die Bedeutung von »Popokabaka«: »›Popo‹ ist das Geräusch des Fällens, ›kaba‹ das Umstürzen des Baums.«

Wenige Kilometer vor Popokabaka hielten wir an einem halbverfallenen, aschgrauen Gebäude in der Savanne. Früher war es ein Wartehäuschen gewesen, denn vor einiger Zeit hatte es hier noch eine Landebahn für kleine Privatflugzeuge gegeben. Hier landeten die Doppeldecker von Air Brousse, für die wöchentliche *vivres frais*-Lieferung, aber vor einigen Jahren wurde die Verbindung eingestellt.

»Die Belgier haben Popo verlassen«, sagte Bertin.

Endlich kamen wir in La Mission an, dem höhergelegenen Teil von Popokabaka, wo sich die bischöflichen Gebäude, das Kloster, das Waisenhaus, der Schulkomplex und die Kirche befanden, die man übrigens hier Kathedrale nannte. Vor der Kathedrale erstreckte sich eine große Wiese, auf der einige hohe Palmen sowie ein großes Kalvarienkreuz standen. Auch eine Lourdesgrotte hatte man angelegt. Hinter Armierungseisen stand eine eingemauerte Marienfigur, die jemand mit wenig Geschick bemalt hatte.

Wir wurden von einem spindeldürren Missionar um die siebzig empfangen; er schien nur aus Haut und Knochen zu bestehen. Bleich und sehr nervös tauchte er exakt im richtigen Augenblick auf, als hätte er gewusst, dass wir genau dann ankommen würden. Sofort erkundigte er sich, ob ich einen Aperitif zu mir nehmen wolle, ob ich Medikamente einnehme oder ob ich möglicherweise zunächst auf Toilette müsse. Während er das fragte, schenkte er sich bereits einen lauwarmen Whisky ein. Er trank das Glas mit kleinen Schlucken aus, ohne abzusetzen.

»Oder möchtest du ein Bier?«, fragte er. »Wir haben hier auch Pastis und Poire Williams.«

Er stellte sich als Renard vor. Renard? Der Name kam mir bekannt vor. War er nicht einer der Pater, die schon vor Jahren Figuren und Fetische an das kleine Musée du Kwango geschickt hatten?

Er nickte, lachte kauzig durch die Nase. »Ja, der Renard bin ich. Als ich vor langer Zeit in Kwango eintraf, zogen Mädchengruppen in rotem Samt durch das Wamba-Tal; auch ihre Gesichter waren rot geschminkt. Sie liefen von Dorf zu Dorf, um die Hüften hatten sie sich Zweige gebunden und im Mund trugen sie einen kleinen Spiegel. In den Dörfern forderten sie Nahrung von den Stammesführern und aßen diese auf den Friedhöfen. Überall verkündeten sie, die Belgier würden bald verschwinden. Von diesem Zeitpunkt an erfüllte niemand mehr seine Arbeitsverpflichtung, die Corvée. Die Menschen warfen auch ihre Fetische weg, sie verwüsteten sogar ihre eigenen Felder.«

Renard schenkte sich noch einen Whisky ein und zupfte eine verwelkte Blume aus einer Vase auf dem Tisch. Er sagte, er sei krank, wolle aber unbedingt in Popo bleiben.

»Aber warum warfen sie die Fetische weg?«

»Weil nun alles seinen natürlichen Gang gehen würde. Sie warfen die Fetische auf einen großen Haufen. In der Nacht habe ich die schönsten Figuren herausgesucht. Sie stanken nach altem Hühnerblut, der Fäule des Sumpfes. Auf meinem Zimmer schrubbte ich sie mit Bleiche ab. Einige eher kuriose Exemplare waren übrigens außergewöhnlich gut ausgestattet.«

Renard prustete los und musste dann fürchterlich husten. Kräftig, zwanghaft rieb er sich über die juckenden Unterarme. Dann kam er wieder zur Ruhe. Er schwenkte den letzten Schluck Whisky in seinem Glas und trank ihn dann aus.

»Was ich damit sagen will: Die alten Figuren besaßen große Genitalien. Die konnte ich so doch nicht verschicken? Die größten Stücke habe ich abgesägt.«

Er schenkte sich nach. »Wir haben dann den ganzen Haufen angezündet und gossen Weihwasser in Eimer und große Tonnen. In der Kirche standen zwei Fässer mit je zweihundert Litern. Mit Ignatiuswasser besprenkelte ich die Bäuche schwangerer Frauen. Ich habe damals alles gesegnet, was man mir hinhielt, sogar Gewehre. Vierzehn Tage später war die Weihwasserbewegung Geschichte. Ich schickte die Figuren nach Belgien.«

Der alte Missionar hatte sich mittlerweile an den Tisch gesetzt. Ungeschickt hantierte er mit Geschirr und Besteck und aß dann mit der Eile eines alten Mannes. Noch bevor alle mit Essen fertig waren, räumte er schon wieder ab. Er müsse nun dringend einen Verdauungsschlaf halten, sagte er.

Ich aß nicht mit den anderen zusammen, weil der Bischof mich erwartete. Ich ruhte mich noch kurz im Gästezimmer aus. Auf dem großen Schreibtisch aus Teakholz stand eine Postkarte, in einem silbernen Rahmen. Es handelte sich um eine Abbildung des klugen bronzenen Kopfes des Ordensgründers Ignatius. Hinter mir bauschten sich die Gardinen in einem sanften Wind. Ich setzte mich auf einen modernen Stahlrohrstuhl und lehnte mich zurück. Ich schloss die Augen. Dann betrachtete ich noch einmal die Karte mit dem berühmten Kopf des heiligen Ignatius.

Trieb ich nur passiv in einem ruhig dahinströmenden Fluss? Oder war ich es selbst, der klare Entscheidungen traf? Wir werden es sehen, dachte ich. Jetzt bin ich wirklich angekommen.

Der Diakon führte mich zum Büro des Bischofs. Auf dessen Schreibtisch lag ein dickes, gelbes Tischtuch, auf dem sich stapelweise Luftpostbriefe türmten, ein kleines Okapi aus Elfenbein diente als Briefbeschwerer. An der Wand stach ein Blumenkranz aus Kunststoff ins Auge, außerdem hingen dort Fotografien von Päpsten und Priestern, aber auch ein Poster mit einem Ferrari vor einem römischen Palast. Ich setzte mich in einen niedrigen Sessel, zwischen voluminösen, bestickten Kissen.

Im Bücherschrank des Bischofs reihten sich alle ethnologischen Publikationen über die Yaka auf, ordentlich in transparentes grünes Plastik eingebunden. Ich erkannte jeden einzelnen Titel, als ich die Buchrücken nacheinander durchging. Dort standen auch Schachteln mit Agfa-Dias und braune Apothekerfläschchen. Nach zehn Minuten trottete der Bischof herein. Ein kleiner schwarzer Mann von etwa vierzig Jahren in einem leuchtend bunten Hemd, mit einem zurückhaltenden Lächeln. Hinter ihm flackerte plötzlich ein Neonlicht wie von Geisterhand. Sofort schloss der Bischof die Außentür ab, damit das aufziehende Gewitter und der Wind sie nicht aufschlagen konnten.

»Dass du genau heute hier eintriffst, ist etwas ganz Besonderes«, begrüßte mich der Bischof, »denn vor exakt fünfzig Jahren kam hier der erste Jesuit an. Verstehst du?«

Nicht wirklich, und ich wusste auch nicht sofort, was ich ihm antworten sollte. Wir tauschten einige allgemeine freundliche Worte. Vor allem er sprach.

Draußen war es rasch dunkel geworden und ein starker Wind kam auf. Der Bischof bat mich, kurz in der überdachten Galerie zu warten. Auf der anderen Seite der Grasfläche gingen Geistliche, sie trugen Taschenlampen. Über ihnen entluden sich bereits die ersten Blitze. Zwischen den Grashalmen tanzten Glühwürmchen. Zehn Minuten später fuhr der Bischof vor, in einem schweren Wagen mit Vierradantrieb. Er brachte mich ins Pfarrhaus, wo man mir ein Zimmer zuwies. Er verabschiedete sich und wünschte mir noch einen schönen Abend.

In meinem Zimmer funktionierte das Licht nicht. Auch auf ein Moskitonetz musste ich verzichten. Das kleine Handtuch war zwar sauber, aber vollkommen zerschlissen. Außer dem Schlafzimmer gab es einen weiteren stockdunklen Raum, so leer, dass mir ein Schauer über den Rücken lief, nur ein einzelner Stuhl und ein riesiger Tisch standen darin. Ich hatte noch nie einen so nackten Raum gesehen. Draußen brach das Gewitter in seiner ganzen Pracht los.

Neunundzwanzig

Ein halbes Jahrhundert später im Kongo. Von Kinshasa aus fuhr ich zum Waisenhaus in Popokabaka. Die Schwestern hatten mir einen Fahrer geschickt. Wir fuhren dieselbe Strecke, die Remi damals hinter sich gebracht hatte. Wir waren sehr schnell unterwegs, sogar etwas leichtsinnig. In mir kam der Gedanke auf, Remi vielleicht sogar überholen zu können. Dann würde ich ihn in Popokabaka erwarten, sehen, wie er aus der Ferne näher käme. Natürlich war das bloßer Unsinn.

Auf dem Weg von Kin nach Popo begegneten wir schaukelnden Lastwagen, auf denen sich Holzkohlesäcke türmten. Hinten auf den Lastwagen saßen oder hingen jeweils fünf bis zehn Männer, geschwärzt wie Bergarbeiter.

Merkwürdigerweise entdeckte ich in Abständen immer wieder denselben Mann am Straßenrand. Er ging gebückt, trug heruntergekommene Kleidung, einen alten grellblauen Cowboyhut. Den langen Wanderstock hatte er sich in den Nacken gelegt, über die Schultern, entspannt ruhten seine Arme und Hände auf den Enden. Wenn wir näher kamen, blieb der Mann stehen, drehte sich um und schaute uns eindringlich an. Immer wieder tauchte dieser Kerl am Straßenrand auf, auch wenn das ein Ding der Unmöglichkeit war. Aber es war immer derselbe Mann.

Ich fragte den Fahrer, ob er ihm auch aufgefallen sei. Er zuckte nur mit den Schultern.

Nein, er habe ihn nicht gesehen, sagte er nach einer Weile. Und auch beim nächsten Mal sah er ihn nicht, beim übernächsten Mal dann aber doch. Vielleicht träumte ich das ja nur? Auf dieser langen Tagesfahrt drang der heiße Staub bis in meine Gedanken.

Der Fahrer listete die Tierarten auf, die in der Savanne lebten. Die Antilope. Der Schakal. Außerdem die Zibetkatze. Die Büffel und das Wildschwein.

»Und Löwen?«, wollte ich wissen.

»Nein, die leben nur noch im Zoo von Kinshasa.«

Ich erkundigte mich nach den Krokodilen in Popokabaka. In Kinshasa hatte ich mir aufgeschrieben, dass die Bangala früher im Kongo Fisch fingen, und als die Bangala von Rebellen vertrieben wurden, wimmelte es plötzlich von Fischen im Fluss. Und das wäre der Grund, warum die Krokodile dort aufgetaucht wären.

Der Fahrer wollte darüber nicht gerne reden. Er sagte, es gebe zwei Arten Krokodile: »Diejenigen, die Gott erschaffen hat, und die Krokodile, die den Menschen Böses wollen und sie auffressen.«

»Glauben Sie wirklich an diesen Unterschied?«

»Die Menschen glauben daran«, sagte der Fahrer.

»Und Sie selbst?«, fragte ich nach, »was glauben Sie?«

Der Fahrer schwieg und konzentrierte sich auf die Straße.

30

Am Abend saß ich in Popo mit den anderen auf der Veranda des Pfarrhauses. Sie führten eine hitzige Diskussion über Politik, mit vielen Anspielungen und Verkürzungen, häufig in einem ironischen Ton. Die kongolesischen Priester und Pater schauten verstohlen zu mir, wenn sie merkten, dass ich dem Streitgespräch nicht mehr folgen konnte. Allerdings erklärten sie mir nicht die Einzelheiten.

Bruder Mitete sang leise den »Indépendance Cha Cha« von Joseph Kabasele. Die anderen summten die Melodie ebenfalls. Ein älterer Bruder, dessen Hemd halb aus der Hose hing und der eine alte gefaltete Zeitung auf den Knien liegen hatte, bemerkte höhnisch, er habe noch nie zuvor ein so fröhliches Liedchen gehört.

»Kennst du das etwa nicht?«, spottete Metena. »Warst du bei der Unabhängigkeit noch nicht auf der Welt?«

»Ach, ich habe es wohl bloß vergessen«, scherzte der alte Bruder. Er hob den Kopf empor und stand kämpferisch auf, sodass sich die Seiten der Zeitung auf dem Boden verteilten. Aus voller Brust stimmte er die Nationalhymne an.

Debout Congolais, unis par le sort
Unis dans l'effort pour l'indépendance
Dressons nos fronts, longtemps courbés …

Lachend sangen die anderen Priester die Hymne mit, manche auf Französisch, andere auf Kikongo. Ein Kongolese sang sogar auf Niederländisch. Einer von ihnen zeigte mir die grün-gelbe Fahne mit der Fackel der Revolution. Daneben ein offizielles Porträt: *le Président-fondateur* mit der Leopardenfellmütze, in der Hand den Stock aus Ebenholz mit dem doppelten Vogelkopf.

Über den Präsidenten erzählte man sich, dass er edle französische Weine schätze, Massagen und gregorianische Musik.

Außerdem trinke er manchmal aus einer geheimen chinesischen Flasche mit einem gelb-schleimigen Inhalt, in der sich eine lebendige Schlange räkeln würde. Nur der Präsident vereine alle Macht in diesem Land auf sich, nur er.

Danach wurde noch unbefangen geplaudert. Wieder wurden die merkwürdigsten Geschichten erzählt, als hätten sie diese eigens für mich aufgehoben. So war kürzlich beispielsweise ein Mann in Kinshasa gestorben, wo er auch begraben wurde. Da er aber in Popo gewohnt hatte, schnitt man ihm zuvor die Nägel und begrub hier – getreu der Tradition – die Nagelschnipsel zusammen mit den Haaren.

Vor nicht allzu langer Zeit wurde der Direktor einer Grundschule beschuldigt, das Kind einer Krankenschwester durch Hexerei getötet zu haben. Das hatte eine neunzehnjährige Nachbarin – eine Wahrsagerin – behauptet. Der Direktor hatte nicht darauf reagiert. »*Et voilà*«, triumphierte man, denn dadurch sah man die Schuld des Direktors als bewiesen an und er musste sich tatsächlich an einem anderen Ort eine neue Arbeit suchen.

Diese Anekdoten wurden zur Unterhaltung ohne weiteren Kommentar oder Erläuterung erzählt. Man fand sie recht amüsant, niemand war schockiert oder beunruhigt. Nur der weiße Pater Jan sagte: »Lieber Gott, wir haben noch so viel zu tun.« Ein anderer resümierte nüchterner: »Beschuldigt wird meistens derjenige, der am ehesten die Kosten für die Beerdigung aufbringen kann.«

Die anderen Pater zeigten keine Reaktion. Einige summten oder pfiffen die Nationalhymne immer noch leise vor sich hin.

An den nächsten Tagen installierte ich Wasserpumpen, jätete Unkraut, war in der Mission unterwegs. Ich versuchte, mich nützlich zu machen. Mit einem der Pater besuchte ich die Kuhhirten im Busch. Wir brachten ihnen Salzblöcke für die Tiere und halfen ihnen, die Kühe zu waschen.

Gleichzeitig verbesserte ich mein Kiyaka. Ich hatte immer eine Basisgrammatik und den Matrizenabzug einer Wörterliste zur Hand.

Das war meine Beschäftigung.

Sie hatten Geduld mit mir. Aber alle hatten ihre Aufgabe, eine andere als ich: Die Missionierung war ihr Lebensinhalt, als Teil eines komplexen Zivilisierungskonzepts, das einst unter dem großen Steuermann Leopold II. in Angriff genommen worden war. Dabei gingen sie zurückhaltend vor. Sie beschränkten sich mittlerweile darauf, Schulen und Krankenhäuser zu errichten; außerdem brachten sie in kleinem Maßstab den Handel mit Salz, Schulbedarf und Plastikbällen in Gang. Wenn sie gebeten wurden, feierten sie eine Messe oder begleiteten Trauernde zum Grab, um dort ein Vaterunser zu sprechen. Sie übten sich in Geduld, drängten sich nicht auf.

Die Yaka hatten einige christliche Gebräuche übernommen, etwa die Vorliebe für christliche Medaillons oder die Verwendung von Palmzweigen, um Blitzeinschläge abzuwehren, und das nicht genug zu rühmende Sankt-Ignatius-Wasser garantierte eine unbeschwerte Schwangerschaft, aber das war es dann auch schon.

Die Pater merkten, dass ich anders als sie war. Einige sagten, ich erinnere sie an ihre eigene Jugend.

»Weshalb?«

»Diese Ungeduld, Unentschlossenheit. Du hast kein Mitleid mit dir, das musst du noch lernen.«

Abends um halb sieben zogen wir uns in die kleine Kapelle zurück. Pater Metena erschien im Messgewand. Das Weiß und Grün verzauberte die Pater und Brüder, egal ob alt oder jung. »Die Welt ist unermesslich«, hob Pater Metena an und mit weit geöffneten Armen deutete er den Raum an, streckte die beiden Zeigefinger von seinem langen Körper weg in die Höhe.

Als sie dem Herrn zur Ehre sangen, schwangen alle leicht im Rhythmus zur Melodie. Ich spürte, wie dieser Rhythmus auch versuchte, Besitz von meinem Körper zu ergreifen. Die Gereiztheit des Tages löste sich auf. Und auch wenn ich nicht singen konnte, umschloss die Kraft, die dieses gemeinsame Singen erweckte, die Gruppe wohlig, das merkte ich – etwa so, wie wenn wir sonntagnachmittags zusammenkamen, jemand feierlich »*Au travail*« sagte und wir ein oder zwei Gläser Ricard mit Eis tranken.

Dreißig

Ich wohnte im Waisenhaus von Schwester Espérance, am Rand von Popo, wie Remi es mir empfohlen hatte. Schwester Espérance, die ich schon in Limal getroffen hatte, und ihre belgische Mitschwester Beatrice erwarteten mich. In einem großen Bogen hatte man violette Hibiskusblüten um das Eingangstor geflochten. Ein magerer Hund lag faul im Hof herum.

»Er ist bissig«, warnten mich die Schwestern, als ich den Hund streicheln wollte.

Endlich konnte ich das ganze Geld und auch das Gepäck loswerden, das sie mir in Belgien mitgegeben hatten. Mein Zimmer lag auf der Rückseite des Waisenhauses. Es gab zwar eine Dusche, aber die war nicht angeschlossen. Stattdessen stand dort ein gefülltes Wasserfass mit einer Schöpfkanne und einem Wischmopp. Im Waisenhaus strömten rund dreißig Kinder zusammen und bestaunten mich neugierig. Sie starrten mich an, befühlten meine Finger, Fingernägel, die hellblauen Adern unter der weißen Haut. Fasziniert und überrascht berührten sie meinen Adamsapfel.

Ich spielte Domino mit ihnen oder wir spazierten gemeinsam zum kleinen Fluss. Zum Kwango selbst gingen die Kinder nie, den dort gebe es, wie sie erzählten, Krokodile, die Menschen fräßen.

Ich fragte sie, ob sie schon selbst ein Krokodil gesehen hätten.

Nein, ein Krokodil hatten sie noch nie in echt gesehen. Wir unterhielten uns auf Französisch, aber ich brachte ihnen bei, auf Englisch zu zählen: *one, two, three, four* und dann *high five*.

Auf dem Rückweg zeigten sie mir nebenbei den Weg zum Friedhof. Erst dann fielen mir im hohen Savannengras hier und da ein Haufen Steine, eine Pfanne oder ein Kinderschuh auf einem Stock auf. Ganz vorne sprangen mir zwei identische Sandhügel ins Auge, direkt nebeneinander.

»Ein Zwillingsgrab«, sagte Jean-Baptiste, ein sechsjähriger Junge, der mir gerne Gesellschaft leistete.

Ich ging zum Bürgermeister, um mich offiziell anzumelden. An der Tür seines Büros hing eine Nachricht: *»Pas de réception, ne pas insister.«* Eine lockere Dachrinne wartete schon einige Zeit auf eine Gelegenheit, endlich komplett herunterzustürzen. Auf die Außenwand hatte jemand gemalt: *»Courtoisie, fermeté, honnêteté.«*

Der kleine und schlanke Bürgermeister, Alexandre Nsiku, saß draußen auf einem niedrigen Holzstuhl unter einigen Bäumen neben dem Fahnenmast. In einem großen Halbkreis um ihn hatten sich seine Mitarbeiter versammelt. Drei von ihnen trugen ein Kabila-Hemd. Bürgermeister Nsiku sprach ruhig und überzeugend, alle hörten ihm zu. Ich wartete, bis die Versammlung zu Ende war.

Der Bürgermeister freute sich offensichtlich, dass ich vorhatte, hier zu schreiben. Er schreibe auch, sagte er. *»Des lettres«*, unterstrich er.

Hinter ihm hing ein Farbposter mit den vier kongolesischen Präsidenten, die Zeit hatte sie versöhnlich nebeneinander platziert. Fast schon zärtlich betrachtete sein Mitarbeiter meinen Ausweis, stempelte ihn und trug meinen Namen in ein Register ein. Dreißig Dollar. Drei Angestellte mit einem Halsbändchen und einem Plastikbutton starrten mich an. Ich war der erste weiße Fremde, der hier seit Monaten vorbeigekommen war.

Ich wollte wissen, wie viele Menschen in Popokabaka lebten. Müde bewegten sich die Hände des Stadtoberhaupts über den schweren Schreibtisch. Sie schwebten magnetisch über den Memos, die haufenweise auf der Tischfläche verteilt lagen. Die Notizen waren mit roter, blauer und grüner Tinte geschrieben worden; die bunten Kugelschreiber lagen daneben. Er wolle mir unbedingt die exakte Zahl mitteilen, sagte er. Drei Minuten später ergänzte er: »Darum habe ich erst kürzlich eine Studie in Auftrag gegeben.«

Groß und schlank erschien seine Assistentin neben ihm; sie trug einen blendenden blau-gelben Wax-Baumwollstoff. Sie wies auf eine Zahl in einem der Dokumente. Der Bürgermeister nickte. Er sagte: »Unsere Stadt zählt neunzigtausend Einwohner.«

Der Bürgermeister schaute zu mir auf und sagte mit unbewegtem Gesichtsausdruck: »Wir sind wahre Meister der Verwaltung. Das haben wir von euch gelernt.«

Er legte das Papier mit der Einwohnerzahl zurück auf den Schreibtisch. »Es könnte Popo besser gehen. Zuerst sind die Kaffeeplantagen verschwunden, die *huileries* und die *savonneries*, jetzt auch die Reisfelder. Die Menschen misstrauen einander. Es gibt viel Missgunst, *de la critique stérile.*«

Ich fragte ihn auch, ob er herausfinden könne, wann genau Remi hier gewesen sei. Das sei lange her, antwortete er, fast fünfzig Jahre.

Er stand auf und zeigte mit einer dramatischen Geste auf ein großes Loch in der Wand. »Da war der Safe, den die Rebellen vor Jahren mit Sprengstoff in die Luft gejagt haben.«

Bis heute lag die massive Safetür immer noch mitten im Raum auf dem Boden, unübersehbar, als anhaltende Klage.

»War viel Geld darin?«, fragte ich.

»Nein, das nicht, aber sie haben unser ganzes Archiv verbrannt.«

Das schmerze ihn jeden Tag aufs Neue. Er sei studierter Historiker, erläuterte er. Heute schien es so, als habe man ihnen ihre Geschichte gestohlen, sie sei verschwunden, habe sich einfach in Luft aufgelöst. In den Postfächern lagen seit Jahren Briefe und Päckchen, die niemand abholte. Warum beleuchtete das Licht der Tropen das alles so gnadenlos?

Verwahrlosung und Arbeitslosigkeit schienen hier auf Unfähigkeit hinzudeuten, sogar auf bloße Dummheit und

Verantwortungslosigkeit, aber das war nur die triviale Maskerade der Armut. Ich schämte mich, vor allem wenn sie sich mir gegenüber freundlich und unterwürfig benahmen. Ich glaubte, mehr schmerzliche Details ihrer Geschichte zu kennen als sie selbst, aber da war ich mir nicht ganz sicher. Ich hatte das Buch von Hochschild über den Genozid im Kongo gelesen. Die Zwangsarbeit, die Lieferquoten, die Peitsche aus Nilpferdhaut. Ich fragte mich die ganze Zeit, wie komplex ihre Erinnerung an die Kolonialzeit war. Ich hörte darauf, was sie zwischen den Zeilen sagten. Der Bürgermeister sagte über die Vergangenheit: »*On ne se fâche pas, mais c'était injuste.*«

Abends war ich todmüde. Gemeinsam mit zwanzig Waisenkindern und den zwei Schwestern schaute ich mir Fußball im Fernsehen an, der afrikanische Cup des Nations fand gerade statt. RDC Congo spielte gegen Sambia, Endstand: 1:1.

Bevor ich schlafen ging, erzählte Schwester Espérance von den Männern, die an den Fluss gingen, eine Krokodilhaut überzögen und zu einem Krokodil würden. Sie berichtete davon genau so, wie ich es gerade in Kinshasa gelesen hatte, in *Ngando – Le crocodile*, jenem Buch aus dem Jahr 1949.

»So erzählt man es sich hier bis auf den heutigen Tag«, sagte Espérance. »Voriges Jahr kam unser König, der Kyaambvu, nach Popo und wollte der Krokodilplage ein Ende machen, aber es gelang ihm nicht.«

31

Mir fiel auf, dass Menschen, die sich persönlich gar nicht begegneten, einander durch mich Botschaften übermitteln konnten. Diese Botschaften waren subtil, ungreifbar, wie ein Nachklang; aber so, als hätte ich an dieser Übermittlung einen besonderen, unverzichtbaren Anteil. Man schien sogar geduldig auf meine Ankunft zu warten. Ich vermutete, dass die Botschaften sich den Menschen aussuchen, nicht umgekehrt. Menschen sind bloß die Vehikel. Wir sind die Werkzeuge einer höheren, uns unbekannten Instanz.

Das alles vergrößerte nur meine Unruhe, die unbedingte Flucht nach vorn.

Im Pfarrhaus schauten immer wieder neue Leute vorbei. Ich kannte sie noch nicht einmal vom Hörensagen, aber nach wenigen Tagen schien es mir, als wären sie schon ewig ein Teil meines Lebens. Es war wie eine Übergabe, ein Staffellauf bereitwilliger Daimones.

So kam auch Pater Staf zu uns, sonnenverbrannt, erschöpft, vom Staub bedeckt. Er trug eine dunkle Brille. Nervös befühlte er unentwegt den Mittelscheitel, der sein halblanges, flachsblondes Haar teilte. Er summte unerkennbare Liedchen vor sich hin – um sich selbst zu beruhigen, wie er sagte. Rasch schlüpfte er aus den Sandalen. Während er mit den Zehen unruhig auf dem warmen Betonfußboden schabte, erzählte er bei Käse und Bier, wie es ihm in den Dörfern ergangen war. Wochenlang war Staf missionarisch von Dorf zu Dorf gezogen; und wie er sagte, sei jeder Tag ein Fest gewesen. Er trank durstig. Plötzlich verfiel er in ein Schweigen und ging auf sein Zimmer. Zwei Tage lang schloss er sich ein.

Es war nicht zu übersehen, dass Staf am liebsten alleine war. Er war misstrauisch, zerbrechlich und schüchtern. So sprach er mit seinen Mitbrüdern, ohne deren Zimmer zu betreten, manchmal sogar durch die geschlossene Tür.

»Warum kommst du nicht herein?«, wurde er gefragt.

Staf wusste darauf keine Antwort. Todmüde, mit herabhängenden Armen, zog er davon. Wir hörten, wie er in seinem Zimmer Selbstgespräche führte. Plötzlich hörte ich, wie er rief: »Um Gottes willen.«

Einmal besuchte er mich. Pathetisch warf er die Arme in die Luft und fing ungezügelt, und ohne sich dafür zu schämen, zu weinen an. Er konnte nicht aufhören zu schluchzen, sammelte sich kurz und fing dann wieder an zu weinen. Er entschuldigte sich und sagte, er würde ein anderes Mal wiederkommen.

Nach mehreren Tagen in seinem Zimmer kam Staf schließlich nach draußen. Er hatte sich frisch rasiert und ein strahlend weißes Hemd angezogen. Auf dem Kopf trug er einen kleinen Hut. Er hatte ihn weit nach hinten geschoben, wie das früher auch mein Vater tat. Zaghaft und schuldbewusst wünschte er jedem Einzelnen einen guten Morgen. Seine Depression sei vorüber, sagte er erleichtert, aber er lächelte dabei verstört.

Ich besuchte ihn in seinem Arbeitszimmer, das vollgestopft mit Broschüren, Mappen und Pappkartons war. An den Wänden hingen blaue, laminierte Fotos in unbeholfen zusammengebastelten Rahmen. Alles hing schief. Durch die dicken Gardinen drang kaum ein Sonnenstrahl herein. Auf seinem Schreibtisch lagen Notizen, Zeitschriftenartikel über *Gaudium et spes*, auch Poesie. Ich entdeckte auch zwei alte Tagebücher, beschriftet mit »1959–1960«, und Briefe von früheren Missionaren, die eigentlich ins Zentralarchiv gehörten.

Ich erkundigte mich, ob er einen Text von Pater Michel in seinem Besitz habe, über Sprichwörter, Beschwörungen und Verwünschungen.

Staf murmelte etwas Unverständliches. Ich wurde nicht schlau daraus.

»Es war ein Schulheft«, sagte ich, »mit König Boudewijn auf dem Umschlag.«

•

Staf deutete mit einer kurzen, harschen Gebärde auf den Schreibtisch. »Schau, ob du dazwischen etwas nach deinem Geschmack findest. Aber lege alles wieder genauso hin, wie es lag.«

Misstrauisch stellte er sich hinter mich. Er sei kein Intellektueller, sagte er, als ich vorsichtig einige Dokumente hochhob.

Sein Schreibtisch bildete die Landschaft all seiner Gedanken und Zweifel ab. Die Unterlagen von Seminaren, die er irgendwann besucht hatte, zerschnitt er sofort danach. *»A la julienne«*, nannte er das. Textstellen, mit denen er etwas anfangen konnte, klebte er auf die Rückseiten der nutzlos gewordenen Seiten. Alles, was ich in die Hand nahm und las, nahm er mir gleich wieder ab. Er platzierte die Papiere dann wieder sorgfältig an ihren zugewiesenen Ort.

Im Zentrum der Schreibfläche lag ein dicht beschriebenes Blatt, mit Unterstreichungen, Korrekturen und einigen Wörtern in Großbuchstaben. Ich las: »Der Mensch ist immer zweischneidig. Nach und nach lernt er, an sich selbst zu arbeiten. Ich gehe in eine Richtung und gleichzeitig frage ich mich, ob ich vielleicht den falschen Weg einschlage, ob ich noch zurückkann.«

Darunter hatte er eine Anweisung des alten Paters Hanquet geklebt: »Die Älteren niemals brüskieren, ebenso wenig sie dazu zwingen, den Fetischen, Heilpraktiken und der Vielweiberei abzuschwören. Zunächst und vor allem Schulen und Kapellen errichten.« Dann, in fetten Majuskeln: »DENN DURCH DIE KINDER WIRD DER GLAUBE DEN GEIST DURCHDRINGEN.«

Staf deutete mit dem Zeigefinger auf die letzte Zeile.

Die Fingernägel hatte er aus Nervosität abgekaut, wie ich sah. Auf die gleiche Weise, fiel mir dann auf, hatten Mäuse und Termiten einige der Dokumente, die vor uns lagen, angenagt. Mitten in einer Collage aus Kinderrätseln und Sprichwörtern entdeckte ich Michels Handschrift.

Mona kwaaku, idima kimosi bamonaa kyo ko.
Du kannst alles sehen, bloß ein Ding sieht man nicht.
Mutu mosi wakoonda ndiinga.
Es gibt jemanden ohne Stimme.

Darunter hatte Staf anscheinend in einem verzweifelten Augenblick notiert: »Bin ich mir sicher, dass Gott gemeint ist?«

Auch wenn es ein wildes Durcheinander war, war dies doch ein Abbild des kritischen, verzweifelten Denkens, das Staf umtrieb; in einer Anordnung, die ihm gerade entsprach. Vermutlich war er zunächst so unwirsch zu mir gewesen, weil er seine Gedanken nicht einfach mit einer Zufallsbegegnung teilen wollte. Das Heft mit der Boudewijn-Zeichnung, das Pater Michel erwähnt hatte, fand ich nicht. Staf reagierte ärgerlich, als ich mich noch einmal danach erkundigte; er zuckte nur mit den Schultern.

»Ach, Aberglaube«, lamentierte er. »Manchmal fragt man sich, was man hier überhaupt zu suchen hat. Ja, einige sehr hübsche Fetische wurden vernichtet, vielleicht ist das tatsächlich schade, aber wie können wir ihnen denn sonst den Glauben injizieren?« Er sagte tatsächlich »injizieren«, als würde man einen Impfstoff spritzen.

»Komm schon«, sagte er auf einmal jovial und zog mich nach draußen. Wir stiegen in seinen alten Jeep. Auf dem Missionsgelände fuhren wir an den Schulgebäuden, dem Krankenhaus und der Prokur vorbei. Gut gelaunt pfiff er ein katholisches Lied von John Littleton, *»Il faut marcher des très longues routes«*.

Im Mittagslicht leuchtete die Kathedrale wie eine gelbe Sonne. Direkt daneben stand das bunte Standbild des Gründers der Kongregation, ein großer weißer Mann in einem weißen Gewand, der väterlich auf einen schwarzen Knaben herabblickte. Wir hielten kurz an und stiegen aus. Zuerst verstand ich nicht, was es dort zu sehen gab.

»Taata Kisina nennen wir ihn hier«, bemerkte Staf und schaute zum Standbild hinauf.

Was gleich auffiel: Der Oberkörper der Figur war zu kurz, außerdem zu breit. An ihren kurzen Armen hingen schwere, dickliche Hände. Der Kopf war so gelb wie der eines Chinesen.

»Da scheint etwas mit den Proportionen dieses Denkmals nicht zu stimmen«, kommentierte ich vorsichtig.

»Genau. Nur der kleine Junge und der Kopf des Paters sind noch original. Als man es in Stücke geschlagen hat, haben wir es wieder aufgebaut. Zum Glück ließ uns jemand rechtzeitig wissen, dass der Kopf von Taata bei ihm zu Hause im Regal stand.«

Ich konnte mir ein Grinsen nicht verkneifen.

»Lach nicht«, sagte Staf streng. »Wenn es mir schlecht geht, frage ich dieses Denkmal: ›Du hast doch so viel gesehen, kannst du mir helfen? Kannst du dafür sorgen, dass ich weitermachen kann?‹ Und eine Woche später sind meine Schmerzen tatsächlich verflogen.«

Jetzt lachte auch er. Mit lauter Stimme ahmte er John Littleton nach, so tief, wie es nur ging:

Il faut marcher des très longues routes
pour rencontrer les fleurs du printemps.
Il faut marcher, traverser le doute
pour retrouver son cœur d'enfant.

Wir drehten eine Runde über das Gelände und kehrten dann zum Pfarrhaus zurück. In den nächsten Tagen schloss Staf sich wieder ein. Er entschuldigte sich, er sei angespannt, auch todmüde. Wenn ich ihn besuchte, war er kurz angebunden. Wenn er doch herauskam, sprach er entweder zu laut oder unverständlich leise. Gespräche mit ihm am Tisch endeten regelmäßig in unangenehmen Diskussionen. Alle gingen ihm aus dem Weg. Ich kannte diese Unruhe, aber trotzdem war es mir unmöglich, ein sinnvolles Wort mit ihm zu wechseln.

Am Tisch hörte ich, dass man einen Albino auf einem Gerüst in der Sonne festgebunden hatte, um ihn zu töten.

Ich hörte noch mehr solcher Geschichten. Manchmal schien es so, als würde ich sie bewusst sammeln, aber dem war nicht so; eher zufällig landeten sie alle bei mir. Beispielsweise war ein Junge vor zwei Jahren von einem Lastwagen gefallen und noch an Ort und Stelle gestorben, aber bis heute diskutierte man darüber, wer Schuld hatte an seinem Tod.

Ich wollte von Staf wissen, was es damit auf sich hatte.

»Ein plötzlicher Tod ist immer die Schuld eines Familienmitglieds.«

Solche Geschichten verstärkten mein Gefühl, dort eingesperrt zu sein. Ich fand alle nett, mitfühlend, aber nur wenn ich Kiyaka lernte, spürte ich auch in mir so etwas wie Enthusiasmus. An einem gewittrigen Abend merkte ich plötzlich, wie die anderen mich anstarrten, jeder Einzelne von ihnen, mit hochgezogenen Augenbrauen. In meinem Mund wuchs etwas. Erst war das Ding in meinem Mund noch ganz leicht, dann wurde es schwerer und speckig wie Lehm. Und dann wusste ich, was es war: das Maul eines fossilen Tieres, das aus mir heraussprang und sich in die Münder meiner Mitbrüder verbiss. Ich spürte deutlich, wie mein Mund in ihre Münder biss. Wie ein scharfes Messer durch weichen Gummi fährt, schnitt er in ihre Kiefer und Zungen. Panisch erwachte ich aus dem Albtraum.

Mein Vater schickte mir einen Brief aus Belgien: Meine Mutter hatte eine Thrombose gehabt. Ihre linke Körperhälfte war gelähmt, aber das würde wieder verschwinden, wenn genügend Sorgfalt auf die Rehabilitation gelegt würde – so verstand ich ihn. Danach trafen Briefe meines Bruders und meiner Schwester ein. Die Briefe waren immer wochenlang unterwegs, manchmal erreichten sie mich gebündelt oder in der falschen Reihenfolge. Ich beantwortete die Briefe, auch wenn ich wusste, dass meine Antwort die Absender zu spät erreichen würde.

Diese Nachrichten von zu Hause vergrößerten meine innere Unruhe nur. Ich spürte den inneren Zwang, meine Zeit nicht länger zu verschwenden. Manchmal verließ ich die Messe vor dem Ende, was man nicht sehr schätzte. Aber ich musste das tun, konnte nicht anders, da ich mich eingeschnürt fühlte, wie ich meinen Mitbrüdern zu erklären versuchte. Ich müsse dringend im Kiyaka-Wörterbuch weiterkommen, entschuldigte ich mich.

Einige Pater flüsterten mir diskret, solidarisch zu: »Vielleicht wirst du uns ja eines Tages verlassen.« Sie sagten das in einem freundlichen Ton, als würden sie etwas sehen, was ich selbst noch nicht erkennen konnte.

Ich bat um ein Gespräch mit dem Bischof. Dieser empfing mich umgehend. Er wollte mich allerdings nicht in seinem Büro sehen, stattdessen unternahmen wir einen Spaziergang über die große Rasenfläche. Er zeigte auf die Wächtervögel, die über uns Krawall machten. Väterlich schaute er mich durch seine dunklen Brillengläser an. Langsam verschränkte er die Finger. »Aber was willst du selbst denn eigentlich, Remi?«, fragte er mich.

Ich musste einräumen, dass ich das nicht so klar sagen konnte.

»Vielleicht willst du wieder zurück?«

»Das ist das Letzte, was ich will. Ich will weiterkommen. Ich spüre, dass ich schon ganz nah bin, und doch ist es noch ein weiter Weg.«

»Du bist ein Weißer, der schwarzer sein will als die Schwarzen. Über manche Dinge können wir nur schwer mit euch reden.«

Ich hörte es deutlich: noch immer »wir« und »ihr«. Und ich war ein »ihr«.

»Willst du zu den Yaka, Remi? In ihre Dörfer?«

Ich nickte zustimmend. Ja, das war es. Das würde mich noch näher an mein Ziel bringen.

»Wenn es wirklich das ist, was du willst«, sagte der Bischof, »lassen wir dich ziehen.«

Einunddreißig

Der Vater des Hausmeisters war gestorben. Schwester Espérance fragte mich, ob ich zur Trauerfeier in sein Dorf mitfahren wolle. Ich sagte Ja, natürlich, denn ich wollte so viel wie möglich von Remis Welt sehen. Die Schwester und ich verließen Popokabaka und fuhren in das fünf Kilometer entfernte Dorf, wo der Hausmeister des Waisenhauses lebte.

In einer Hütte an der Straße hatte man den alten Vater auf einem wackligen Holzgerüst aufgebahrt, unter einem Dach aus Ästen und Zweigen. Direkt neben dem Toten, auf derselben wackligen Konstruktion, beweinte die Tochter ihren Vater. Der tote Körper war in grelle Decken gehüllt worden, aber das eingefallene Gesicht und der magere Brustkorb lagen frei.

Gemeinsam mit Espérance brachte ich dem Verstorbenen einen letzten Gruß; ich drückte die Hände einiger Familienmitglieder. Espérance übergab den Hinterbliebenen etwas Geld für den Sarg und die alten Männer des Dorfes räumten für uns ihre Stühle. Wir setzten uns und schauten zu.

Aber auch wir wurden genau beobachtet, eine halbe Stunde lang.

Unter einem Baum stand ein DJ mit einem CD-Player, der von einer Batterie und zwei Solarzellen gespeist wurde. Er spielte polternde, schmetternde Rumba-Rhythmen. Frauen tanzten neben dem Verstorbenen. Sie hatten weiße Lehmstreifen auf den Gesichtern. Sie tanzten und weinten, während die Männer mit unbewegter Miene Primus-Bier und Palmwein tranken.

Schwester Espérance und ich beobachteten die Trauerfeier. Espérance schien ruhig und zurückhaltend, ich war fast fiebrig aufgeregt, so berührte mich diese Szene.

Ein einfacher Sarg, innen mit einem hellblauen Satinstoff ausgekleidet, wurde schwankend herbeigetragen. Die beiden Töchter des Toten beweinten lautstark den leeren Sarg.

Kinder in schäbiger Kleidung und bunten Flipflops hockten sich um die Trauernden und beobachten sie neugierig. Plötzlich rannten zehn junge Leute auf das Gelände. Einer von ihnen schrie, der alte Mann sei ermordet worden, die eigene Familie habe ihn vergiftet. Er schnauzte die Frauen an, wollte unbedingt in die kleine Hütte, aber die alten Frauen stellten sich dazwischen und schoben ihn weg. Sie rangen miteinander. Aber andere Angreifer drängten nach und attackierten die Frauen. Mitten in dieser entfesselten Wut, aber auch voller Scham und Angst, etwas von den Schlägen abzubekommen, brachen Espérance und ich auf.

Ich wusste, dass Remi etwas Ähnliches erlebt hatte, direkt nach seiner Ankunft. Remi hatte mir beigebracht: Bei den Yaka stirbt niemand unerwartet und ohne Grund.

»Ein Grund? Also eine Ursache?«

»Das ist nicht das richtige Wort«, hatte Remi geantwortet.

»Vielleicht Anlass?«

»Trifft es auch nicht«, entgegnete Remi knapp.

»Was denn?«

»Nun, ein plötzlicher Tod beinhaltet immer eine Botschaft, eine Aufforderung. Als Reaktion auf den Tod muss etwas passieren. Genugtuung, Versöhnung oder bittere Rache, denn der Tod ist die Folge eines Konflikts in der Familie.«

Auf dem Rasen vor dem Waisenhaus unterhielt ich mich früh am Abend angeregt mit drei, wie man sagte, guten Christen über dieses Thema. Schwester Espérance hatte sie für mich zusammengetrommelt: ein Priester, ein junger Lehrer und jemand, der für die Caritas arbeitete. Wir saßen uns auf weißen Plastikstühlen gegenüber. Sie betonten ebenfalls, dass niemand einfach so stirbt. Jedes Mal stelle ein Yaka bei einem solchen Todesfall die Frage, woher der Tod, das Böse stamme.

»Das Böse, das sind die anderen, wie schon Sartre wusste«, sagte der Lehrer sehr existenzialistisch. »Das Böse kommt

nicht von Gott, sondern beispielsweise von einem Bruder. Es ist immer jemand, den du kennst, der dir schaden will.«

Ich erzählte ihnen die Krokodilgeschichten, die ich schon gesammelt hatte. Sie nickten zustimmend, so weit stimmte alles, was ich zusammengetragen hatte.

»In Kikwit gab es sogar einen belgischen Doktor, der sich in ein Nilpferd verwandeln konnte«, sagte der Caritas-Mann. Er meinte, es gebe Anknüpfungspunkte zur Krokodilfrage in Popokabaka. Diese Plage laste schon eine Weile auf der Region. Darum habe der Kyaambvu aus Kasongo-Lunda einen Mann geschickt, um das Krokodilproblem zu beseitigen. Bloß handele es sich um keine normale Plage – denn in Popo lebe jemand, der sich in ein Krokodil verwandeln könne.

»Als würde er einfach andere Kleider anziehen«, erläuterte der Lehrer.

»Warum macht er das?«, wollte ich wissen. »Und wer ist dieser Mann?«

»Das wissen wir natürlich nicht. Deshalb konnten die Leute in Popo das Krokodil ja nicht selbst töten. Sie warnten den Jäger aus Kasongo sofort. Da Krokodile also mitunter eigentlich Menschen sind, sagten sie: ›Wenn du ein Krokodil tötest, gib uns dann einen Mann.‹«

Nun kam ich nicht mehr mit.

»Gib uns das Leben eines Mannes«, erläuterte der Lehrer. »Ahnst du, was passierte? Der Krokodiljäger fühlte sich bedroht. Er bekam es mit der Angst zu tun und kehrte unverrichteter Dinge nach Kasongo zurück. Der Kyaambvu schickte keinen neuen Krokodiljäger.«

Ich verstand überhaupt nichts.

Der Caritas-Mann sagte: »Letztes Jahr wurde hier ein Krokodil erlegt. Man schnitt die Bestie auf: In ihr fand man den Torso und die Schuhe eines Kindes. Drei Tage lang wurde der Kadaver im Hafen zur Schau gestellt. Er stank fürchterlich.«

»Alle gingen hin und schauten sich das an«, sagte der Lehrer. »Die Zeitung brachte auch ein Foto.«

Das war die Geschichte aus dem Internet, ich erkannte sie wieder. Aber war das Foto auch ein Beweis dafür, dass das Krokodil eigentlich ein Mensch war? Und gab es noch immer Krokodile im Kwango?

Mittlerweile war es stockdunkel.

»Uns ist klar, dass du das nicht verstehen kannst«, sagten sie. »In euren Häusern standen früher auch Flaschen mit Aufschriften, die wir nicht lesen konnten. Was war in den Flaschen?«

»Vielleicht waren die Etiketten auf Niederländisch beschriftet?«, versuchte ich mein Glück.

»Gewiss, das sagte man damals auch schon, aber diese Geheimniskrämerei ärgerte uns. Früher lebte in Popo ein weißer Mann, der eine Palmölfabrik am Fluss besaß. Er bat uns, Kies und Steine aus dem Wasser zu seinem Haus zu bringen. Er wolle einen Kiesweg anlegen. Aber nachts, wenn es niemand sah, durchsiebte er den Kies in seiner Garage, auf der Suche nach Diamanten.«

»Hat er jemals welche gefunden?«

»Das wissen wir nicht. Aber eines Tages war er fort, er ist zurück nach Belgien.«

Ich ging nach drinnen, ins Wohnzimmer des Waisenhauses. Vier Jungen saßen dort in knallroten Fußballtrikots und schauten Fernsehen. Jean-Baptiste setzte sich zu mir. Gabun spielte gegen Kongo-Brazzaville. Endstand: 0:1.

32

»Lieber Remi«, schrieb Onkel Marcel.

Zu meiner Überraschung war ein Brief meines Onkels Marcel eingetroffen. Er hatte mir noch nie in den Kongo geschrieben. Er berichtete nichts über die Thrombose meiner Mutter, dadurch schienen diese Seiten losgelöst vom Leben auf dem Hof.

Marcel teilte mir mit, dass es ihm nach längerer Suche gelungen war, Richard in Brüssel ausfindig zu machen. Sein Brief drehte sich ausschließlich um Pius, den schwarzen Soldaten.

Das fühlte sich unwirklich an. Während ich alles vorbereitete, um endlich in ein Yaka-Dorf aufzubrechen, erreichten mich Briefe aus der Westhoek. Plötzlich war ich doch wieder der Bauernsohn.

Marcel hatte den Brief an einem kühlen Tag geschrieben, an dem es ununterbrochen regnete. Richard und er waren in einer Kneipe auf der Adolphe Maxlaan in Brüssel verabredet. Dort haben sie sich lange bei trübem Geuze-Bier unterhalten.

Marcel nahm an, so schrieb er, dass mich die vollständige Lebensgeschichte von Pius interessieren würde; erst recht, wo ich nun selbst im Kongo sei. Das stimmte natürlich.

> *Lieber Remi,* wiederholte Marcel, *unser Pius, unser schwarzer Soldat, war erst ein Boy im Kongo, dann Matrose bei der Compagnie Maritime Belge. Er fuhr nach Belgien und blieb hier. In Brüssel arbeitete er als Hausierer. Er meldete sich freiwillig zur Armee und dachte, der Krieg wäre zu Weihnachten schon gewonnen. Das war aber nicht so und er bereute seine Entscheidung. An der Front bekam Pius chronische Bronchitis. Er wollte zurück in den Kongo. Aber das ging nicht. Remi, Richard hat mir darüber aus seinem Tagebuch vorgelesen. Ich habe den Abschnitt für Dich abgeschrieben:*

»Wir saßen draußen auf unseren Strohsäcken, tranken frische Kuhmilch und später am Tag bekamen wir auch noch Käse und Rum. Dann setzten wir die Gasmasken auf und haben gewartet. Pius spuckte auf sein Gewehr und flüsterte in den Lauf: ›Dyeeko phaangu dyasiisa mbvuumbi kaanda kukuluka.‹«

Weder Richard noch ich wissen, was das bedeutet.

Dann sagte Pius den geheimen Satz, den Du ja kennst: »Carabouya, carabouya, jamais malade, jamais mourir … toudis crever.«

Als dem Regiment von Richard und Pius befohlen wurde anzugreifen, zerschnitten sie mit Drahtscheren den Stacheldraht. Über die Verteidigungsbarrieren warfen sie Stege. Plötzlich wurde Richard in die Luft geschleudert und flog aus dem Laufgraben. Wie ein Kaninchen hätte er außerhalb des Grabens gehockt und vor Angst gezittert. Er war mit einer eher leichten Verletzung am Bein davongekommen. Rasch ließ er sich wieder in den Graben fallen. Allerdings hatte es auch Pius erwischt, die Granatsplitter hatten ihm den Bauch aufgerissen. Er machte noch zwei Schritte und hielt dabei seine eigenen Eingeweide in den Händen, dann brach er tot zusammen. Richard musste das hilflos mitansehen. Es dauerte keine Viertelstunde und Pius' Körper war vom umherspritzenden Schlamm bedeckt, dann wurde er unter schweren Lehmbrocken begraben. Als man ihn Wochen später fand, konnte man nicht einmal mehr erkennen, dass dies einmal ein schwarzer Mann gewesen war.

Lieber Remi, so in etwa hat es mir Richard aus seinem Tagebuch vorgelesen.

Er lässt Dich grüßen.

Übrigens ist carabouya gar kein Kongolesisch. Es ist der Name einer Brüsseler Süßigkeit, wie Richard mir erklärte.

Und zwar handelt es sich um eine pechschwarze, fest gebackene Mischung aus Anis und Zucker. Hier in Brüssel verkaufen die Kongolesen diese Spezialität. In den Straßen um die Börse steht noch immer ein schwarzer Kerl und ruft: »Carabouya, carabouya. Jedermann soll leben. Weiß und Schwarz. Carabouya.«

Das ist alles, was ich Dir über Pius erzählen kann, unseren schwarzen Soldaten. Ich will Dir aber noch etwas anderes erzählen. Ich habe noch etwas Zeit, bevor der Zug abfährt. Unterwegs zum Nordbahnhof sah ich eine schöne dunkle Frau. Eine Mulattin, Kaffee-mit-Milch. Auf einen Schlag fühlte ich mich wieder so wie damals, als ich zum ersten Mal einen schwarzen Menschen sah.

Kurz dachte ich: Ich spreche sie an. Ich kann nur schwer sagen, wie ich mich bei diesem Gedanken fühlte. Ich spreche sie an, dachte ich, und dann, dann fängt mein Leben von vorn an.

Aber ich habe nicht mit ihr gesprochen. Ich kann kein Kongolesisch. Ich sitze hier im Bahnhofsbistro und habe gerade ein letztes Geuze bestellt.

Aber Du bist jetzt im Kongo. Sprichst Du schon Kongolesisch, Remi? Wann kommst Du zurück? Grüß mir alle Kongolesen,

Dein Onkel Marcel

Zweiunddreißig

Durch die Gespräche während meines Aufenthalts im Waisenhaus wuchs meine Geschichtensammlung über die Krokodile Tag für Tag. Die Arbeit machte gute Fortschritte, ich schrieb alles auf, was ich in Erfahrung brachte. Wenn meine Quellen diese Geschichten erzählten, passierte mit ihnen etwas Auffälliges: Sie lachten, als würden sie sich nicht wohlfühlen, verhielten sich abwartend und beobachteten genau die Gesichtsausdrücke der anderen. Anscheinend wollten sie sich erst vergewissern, was diese von der ganzen Angelegenheit eigentlich hielten. Das Lachen diente vor allem dazu, einen Abstand zwischen sich selbst und den beängstigenden Krokodilgeschichten zu schaffen.

Wenn ich mit älteren Kongolesen sprach, lernte ich viel über das koloniale und postkoloniale Popokabaka. Wie ich erfuhr, reihten sich 1958, vor der Unabhängigkeit, die Geschäfte in der Innenstadt noch aneinander. Dort wurden Wein, Milchpulver, Corned Beef und Cassoulet in Dosen sowie große Reissäcke verkauft. Die Namen des stellvertretenden Regionalverwalters André Ryckmans und seines Agronomen fielen häufig in den Gesprächen, auch der Bauunternehmer Van Caeneghen sowie ein Arzt, der für die Königin-Elisabeth-Stiftung (Foreami) tätig war, wurden genannt. In der Stadt gab es außerdem das Restaurant »Chez Maes«, zu dem auch eine Autowerkstatt gehörte. Mich stimmte diese Aufzählung ganz melancholisch. Ich schrieb alles mit, auch wenn das keinen Bezug zu meiner Arbeit hatte. Ich ließ mir sogar die ehemaligen Häuser der Belgier und anderer Ausländer zeigen. Ob die Kongolesen das taten, um mir einen Gefallen zu tun, oder ob sie mir die Häuser aus eigenem Antrieb und aus Überzeugung präsentierten, weiß ich nicht so genau. Der Caritas-Mann führte mich zum höhergelegenen Haus des belgischen Arztes, früher wuchsen dort überall Frangipani-Bäume, blühende

Bougainvilleen und Hibiskus. Einst führte eine gepflegte Auffahrt in einem eleganten Bogen zum Haus, gesäumt von hohen, duftenden Plumeria-Bäumen; und jeden Tag sprengte der Boy den Rasen. Wir standen vor der verblichenen Eingangstür des Hauses. Der Caritas-Mann deutete auf die andere Seite. Da verlief die Straße, auf der früher die Autos und Lastwagen zur Fährstation fuhren. Aber das alles gehörte schon seit Jahren der Vergangenheit an: der Trubel der Fährstation, der Fährdienst und auch der Garten des Doktors mit den Blumenbeeten und den geharkten Wegen.

Seit der Unabhängigkeit hatte man das Gelände um das belgische Haus anscheinend unentwegt gekehrt. Jeden Tag wurden mit einem kurzen Handfeger gewissenhaft alle Blättchen und Ästchen entfernt. Auch um die Fundamente hatte man alles weggefegt, sogar die Bepflanzung, wodurch das Haus immer mehr herausstach, quasi in die Höhe wuchs – nur um vor den Augen aller zu verfallen.

»So laufen hier die Dinge«, sagte mein Begleiter. Er machte eine ohnmächtige Geste.

Den Abend verbrachte ich wieder mit den Waisenkindern vor dem Fernseher. Jean-Baptiste saß direkt neben mir. Mit dem Zeigefinger verfolgte der kleine Junge die Adern auf meinem Handrücken. Elfenbeinküste gegen Mali: 1:1.

Espérance sagte: »Das ist doch verrückt, heute kam jemand vorbei und bot ein kleines Krokodil zum Kauf an. Man könne es aufziehen und später essen.«

»Du hast es doch bestimmt gekauft, Espérance?«

»*Mais non, zotteke*«, antwortete die Schwester.

»*Zotteke*, Dummerchen?«, fragte ich. »*Est-ce-que tu dis zotteke à moi?*«

»*Mais oui, vous dites ça comme ça, non?*« Dann wurde sie wieder ernst. Aus der Hauptstadt waren neue Gerüchte zu ihr gedrungen. Es hatte einen großen Aufmarsch vor dem Palais de la Nation gegeben, es waren Menschen zu Tode gekommen, wie viele war noch nicht bekannt. In Masina hatten Plünderer einen chinesischen Laden ausgeraubt und mehrere Transco-Busse waren demoliert oder in Brand gesteckt worden.

33

Der alte Taata Gabriel trug ein schmutziges blaues Hemd über der mageren Brust und starrte vor sich hin. Er saß auf einem niedrigen Stuhl. Neben ihm, auf dem festgestampften Erdboden, lag sein Stock. Pater Staf, der mich begleitete, rollte den Stock langsam mit den bloßen Füßen hin und her, als würde er so besser Kontakt mit dem alten Mann aufnehmen können.

Staf stellte mich Taata Gabriel knapp vor: »Das hier ist Remi.«

Er übersetzte das Gespräch für mich wörtlich. Ich beherrschte mittlerweile schon einige Wörter und Redensarten auf Kiyaka und hatte mir die grammatikalischen Grundlagen erarbeitet, aber ein Gespräch führen konnte ich noch nicht richtig.

Obwohl Taata Gabriel blind war, schaute er mich durchdringend an. Er war sechsundachtzig und konnte sich nur mit großer Anstrengung bewegen. Er verstand gut Französisch, hatte aber nie gelernt, die Sprache auch aktiv zu sprechen. Er konnte sich noch daran erinnern, wie damals die Belgier kamen. Jeder ließ sich taufen, obwohl sie schon eine eigene Religion gehabt hätten. Er selbst wollte ein Bruder werden, aber der weiße Bischof hatte zu ihm gesagt: *»Tu vas me conduire.«*

Wurde er dann der persönliche Chauffeur des Bischofs?

»Ich war sein Lastwagenfahrer«, sagte Taata Gabriel. »Monseigneur sagte, das wäre besser so. Ich transportierte Nahrungsmittel, Baumaterial und Kühe. Vor der Unabhängigkeit gab es hier viele Landbauexperten und Mediziner. Auch Beamte, Missionare und Händler. Insgesamt vielleicht dreißig Leute. Sie sind dann nach und nach alle weggegangen. Auch die Portugiesen und die Griechen sind weg. Unsere Politiker haben sich die schönen Geschäfte unter den Nagel gerissen, aber der Handel ist komplett eingeschlafen.«

Das Gespräch stockte.

»Habt ihr noch Fetische?«, fragte ich nach einer Weile. Ich wusste selbst, die Frage war übereilt, ich war zu ungeduldig. Außerdem hatte ich ihn nun selbst mit »ihr« angesprochen.

»Darf ich das überhaupt fragen?«, sagte ich, als Entschuldigung.

Gabriel nickte, beantwortete aber meine Frage nicht. Unwillkürlich drehte er sich um. Über der Bank hinter ihm hing ein ausgeblichenes, mit Klebeband ausgebessertes Farbplakat, das ein üppiges europäisches Interieur zeigte. Dazu gehörten pralle Sofas aus Kunstleder, ein goldener Spiegel, rosa Blumen und protzige Versailles-Leuchter. Am oberen Ende des Posters hatte man den Pelz einer Zibetkatze angeheftet. Gabriel sagte nichts.

Er zwinkerte mir mit seinen wässrigen, rot entzündeten Augen zu.

Wir sprachen über ein Yaka-Dorf, das vierzig Kilometer entfernt lag. Dort könnte ich bleiben. Pater Staf bezahlte den alten Mann und das Gespräch war beendet.

Zwei Tage später tauchte der Bischof bei uns im Pfarrhaus auf.

»Wenn das wirklich das ist, was du willst, lassen wir dich gehen«, sagte der Bischof. Er brachte auch einen Brief für mich mit. Der Umschlag war unauffällig, aber darin steckte die Todesanzeige meines Onkels Marcel. Über der Anzeige stand eine Zeile, die unverkennbar von einem englischen Friedhof stammte: *»Gone from us but not forgotten«.* In dem beiliegenden Brief schrieb mein Vater, Marcel sei an den Folgen einer Lungenentzündung gestorben. Es sei ganz schnell gegangen. Die Lungenentzündung hatte sich Marcel bei seinem Besuch in Brüssel eingefangen. Das war, wie ich ausrechnete, jetzt drei Wochen her.

Ich konnte nichts sagen, die Tränen stiegen in mir auf. In meinem linken Auge erschienen plötzlich helle, bewegliche Farbschlieren. Wie in Kinshasa, bevor ich nach Popo aufgebrochen war: Dunkle Tinte löste sich quirlig im Wasser auf, zeichnete sich verschiebende Muster. Ich rieb mir die Augen, war da etwas auf meiner Netzhaut, oder wollte sich mir etwas Schwarzes offenbaren? Dann verschwand es und ich saß wieder vor dem Bischof, die Todesanzeige meines Onkels in den Händen. Ich brach in Tränen aus.

Ich konnte nur sagen: »Er war ein guter Mensch. Mein Patenonkel und ich haben oft auf dem Hof zusammengearbeitet.«

»Dann hat er viel für dich bedeutet«, antwortete der Bischof. Wir sagen: *Tweenda taata, mwanaaku.«*

Dieses Sprichwort hatte Lecompte übersetzt. Ich ergänzte: *»A taata, phiingila, mwanaaku.«*

Dreiunddreißig

Während Remi sich vor fünfzig Jahren vorwiegend zwischen Patern und Priestern bewegte, bestand meine Gesellschaft aus Schwestern. Nach dem Mittagessen spazierten Schwester Espérance und ich über das Gelände von La Mission. Am Waisenhaus erwartete uns der kleine Jean-Baptiste. Er streckte mir gleich seine kleine Hand entgegen und ließ mich nicht mehr los.

»Zwillinge können wir nur selten retten«, berichtete Espérance verhalten. »Häufig stirbt eines der beiden Babys.«

Beim Kaffeetrinken erzählte Beatrice ausführlicher von einem solchen Verlust: »Vor zwei Monaten hat Schwester Espérance mir hier am Tisch von einem widerlichen Traum berichtet.«

»Das war kein normaler Traum«, sagte Espérance. Ihr sei darin aufgefallen, dass das Tor zum Grundstück aufstand, und als sie das sagte, befand ich mich schon mitten in der Traumwelt, den Gedanken und den Vorstellungen von Espérance, ohne dass ich mich dagegen hätte wehren können. Ich brauchte mir nicht einmal in Erinnerung zu rufen, was Remi mir vor meiner Abreise eingeprägt hatte: »Höre zu, versuche, dich so weit wie möglich in die Geschichte zu versenken.«

Sie habe sich dem offen stehenden Tor genähert, erzählte Espérance mir, und aus dem Dunkeln seien vier oder fünf große schwarze Hunde auf sie zugesprungen und hätten sie umgestoßen. Dieser Traum fühlte sich ganz real an und hatte sie sichtlich verwirrt.

Zwei Tage nach dem Traum fing die Nachtwache mitten in der Nacht im Schlafsaal fürchterlich an zu schreien. Rasch eilten Espérance und Beatrice herbei. Außer sich vor Angst schrie die Frau noch immer und warf dabei die Hände in die Luft. Sie hatte gesehen, wie ein großer schwarzer Hund in einem Bett zwischen zwei Kindern schlief. Als sie ihn entdeckt hatte, erhob sich der Hund und verschwand in der Nacht.

»Hattest du deinen Hundetraum der Nachtwächterin erzählt?«, fragte ich so ruhig wie möglich.

»Nein«, sagte Espérance. »Das habe ich nicht.«

»Sonst jemandem?«

»Nein«, antwortete Beatrice an ihrer Stelle.

Der Vorfall mit dem Hund und der schreienden Frau hatte die Kinder des Waisenhauses sehr beunruhigt. Am nächsten Morgen hörten die älteren Kinder in der Schule, dass *ngaangas*, Heiler, nach Popo gekommen seien.

»Ja, *ngaanga nkisi*«, sagte Beatrice. Alle Kinder hätten ihr Gepäck im Schlafsaal aufgebaut. Der Boden des Raumes stand voller Koffer. Beatrice suchte den Vikar auf. Er war der Meinung, der Hundetraum würde etwas anderes bedeuten.

»Und zwar?«

Die beiden Schwestern antworteten nicht sofort.

»Der Vikar hat das ganze Waisenhaus mit Weihwasser gesegnet. Alle Kinder waren dabei; sie gaben zu, zu selten zu beten. Ein weiteres Mal wurde dann der Kinderschlafsaal mit Weihwasser gereinigt. Die Woche darauf starb der kleine Jean-Jaques, nachdem er schwimmen war. Er war gerade einmal sechs Jahre alt. Die Todesursache blieb unklar, auch wenn der Doktor sagte, es handele sich um eine natürliche Todesursache.

»Jean-Jaques?«, frage ich.

»Ja, der Zwillingsbruder von Jean-Baptiste.«

»Genau so ist es passiert«, sagten die beiden Schwestern. »Darum ist der Junge auch so anhänglich.«

Espérance erklärte mir, wie Hexerei funktioniert: »Wer sich von Eltern oder Familie abwendet, wer den Regeln nicht folgt, wird der Hexerei beschuldigt.«

»Gab es denn ein Problem in der Familie der Zwillinge?«

»Ja, selbstverständlich.«

»Du sagst das, als würde es tatsächlich Hexen geben?«

»Natürlich gibt es Hexen«, sagte Beatrice. »Die Hexe umkreist unsichtbar ihr Opfer. Sie saugt ihr Opfer aus, vernichtet es. Niemand kann das sehen. Darum sagt man auch, dass die Hexe im Geist fliegen kann. Sie schickt die Krankheit zu einer Person, in ein Haus, oder Unwetter in ein nahes Dorf. Eine Hexe verlässt die Messe immer vor dem Segen.«

Ich war wie vor den Kopf gestoßen. Ich hatte in alten ethnologischen Büchern von solchen Geschichten gelesen, aber das hier war auf einmal ganz nah und beklemmend. Der kleine Jean-Baptiste, der regelmäßig zu mir kam, spielte eine wichtige Rolle. Mir fiel wieder ein, was Remi mir empfohlen hatte: zuschauen, hingebungsvoll zuhören und versuchen zu verstehen, wie auf dem Hintergrund lokaler Gewissheiten eine eigene Ontologie, eine Lehre vom Seienden, übertragen wird. Remi sprach abstrakt von »einer Ontologie, die das harte zwischenpersönliche Feld bespielt und bearbeitet«. Ich musste feststellen, dass ich mich plötzlich mitten in diesem Feld befand.

Um fünf Uhr am Abend wurde eine Messe im Waisenhaus gefeiert. Dreißig weiße Plastikstühle standen auf dem Rasen bereit. Ein Plastiktisch diente als Altar. Die Kinder näherten sich frisch gewaschen und in sauberer Kleidung. Sie sangen mit Samtstimmen. Nach der Kommunion bat der Priester Gott, jedem Einzelnen Gehorsam und Frömmigkeit zu schenken. Hinter Letzterem versteckte sich ein leichter Tadel.

Mittlerweile war der Diakon schon dabei, das Messgewand auszuziehen, zusammenzufalten und in seinen Rucksack zu stecken. Ohne Vorwarnung brach ein Unwetter los. Aus der Savanne blies ein stürmischer Wind, der kraftvoll den Plastiktisch umstürzte. Alle versuchten, die Stühle mitzunehmen und sich ins Gebäude zu retten, in den Spielsaal für die Kinder. Wir aßen Beignets und frische Erdnüsse.

Als die Kinder schon im Bett lagen, berichtete Espérance von den Aufständen in Kinshasa. Vierzehn Tote, vor allem junge Leute, erzählte man sich. Für morgen war ein neuer Aufmarsch angekündigt.

34

In Yitaanda, an der Grenze zu Angola und fast fünfhundert Kilometer südöstlich der Hauptstadt, hatte der Sohn des Dorfchefs Taanda Kapata bereits den Sarg für seinen Vater in Auftrag gegeben. Der alte Mann lag in seiner Hütte und wartete gelassen auf den Tod. Er empfing noch einige Menschen, unterbrach ihr Jammern und gab ihnen eine letzte Botschaft mit auf den Weg. Man führte mich zu ihm und stellte mich ihm vor.

»Mein Name ist Remi«, sagte ich auf Kiyaka. Ungelenk grüßte ich den alten Stammesführer und gab ihm ein Medikament gegen das Fieber. Das linderte sein Leiden etwas.

Nach der Begrüßung wies man mir ein kleines Zimmer in einem armseligen Häuschen zu. Der Raum maß zwei mal zwei Meter und die Wände bestanden nur aus Zweigen und Lehm. Vor Aufregung konnte ich kaum atmen – das war genau, was ich gewollt hatte. Ich blätterte noch im Wörterbuch, dann brach die Dunkelheit herein. Ich legte mich schlafen. Die Nacht verlief sehr unruhig, denn draußen hörte ich allerlei Geräusche; außerdem krabbelte eine Menge Ungeziefer über meinen Körper.

Am Morgen kam Albert vorbei, der mir half und mir einiges erklärte. Er war ein junger Mann und konnte als Einziger im Dorf ein paar Brocken Französisch. Trotzdem versuchte ich, ihn möglichst wenig auf Französisch anzusprechen. Ich wollte mich von Anfang an daran gewöhnen, Kiyaka zu sprechen.

Die Menschen lebten in kleinen, rechteckigen Häuschen, mit einem Grundriss von drei mal fünf Metern. Die Wände wurden aus Stöcken und Lehm errichtet, das Dach bestand aus Palmblättern und Gras. Überall im Dorf liefen unzählige Hühner umher, auch Schweine und Ziegen. Über den Dächern der auseinanderliegenden Unterkünfte schwebten Sperber, die es auf die Küken abgesehen hatten.

Zu diesem Zeitpunkt hatte ich das silberne Kreuz an meinem Hemd schon abgelegt. Ich wollte keinen zusätzlichen Abstand zwischen den Yaka und mir durch dieses Symbol schaffen. Ich hob es in meinem Zimmer auf; irgendwann stellte ich fest, dass es weg war. Einfach verschwunden.

Ich wartete und beobachtete. Gierig saugte ich die Gerüche meiner neuen Umgebung auf. Die ganze Zeit über musste ich an Onkel Marcel denken, von dem ich mich nicht hatte verabschieden können. Als die Wolken sich auflösten, saß ich plötzlich in der glühenden Hitze. Die Kinder kamen zu mir und sagten, ich müsse mich auch in den Schatten setzen. Zuerst verstand ich nicht, was sie wollten. Aber ich gehorchte ihnen. Das war der Kern meiner Erziehung und meines Strebens: mich selbst zu verlieren, mich anzupassen, endlos zu lernen. Die anderen nachzumachen und sie so von innen heraus zu entdecken – dann würde ich vielleicht bereit sein für das wirkliche Leben.

Am Mittag donnerte es schon wieder. Der alte Taanda Kapata bekam hohes Fieber und halluzinierte. Das Medikament vom Vortag schlug nicht mehr an. Kapatas Sohn bat mich, bei dem alten Mann zu wachen. Auch als ich neben dem alten Dorfchef mit seinem nackten, schnaufenden Brustkorb saß, musste ich die ganze Zeit an Onkel Marcel denken. Plötzlich brach die Atmung ab.

Der älteste Sohn sagte, ohne dramatisch zu werden: »*Taata fuudi*, unser Vater ist gestorben.«

Unmittelbar danach betrat ein Mann den Raum, der um die Hüfte ein weißes Tuch trug, das im Schritt verknotet war. Das war das erste Mal in meinem Leben, dass ich einem Priester-Heiler begegnete. Er bemerkte mich gar nicht. Seine Augen waren undurchdringlich, nach innen gerichtet.

Der Heiler sprach den Toten an: »Seufze nur, stoße deinen letzten Seufzer aus, atme zum letzten Mal aus.«

Es war auch das erste Mal, dass ich wirklich dem Tod in die Augen sah. Der Tod war, so verstand ich nun, ein böser

Schatten, eine Notlage, eine unvermeidliche Finsternis. Er war nicht etwas, das nur anderen zustieß.

Alles, was ich sah, stimmte mit der ethnografischen Darstellung von De Beir überein, ich konnte sogar bis ins Detail vorhersagen, was als Nächstes passieren würde. Der Tote wurde entkleidet und gewaschen, dann wieder angezogen und man legte ihn in einen offenen Sarg. Die Familie bestand darauf, dass ich dabei anwesend war. Besucher trafen ein und gingen wieder, sie stapelten Laken und Decken auf dem Totenbett. Draußen färbten die Frauen sich die Gesichter und die Oberkörper mit Asche weiß. Sie brachen in Wehklagen und Geschrei aus. Die Atmosphäre war verwirrend, merkwürdigerweise auch erotisch.

Das Unwetter brach los und mit einem höllischen Krach schlug der Blitz ins Haus von N-noongu, er war der Nachfolger des Toten. Das Haus brannte vollständig aus. Im Dorf kam Panik auf. Der Vorfall bezeugte möglicherweise, dass der verstorbene Kapata mit der Wahl seines Nachfolgers nicht einverstanden war. Erst als der Abend kam, kehrte wieder Ruhe ein. Die Frauen des Verstorbenen beklagten still dessen Tod, die Männer flochten Matten. Ab und zu brach eine Frau in Tränen aus, dann tanzten sie wieder, schüttelten ihren runden Bauch und die Hüften. Als eine Art Refrain wiederholten sie, was der Priester-Heiler ihnen vorsang, bis sie neben dem Feuer in den Schlaf fielen. Die Älteren tranken weiter Palmwein.

Am nächsten Morgen erklärte der designierte Nachfolger N-noongu feierlich, ich sei ihr Vorfahre Taanda N-leengi, der 1938 gestorben sei. Ich verstand erst nichts, aber Albert übersetzte mir die kuriose Nachricht. Ich sei ein *revenant*, ein Wiedergeborener, ein zurückgekehrter Vorfahre.

»Aber ich bin doch weiß«, sagte ich, als ich es endlich begriffen hatte. »Und ihr habt eine dunkle Hautfarbe.«

»Natürlich«, antworteten sie, »aber unsere Ahnen in der Erde sind auch weiß. Weiß wie die Knochen. Sie sorgen für das Wild, die Fruchtbarkeit unserer Frauen und die Ernte. Es ist gut, dass du jetzt bei uns bist.«

Der älteste Sohn des verstorbenen Dorfchefs lud mich ein, auf dem Grab zu beten. Ich stand neben ihm, bei den Honoratioren, mit meiner bleichen, durchsichtigen Haut als einziger Weißer. Sie gaben mir die *pheembe.* Mit weißem Pfeifenton wurde mir ein kräftiger Strich auf die Arme gemalt. Es war exakt dieselbe Geste, dasselbe Zeichen, das die kongolesische Schwester in Brüssel gemacht hatte.

Ansonsten verstand ich so gut wie nichts von dem, was die Männer erzählten. Wenn ich sie bat, mir etwas zu erklären, sagten sie es hilfsbereit mit anderen Worten noch einmal. Sie waren freundlich zu mir, aber auch abwartend. Ich beobachtete sie und sie beobachteten mich.

Das Leben im Dorf war vielfältig, üppig und vor allem unbegreiflich. Ich sah, wie Männer ins Dorf zurückkamen, die gerade ein Stückchen Urwald urbar gemacht hatten. Sie waren verschwitzt, aber ausgelassen. Etwas später trafen die Frauen ein, ihre Hacken über den Schultern. Einige brachten Fisch mit, andere trugen Feuerholz oder Maniok in Körben auf dem Rücken oder einen Kanister mit Wasser auf dem Kopf. Wenn ich die Männer beim Jagen begleitete, gelang es mir nicht, geräuschlos durch das hohe Gras zu schleichen. Also blieb ich im Dorf und saß meist bei den Kindern und Frauen. So lernte ich die Sprache immer besser.

Im Dorf starben binnen kurzer Zeit mehrere Menschen; ganz in meiner Nähe. Ein zweijähriges Mädchen streckte sich schlafend in seinem Bett aus und machte dabei immer wieder merkwürdige Kehllaute. Währenddessen schmückte die Mutter die Stirn des Kindes mit einer Krone aus weißen Knospen. Um seinen Hals legte sie eine Kette aus aufgereihten Perlen. Es machte den Eindruck eines ruhigen, harmlosen Spiels. Aber dann verkrampfte sich der Körper des Kindes spastisch. Die Mutter presste das Mädchen an sich. Der kleine Körper zuckte. Er zitterte und bebte, zitterte, bis ihn die letzte Kraft verlassen hatte. Laut stöhnte die Mutter vor Schmerz auf, mit einer überraschend tiefen Männerstimme. Dann fing sie an zu weinen und zu kreischen.

Ich konnte nichts zu ihr sagen, was Sinn gehabt hätte. Sie hielten mich vermutlich für taub und teilnahmslos, ich schämte mich. Das Kind wurde direkt hinter dem Haus begraben. Kleine Kinder kämen wieder, sagte man mir.

Wenig später starb eine ältere Frau. Phlegmatisch legte sie sich auf ihr Bett, aß nur noch kleine Happen oder dünne Suppe und plötzlich starb sie. Ich sah, wie ihr Mann zu weinen anfing, und auch diesmal konnte ich nur hilflos zusehen. Die Tote hatte keinerlei Ähnlichkeit mit meiner Mutter, aber ich musste an sie denken und wusste, die Wahrscheinlichkeit war groß, dass sie die Nächste sein würde, die starb.

Ab diesem Augenblick wollte ich alles von ihnen wissen. Sie konnten mir beibringen, wie das menschliche Leben funktionierte, mit all seinen Mängeln und Sehnsüchten, nur weil ich sehen durfte, wie der Mann seine verstorbene Frau zärtlich umarmte und ungelenk ihre Augen schloss. Dann kam der Onkel und schnitt ihr die Haare. Er streckte behutsam ihre Gliedmaßen, rieb ihre Arme und Beine mit Palmöl und roter Erde ein. Auf ihre Stirn malte er weiße und rote Zeichen. Draußen warfen sich einige Frauen schreiend auf den Boden, anschließend auf den toten Körper. Auch hier erschien der Heiler und singend besprenkelte er die Verstorbene: »Wir werden dich mit Achtung begraben, wir wollen das Gute, das weißt du.«

Sie wickelten sie in Baumwolltücher und rollten sie in eine Grube. Der Heiler sprach zu ihr: »Wenn du zu Unrecht gestorben bist, durch Blitz oder im Schlaf, dann darfst du zurückkommen und dich rächen. Strecke den Schuldigen mit einem Blitz nieder, aber lass uns in Frieden leben.« Dann legte man Decken über den Leichnam.

Vierunddreißig

»Der Krokodilmensch ist mystisch«, sagte Diff zu mir. Diffs vollständiger Name lautete Mbaya Désiré, aber seit er sechzehn war, nannten ihn alle nur Différent. Schon in seiner Jugend sei er immer elegant und kultiviert gewesen, erklärte er mir: »Ich wusste, wie man sich zu benehmen hat. Ich kam mit allen klar, ich war einfach anders, daher der Name.«

Diff und ich saßen draußen vor seinem Haus auf orangen Plastikstühlen und unterhielten uns über die Krokodilfrage. Er bat seine Frau, uns Bier zu bringen. Sie saß mit den drei Töchtern etwas abseits. Diff fühlte sich deutlich geehrt durch meinen Besuch. Er benahm sich gleichzeitig zuvorkommend und überschwänglich.

»*Chez nous la mort est provoquée*«, sagte er, aber über die Krokodile konnte oder wollte er nichts erzählen. »Wir nennen die Dinge, die wir nicht verstehen können, *mystique*. Der ehemalige Präsident hatte unser Land der Hexerei verschrieben.

Eine mysteriöse Welt hat den Kongo fest im Griff, aber auch das Umgekehrte ist der Fall. Unsere Fetische liegen heute in den großen Museen überall auf der Welt. Man muss sich fragen, welche Auswirkungen das hat.«

Diff schlug vor, diese Frage mit dem *chef coutumier* von Popokabaka zu besprechen.

»Aber zuerst zeige ich dir unseren Hafen«, sagte Diff einladend. Wir liefen an einer Straße entlang, die die Erosion tief ins Erdreich eingegraben hatte. Sie führte zu einem Fluss. Vom ehemaligen Hafen war kaum noch etwas übrig. Nur drei Pirogen, gefertigt aus ausgehöhlten Baumstämmen, lagen dort.

Er zeigte auf eine Stelle links von der Straße: »Hier wurde das Krokodil aufgeschnitten und eine Woche lang zur Schau gestellt.« Jeder einzelne Bewohner von Popo sei gekommen und habe sich das abscheuliche Biest angesehen. In der Ferne, auf der anderen Seite, entdeckte ich eine weitere Anlegestelle, aber diese war genauso ausgewaschen und unbrauchbar.

Wir liefen an den breiten, geraden Straßen entlang, die von den Belgiern in Popokabaka angelegt worden waren.

»Das hier war die Rue Matadi. Früher hatte jedes Viertel eine eigene Nummer, es gab Blumenbeete und Straßenschilder, auch die Häuser hatten Nummern. Genau wie in Tervuren, wo ich einmal zu Besuch gewesen bin.«

Ich nickte. Wir trafen bei Mathieu Mbemba Nawesi ein, dem achtzigjährigen *chef de groupement*. Er hielt sich in seinem Haus auf. Seine Lippen waren schmal und gräulich, das Lächeln wirkte niedergeschlagen. In der Hand hielt er einen Spazierstock mit einem Elfenbeinknauf.

»Der Prinz bin ich«, sagte der alte Mann statt einer Begrüßung. »Der Kyaambvu hat mich ernannt.«

Diff und ich setzten uns neben ihn auf niedrige Stühle. Eines der Fenster war mit Karton geflickt worden. Die Wände des Wohnzimmers hingen voller historischer Fotos, manche von ihnen waren eindeutig über hundert Jahre alt.

»Vor Kurzem kamen vier oder fünf *ngaangas* in die Cité von Popokabaka. Singend streunten sie hier umher. Sie versuchten, die Leute einzuwickeln, zeigten ihnen ihre Kräfte. Sie behaupteten, die katholischen Priester seien die wirklichen Hexer. Ich habe ihnen Palmwein gegeben, aber kein Geld dafür von ihnen angenommen. Sie sind dann wieder gegangen.«

»Und die Krokodile?«

»Das Problem hat sich anscheinend erledigt«, antwortete der alte Prinz.

»Gibt es denn noch Krokodile in Popo?«, fragte ich nach.

»Die Krokodile sind selten geworden«, wich er aus und ging auf seine adelige Herkunft ein. »Wir sind die Balunda von Katanga, dem Hof von Koola in Shaba. Vor dreihundert Jahren sind wir hierhergekommen.«

Er deutete auf eine große Fotografie hinter sich, die man auf Karton aufgezogen hatte. »Papa hat uns hierhergebracht, Jean-Baptiste Mbemba, geboren 1853.« Der Mann auf dem Foto, ein *chef médaillé*, trug eine Uniform mit großen, gelb kolorierten Orden. Das Porträt war Teil einer Collage aus Präsidenten und Gouverneuren und lokalen Führern – dazwischen und um sie herum hingen zahllose Schnappschüsse von Enkeln und Urenkeln.

Der Prinz dozierte über dynastische Fragen, die für mich ein Buch mit sieben Siegeln blieben. In seiner Geschichte vermischten sich die Jahrhunderte unaufhörlich. Er erzählte, als wäre er bei allen Ereignissen persönlich dabei gewesen. Zu Anfang des letzten Jahrhunderts erreichte ein Boot Popo, dessen Besatzung auf der Suche nach Lianen für die Gummiproduktion war. Unbarmherzig zwangen die Weißen alle Frauen und Männer, Lianen zu sammeln.

»Aber wir ließen uns nicht bestechen«, sagte der alte Prinz, »nicht mit Fayencetellern oder glasierten Schälchen. Schon damals waren wir Händler. Wir machten Geschäfte mit Angola und dem kongolesischen Hinterland.«

Seine Frau brachte uns Primus-Bier und Erdnüsse. Die Nüsse stellte sie in einem zerbeulten Blechtopf auf den Tisch. Der Prinz schenkte das Bier ein. Ich steckte ihm Geld zu. Seine Frau fing an, lateinische Kirchenlieder zu singen, Diff summte mit.

Ich zerkaute die pampigen, feuchten Erdnüsse.

»Ich habe studiert«, sagte der Prinz zusammenhanglos. Außerdem: »Ich liebe Schach.«

Warum erwähnte er das alles? Er kniff die Augen zusammen. Blind listete er die Namen aller Belgier auf, die je in Popo gewesen waren: ein gewisser Carlos, ein Joseph, natürlich der stellvertretende Regionalverwalter André Ryckmans, mit dem er noch Fußball gespielt hatte und der sich mit der Sprache des *tambour-téléphone* beschäftigt hatte. Und Manche le Colon, der an der Office des Routes ein Haus baute. Und dann hörte ich, wie er Remis Namen nannte.

»Was wissen Sie über ihn?«, fragte ich.

»Er war nur kurz in Popo, wenn ich mich richtig erinnere, dann brach er nach Yitaanda auf. Man sagte, er sei ein guter Tänzer gewesen, oder bringe ich da etwas durcheinander?«

Tanzen? Mir hatte Remi gesagt, dass er keinerlei musikalisches Talent besäße. Ich sagte dem alten Mann, er würde sich vermutlich täuschen.

Dann kam er auf die politischen Schwierigkeiten in Kinshasa zu sprechen. Auch wenn er gerade eine Stunde lang uralte Geschichten heruntergeleiert hatte, so war er doch auf der Höhe der aktuellen Geschehnisse in der Hauptstadt. Man hatte das Internet und den SMS-Verkehr im ganzen Land stillgelegt. Fluggesellschaften aus Brüssel und Paris hatten ihre Flüge annulliert und europäische Minister zeigten sich besorgt. Die kongolesische Regierung sprach von vier Toten, die Opposition von fünfzehn.

Plötzlich wurde es stockdunkel. Diff brachte mich rasch zum Waisenhaus zurück. Ich sah die Hand nicht mehr vor Augen und auf dem Weg musste ich Diff am Ärmel packen.

Mit den Kindern aus dem Waisenhaus schaute ich mir ein weiteres Mal ein Spiel an. Tunesien gegen Kongo, ein Unentschieden: 1:1. Der kleine Jean-Baptiste, der wieder direkt neben mir saß, blickte mich an. Er wollte wissen, ob *la guerre* in Kinshasa angefangen habe.

35

Ich saß auf meinem Hügel in der Savanne. Das Dorf Yitaanda war für mich zum Nabel der Welt geworden. Das Leben war intensiv, hart, wundervoll. Es betäubte mich. Zum ersten Mal fühlte ich mich allein und gleichzeitig glücklich, auf eine gefährliche Art. Wenn mir hier etwas Schlimmes geschah, würde niemand mich retten; ich hatte dieses fiebrige Risiko gesucht und liebte es. Ich studierte das Leben in Yitaanda, indem ich daran teilnahm. Ich kritzelte ganze Notizbücher voll, die nur den Zweck hatten, alles festzuhalten und zu verstehen. Manchmal konnte ich Albert um weitere Erklärungen bitten. Sein Vater war übrigens der *juge coutumier* der Gegend.

Am Morgen fing ein junger Mann an, laut zu schreien. Er kletterte auf das höchste Dach im Dorf und schlug zwei Holzstücke gegeneinander. Rasch sammelten sich die Kinder und brachen zum Beschneidungslager auf. Ich wusste, was jetzt passieren würde. Ich hatte nicht das Bedürfnis oder die Sehnsucht, daran teilzunehmen, wie Maurice es mir in seinem luxuriösen Haus empfohlen hatte.

Ich lernte, wie ich nie zuvor gelernt hatte. Die Gesten, die Sprache: Ich versank darin, und als ich die richtigen Worte, die Gesten und das respektvolle Klatschen langsam einigermaßen beherrschte, näherte ich mich zurückhaltend den älteren Männern. Einige Male lud ich sie auf ein Glas ein. Sie spülten sich umständlich den Mund mit dem einfachen Whisky, schluckten ihn hinunter und sagten »*Ahwoom*«. Das lockerte ihre Zungen.

Zunächst erzählten sie von Pater Michel, der einen verstorbenen Wahrsager geschlagen habe. Ich nickte.

Ich tat genau das, was Ignatius gelehrt hat: zuhören, weiter zuhören, schweigen, würdig und besonnen sprechen, niemanden unzufrieden zurücklassen.

Ich nickte noch einmal. In der Ferne erklang eine Trommel.

»Hör genau hin«, sagten die alten Männer. Mit kurzen und langen, scharfen oder dumpfen Signalen verkündete das große *tambour-téléphone* die Namen der Clanväter. Die hohen und tiefen Töne standen für die Namen der Ahnen. Bereitwillig buchstabierten die Männer diese für mich: Ngete, Kasa, Buuka und Mayoomba. Ich notierte sie in mein Heft.

Ich sagte, ich sei zwar nicht verheiratet, habe aber in Europa ein Kind. Ich zeigte ihnen ein Foto des gerade geborenen Sohnes meiner Schwester. Das war eine Notlüge, denn sonst hätten sie mich nie für voll genommen. Als die Älteren mich nach meinem Stammbaum fragten, musste ich angestrengt nachdenken, aber ich kam nicht auf den Namen meines Urgroßvaters. Kopfschüttelnd schauten sie mich an. Ich schämte mich in diesem Augenblick vor ihnen; auch wenn sie generell sehr höflich, fast schon unterwürfig waren. Sie baten sogar um Verzeihung, wenn ich mir den Fuß an einer Baumwurzel stieß.

»Warum entschuldigst du dich jetzt?«, fragte ich.

»Ich hätte dich warnen müssen«, lautete die höfliche Antwort. Wenn ich alleine in den Wald ging, kamen sie aus Sorge mit. Auch wenn ich eigentlich nur allein sein und bei einem ausgetrockneten Wasserfall ausruhen wollte. Einmal fand ich den Weg zurück nicht mehr. Es war schon sechs Uhr abends, also schon dunkel. In Panik kamen die Dorfbewohner, um mich zu suchen. In der Dunkelheit sah ich ihre flackernden Augen. Sie waren mir böse, forderten mich auf, so etwas nie wieder zu machen. Erst da wurde mir klar, dass sie sich für mich verantwortlich fühlten.

An den frühen Abenden, solange es noch hell war und ein lauer, warmer Wind durchs Dorf wehte, befragte ich die alten Männer. Sie misstrauten meiner Neugierde und entgegneten mir daher zunächst: »Es gibt nichts, was wir dir erzählen könnten.« Danach plauderten sie ein wenig, lustlos und überheblich. Sie sagten: »Wir sind jung und unsere Vorfahren haben uns nichts vererbt.«

Es kostete Mühe, Erklärungen zu seltenen Wörtern in Liedern oder Redensarten zu bekommen, aber sie gaben sie mir. Mehrmals sagten sie plötzlich, sie würden ein Huhn brauchen. »Pass gut auf Remi, das musst du dir ansehen.«

Vor meinen Augen wurde ein Ritual durchgeführt. Es begann mit einigen Gesten und Worten, dann wurde das Huhn geopfert, schließlich erfolgten weitere rituelle Handlungen. Ich verstand zwar, was sie sagten, aber die Worte ergaben für mich keinen Sinn. Ich konnte auch nichts fragen, wenn ich den Vorgang nicht stören wollte. Als ich danach meine Fragen stellte, wussten sie keine Antwort. Anscheinend drehte sich alles um kleine Momente, bestimmt durch Bewegungen, Gesten, manchmal auch nur durch einen Satzrhythmus.

Jeden Monat kehrte ich für die nötigsten Dinge drei oder vier Tage zurück nach Popokabaka, auch um einen Vorrat an Lebensmitteln mitzunehmen. Ich besuchte zudem den Bischof, der sich informierte, wie es mit meiner Forschung aussehe.

»Hervorragend«, antwortete ich. »Ich kann mich schon flüssig auf Kiyaka unterhalten. Ich möchte die Sprache so gut beherrschen, dass ich die Heiler verstehen kann.«

Der Bischof lachte kurz, offensichtlich etwas beunruhigt.

Ich ließ mir zum ersten Mal im Leben einen Schnurrbart wachsen. Jeden Morgen rasierte ich mich sorgfältig. Ich machte das wie Onkel Marcel, mit einem Pinsel, Schaum, einer kleinen Schere und Rasierwasser. Es war eine späte Referenz an Marcels Selbstvertrauen, seine Raffinesse. Im Rasierspiegel erblickte ich sogar den Schnurrbart und den Mund meines Onkels.

Die *malice* von Onkel Marcel. Noch in Gedanken bei meinem verstorbenen Onkel besuchte ich den Wahrsager-Heiler Kha Nkoongu, um mich persönlich vorzustellen.

Kha Nkoongu schaute kaum auf, als ich mich zu ihm setzte. Er hatte ein straffes, knochiges Gesicht, das mit einem Öl eingerieben und mit Streifen aus Pfeifenton bemalt worden war.

Auf dem Kopf trug er einen Kranz, geflochten aus Affen- und Zibetkatzenfell. Wir wechselten einige Worte. Manchmal sammelte sich Schaum in seinen Mundwinkeln, als hätte er eine längere Rede gehalten.

Nach und nach erlaubte Kha Nkoongu, dass ich ihn begleitete. Ich war dabei, als ihn eine junge Mutter mit einem Neugeborenen aufsuchte. Die junge Mutter und der Wahrsager-Heiler saßen sich auf zwei Matten gegenüber. Die Frau fragte ihn: »Was ist mit mir geschehen?«

Kha Nkoongu antwortete: »Ich kann dir sagen, was die Ahnen dazu sagen.«

Die Frau erzählte einen Traum und der weise Mann erforschte, was in der Familie geschehen war. Sie bezahlte ihn dafür. In der Nacht träumte der Wahrsager und am folgenden Morgen enthüllte er, wer die böse Kraft in ihrer Familie sei, welcher Fluch ausgesprochen wurde.

Kha Nkoongu antwortete nicht auf Fragen, die ich ihm stellte. Lächelnd schaute er mich an. Er könne nicht erklären, wie er es mache, er könne es nur tun. Nach einer Weile ergänzte er: »Aber eigentlich weißt du es auch schon selbst. Man kann tatsächlich bestimmte Formeln, kraftvolle Worte benutzen. Es gibt auch Drohungen, die eine tödliche Präzision haben und Wörter, die beschützen.«

Das berichtete ich später auch dem Bischof.

»Du kannst also schon mit diesen Yaka-Heilern sprechen?« Der Bischof seufzte.

»Ich denke, dass ich das kann, aber ich warte geduldig, bis sie es selbst wollen.«

Der Bischof kratzte sich am Hinterkopf. Er zuckte mit den Schultern. Mit dem Daumen zog er eine lange Linie auf meinem linken Unterarm und reichte mir dann Briefe von zu Hause. Er hatte einen spöttischen Ton, als er sagte: »Ich bin auch ein Yaka. Und gleichzeitig bin ich dein Magister und dein Briefträger.«

Dieses Mal war ein Brief meiner Mutter darunter, die sich gut erholte. Sie ließ mich wissen, dass der große Volksschriftsteller Stijn Streuvels im hohen Alter von siebenundneunzig Jahren in Ingooigem verstorben sei.

Es war ein merkwürdiger Brief. Nach der Thrombose waren die motorischen Fähigkeiten meiner Mutter zwar zurückgekehrt, aber ihre Handschrift hatte sich verändert. Ehemals abgerundet, war sie nun kantig, nicht wiederzuerkennen. Als hätte ein Fremder den Brief meiner Mutter geschrieben. Seltsam wirkte es auch auf mich, dass sie ihre Teilnahme am Begräbnis von Streuvels viel zu ausführlich beschrieb. Außerdem lagen, wie Beweise, der Totenzettel und ein Zeitungsartikel bei.

An einem heißen Sommertag Mitte August hatten auf dem Friedhof des westflämischen Dorfes siebentausend Menschen dem Schriftsteller einen letzten Gruß entboten. Von Streuvels' Haus zogen sie in einem Tross zur Kirche, hinter der Musikkapelle. Majorettes, ein schleppender Trommelwirbel, der Wind, der mit ihren kecken weißen Federn spielte. Ich sah alles genau vor mir, was meine Mutter in ihrem Brief beschrieb. Streuvels' Sarg lag auf einer Kutsche. Vorne in der Prozession die Witwe und der Sohn, dahinter drei schwarz verschleierte Töchter, gemeinsam mit Ministern und Würdenträgern. In der Kirche sprach der Priester: »Der Frühling seines Lebens war kurz und hart, sein Sommer und die Ernte waren umso reicher.«

Fünfunddreißig

»Sage nicht Hütte, sondern besser Haus«, hatte Remi mir noch mitgegeben, bevor ich in den Kongo aufbrach. Wir saßen in seinem Arbeitszimmer, genannt »die Praxis«, und er hatte einen Rotwein für uns geöffnet.

»Aber diese Häuser sind doch aus Zweigen, Stämmen und getrocknetem Gras gebaut?«, erwiderte ich. »Dann sind es doch eher Hütten?«

Es würde darum gehen, Respekt zu zeigen, antwortete Remi etwas belehrend. »Sage also besser nicht Hütten«, betonte er. »Sei auch nicht leichtfertig, wenn du über alte Männer sprichst, denn sie sind die einflussreichen Akteure im Dorf. Sie stehen in Verbindung mit dem Unsagbaren, dem kollektiven Unbewussten, allem, was einem in den Träumen begegnet. Wenn man so jemandem begegnet, entsteht eine neue Welt, *plurizentrisch*. Aus einer Begegnung wird eine Transfusion.«

Ich schrieb das in meinem Notizbuch mit.

Remi war überzeugt, so gut wie jedes Ereignis, das einen Effekt oder ein Nachspiel habe, könne ein Zeichen sein, alles besäße ein Echo in einem größeren, symbolischen Ganzen; dass – rückblickend – nichts zufällig geschieht. Man könne sich selbst als einen Teil des Stammbaums der Menschheit erkennen, Vertrauen haben zu Verbindungen mit der Vergangenheit, da jedes Ding und jeder Mensch, wenn sie Einfluss ausübten, sich irgendwie erneuerten und wiederholten. Und schließlich, dass man, indem man sich umsieht, gleichzeitig lernt, man selbst zu sein.

Auch das notierte ich Wort für Wort. So lernte ich, Muster zu erkennen, sie gelegentlich auch zu verstehen, was aber noch nicht bedeutete, dass ich sie auch erklären konnte. Denn viele Zeichen verbleiben in einer Schattenzone, sind ohne Bedeutung oder einfach nur unbegreiflich.

Remi erzählte das eines Abends in seinem Apartment, vier Stockwerke über der stillen Stadt. »Etwas Besonderes hat sich aus dieser Zeit in mir bewahrt«, sagte er. »Die Sehnsucht, dem flachen, allzu glatten Heute zu entkommen, immer wieder in den Kongo oder die Westhoek zu gelangen. In meinen Träumen kehre ich an jene Orte zurück, in jene Zeiten.« Für einen Moment war er ganz in sich versunken.

»Das war das größte Geschenk, das ich je in meinem Leben bekommen habe«, fuhr er fort. »Man hat mich im Yaka-Dorf willkommen geheißen. Sie sagten, man habe gewusst, dass ich komme. In ihren Träumen hätten sie mich bereits gesehen.«

Er lächelte, kniff mich kurz ins Bein. »Sogar meine Zigarettenstummel wurden von den Yaka-Kindern aufgesammelt und als Heilmittel benutzt. Als würden Schatten einander berühren. Oder wie die Körperwärme, die man in einem Sessel zurücklässt. Manchmal wird das zu einer Kraft, die man fast anfassen kann.«

Er sagte auch: »Denk bloß nicht, sie wären primitiv. Wir unterschätzen die Verbindung mit dem Unsichtbaren und Unsagbaren oder das Schuldgefühl gegenüber den Verstorbenen.«

Remi war erst siebenundzwanzig gewesen und bei seiner Ankunft hatte man ihn als den Vorgänger des großen Stammesführers bezeichnet. Immer wieder hörte man das im Dorf: Dieser junge Mann sei der Weiße, der Taanda N-leengi wäre – ein aus der Vergangenheit zurückgekehrter Geist.

Während Remi sich in dem abgeschiedenen Dorf aufhielt, wurden überall im Kongo die portugiesischen und griechischen Geschäfte ausgeraubt. Auch Polizisten und Soldaten unterstützten die Plünderungen. Es gab Angriffe angolanischer Rebellen. Es war extrem gefährlich im Land.

»Und doch fühlte ich mich dort zu Hause, geborgen und in Sicherheit in diesem winzigen Fleck auf der Weltkarte«, sagte Remi. »Das war mein Platz. Trotz der langen Nächte und der einschläfernden Hitze fand ich neue Wurzeln an einem Ort, der nichts mit meiner westflämischen Heimat zu tun hatte.«

Er stand auf und wandte sich dem Bücherschrank zu. Er suchte etwas.

»Was suchst du?«

»Jaques Lacan, genauer gesagt, den ›späten‹ Lacan.« Aber er konnte das Buch nicht finden.

»Denn in uns ist etwas ganz Bestimmtes«, sagte er. »Wir müssen uns weit von zu Hause entfernen und anderen begegnen, um dahinterzukommen. Wir benötigen einen befremdlichen Spiegel. Gerade in fremden Wörtern hallt es nach. Endlich sehen wir dann das Unkenntliche, das Sprachlose in uns. Das Dunkle in uns schwingt mit dem Dunklen des anderen. Derselbe Rhythmus, dieselbe ruhelose Melodie. Wenn das geschieht, holen die Yaka den Palmwein hervor. Sie schweigen, schenken ein und trinken gemeinsam. Aber man bekommt das Gefühl einer tiefgreifenden Kommunikation.«

Remi fragte, ob ich noch Wein wolle.

»*Ahwoom*«, antwortete ich.

36

Als die Sonne über Yitaanda aufging, dampfte die Welt. Alles im Dorf war klatschnass, floss über von den unbemerkten, nächtlichen Ereignissen. Ein Yaka weiß, es gibt eine sichtbare und eine unsichtbare Welt. Darum ist er immer angespannt, unsicher und aufmerksam, manchmal auch voller Furcht. Die Zeichen fordern ihn immer wieder aufs Neue heraus, er schaut sich beständig um, denn ein Mensch lebt niemals allein. Daher sind die Yaka auch solidarisch und gastfreundlich; man bringt den Alten Respekt entgegen. Sie haben gar keine andere Wahl.

Ich lebte dort mehr als ein halbes Jahr. Einen Monat nach der Beschneidung marschierten die Jugendlichen wieder ins Dorf. Aus zehn- oder elfjährigen Jungen waren Männer geworden, sogar Jäger. Ich erkannte ihre prachtvollen Masken, solche hatte ich schon in Brüssel bei Maurice gesehen, auch im Musée du Kwango des Pères Jésuites. In Kürze würden einige der jungen Männer nach Kinshasa aufbrechen, um dort ihr Geld zu verdienen.

Zwischen den Unterkünften im Dorf schlich ein schwarzer Hund umher. Schüchtern näherte er sich mir auf langen Pfoten. Ich hatte ihn noch nie dort gesehen. Er erinnerte mich an Baron, den Hund auf unserem Bauernhof, vor allem wegen der Mischung aus Tücke und Vergnügen in seinen dunkelbraunen, schmalen Augen

Als wäre er gekommen, um mich hier zu begrüßen, so schien es mir. Er schaute mich an und lief dann ängstlich weiter. Aber die Dorfbewohner beunruhigte sein Erscheinen, sie reagierten panisch. Mit Knüppeln erschlugen sie den Hund sofort, ohne Mitleid. Noch am selben Tag starb ein älterer Mann in einem nahe gelegenen Dorf, wie sie behaupteten.

Der Zusammenhang wurde mir folgendermaßen erklärt: Ein bösartiger Älterer schickt ein Tier. Manchmal, so sagt man, sei das ein Mistkäfer, manchmal ein Grashüpfer oder eine Kröte. Das Tier dringe in den Körper des Opfers ein und wandere sofort weiter in dessen Eingeweide; daran stürbe das Opfer.

Ich verstand die Heiler und Wahrsager der Yaka immer besser. Sie sind sehr sensibel und intelligent, interpretieren alle Zeichen und arbeiten mit *malice*. Dabei werden sie aber gleichzeitig von ihren eigenen tiefsten Ängsten, Wunden und Verletzungen auf die Probe gestellt. Entweder wird der Heiler durch die Experimente mit den unsichtbaren Kräften verrückt, oder er heilt sich selbst.

Ich fand heraus, dass ein Heiler andere von derjenigen Krankheit befreien kann, die er selbst überwunden hat.

Ich ruhte mich in meinem Häuschen aus. Jemand hüstelte am Eingang. Es war der Priester-Heiler Kha Nkoongu. »Remi, etwas wird geschehen«, sagte er freundlich.

Ich zog mich an und ging hinaus. In einiger Entfernung saß Kha Nkoongu mit Besuchern.

Rund um den Priester-Heiler lag eine Ansammlung von Fetischen. Das war das erste Mal, dass ich mir seine Figuren anschauen durfte. Ich erkannte ihre bitteren, bösen Gesichter, die merkwürdigen Stupsnasen und gekringelten Rüssel. Einige der Fetische besaßen große Geschlechtsteile. Es schien so, als wären die Figuren mit Ruß oder schwarzem Steinkohlegrus bedeckt. Fast alle waren bekleidet oder umhüllt mit Federn, Seil und Raffia. Sie sahen aus wie Püppchen mit vollgestopften Taschen, wie die Schmuggler damals an der Grenze. Noch mehr Menschen versammelten sich um den Heiler, sie fingen an zu tanzen. Der Rhythmus ihres Tanzes wurde hitzig, konkurrierte mit dem Herzrhythmus. Der Tanz war alles andere als unschuldig, einige gerieten in Trance. Ich beobachte sie genau, wollte herausfinden, wer wirklich in Trance war und wer nur so tat.

»Aber um in Trance zu fallen, muss man doch zuerst so tun, als wäre man es schon«, sagte Kha Nkoongu.

Ein junger Mann ergriff zwei tote Ratten, schnitt ihnen die Herzen heraus und vertauschte diese; eine Prise *pfula* kam auch dazu. Er zeigte dem Mädchen, das er erwählt hatte, die Ratten und gab eine davon ihrem Vater, die andere ihrer Mutter. Wenn sie diese annahmen, willigten sie ein, dass das Mädchen zukünftig zu dem Jungen gehörte.

Hier ging es also um einen Heiratsantrag. Das Mädchen lachte schüchtern, stand auf und nahm ein Geschenk des Jungen entgegen. Es war ein Messer. Das Mädchen schaute weg und lächelte gerührt, auch verlegen. Später, als sie sich zurückgezogen hatten, hörte ich, wie sie in ihrer Unterkunft atmeten, auch ihr gedämpftes, fast feuchtes Flüstern.

Anlässlich meiner monatlichen Kurzvisite in Popokabaka besuchte ich wieder einmal den Bischof. Dieser fragte: »Welche Fortschritte macht das Undurchdringliche?«

»Oh, es läuft gut mit dem Undurchdringlichen.«

Der Bischof hob nur kurz eine Augenbraue. Er fand meine Antwort unangemessen. Er fragte: »Hast du das wahre Gesicht des Lebens bereits gesehen?«

»Ja, und es ist schwarz.«

»Du sollst dort nicht vernegern«, antwortete der Bischof verärgert. Er erinnerte mich daran, dass er selbst auch ein Yaka war. Und sagte dann, ohne Ironie: »Sprich nie herablassend über Wahrsager und die Leute, die sie aufsuchen. Ein Wahrsager spricht mit denen, die sich von einem schlechten Schicksal verfolgt fühlen. Er befragt sie, versteht sie zumindest.«

»Das weiß ich«, gab ich zur Antwort.

»Kannst du dem Namenlosen denn schon einen Namen geben?«, wollte der Bischof wissen.

»Nein, noch nicht, aber bald werde ich sagen können, wie es heißt.«

»Und ansonsten?«

»Ça va«, sagte ich und brach wieder zum Dorf auf.

Sechsunddreißig

Kurz noch zur Trance: Sie faszinierte mich, wie sie auch schon Remi gefesselt hatte. Er sagte dazu Folgendes: »Hände, Kopf, das Herz besitzen einen eigenen Rhythmus und die Trance durchbricht diesen. Gute Trommler reißen dich aus dem Gleichgewicht. Du bist entrückt, entfernst dich von dir selbst, wirst durch die Trance verzaubert. Das ist gefährlich. Man sagt: ›Pass auf, dass du nicht in ihr verschwindest.‹«

Eines Abends aß ich im Pfarrhaus von Saint-Sauveur, in der Cité von Popo, bei *curé* Ghislain und *curé* Eddy. Dort hatte einst Remi gewohnt, allerdings wusste man nicht mehr, in welchem Zimmer.

Auf einem Beistelltisch standen Bier und *sucré*, Whisky und Amarula. Wir überblickten den breiten, friedlichen Garten des Pfarrhauses. Das Gespräch kam wieder wie von selbst auf Heilung und Orakel.

»Bei den Yaka ist alles in der Welt ein Zeichen, aber das galt auch schon für die Apostel«, sagte *curé* Ghislain. »In der Bibel steht: Alles wurde vom Geist gesandt. Das Glück und das Leid, die geglückte, aber auch die misslungene Begegnung. Alles wurde vom Geist gesandt.«

»Und was ist dann mit der Hexerei?«

»Täusche dich nicht«, sagte Ghislain. »Wenn wir darüber sprechen, geschieht dies in einer symbolischen Sprache. Es geht um eine bestimmte Weise, wie man reagiert, um eine Perspektive, aber nicht um eine Bestätigung der *forces substantifiées*. Oft sind wir doch in einem Korsett eingesperrt.«

Ich machte mir Notizen. Ich zeigte Ghislain auch die Seiten mit den Krokodilgeschichten, die ich bislang gesammelt hatte.

»Aber warst du denn schon im Kwango schwimmen?«, fragte er.

»Ich traue mich nicht mehr, wegen der Krokodile.«

»Hast du denn Krokodile gesehen?«

Ich schüttelte den Kopf.

»Wenn die Menschen sehen würden, dass du im Kwango schwimmst, vielleicht nur ein kurzes Bad am Ufer nimmst, dann würden sie jemanden ohne Angst sehen.«

»Ich habe vermutlich zu viele Erzählungen über Krokodile gehört«, versuchte ich mich zu verteidigen.

»Du hättest im Fluss schwimmen müssen«, sagte nun auch *curé* Eddy und beteiligte sich am Gespräch. Eddy war ein dicker junger Mann, kaum dreißig, mit einer hohen Falsettstimme. Er hatte in den Vereinigten Staaten Theologie studiert. Jeden Abend spielte er schwitzend Basketball mit den Jungen aus dem Viertel, wie er es auch in Chicago gemacht hatte. Und abends veranstaltete er hinter der Gemeindekirche Liveübertragungen der Fußballspiele. Er berichtete, in Kinshasa seien gestern hundertfünfzig Tote beziehungsweise Verwundete zu beklagen gewesen. So sagte man. Die belgische Botschaft riet von einer Reise in den Kongo ab. Einige sagten, der kongolesische Präsident sei nach Angola geflüchtet.

»Woher weißt du das alles?«, fragte ich ihn.

»Es sind Gerüchte im Umlauf, Verdächtigungen, Beschuldigungen. Aber ganz genau werden wir es nie wissen.«

Hinter der Kirche herrschte eine gute Stimmung bei den Fußballfans. Mindestens fünfhundert Menschen schauten sich dort das Spiel auf einer großen weißen Leinwand an. Kamerun gegen die Elfenbeinküste. Das Ergebnis: 0:1.

37

Ich nahm Kontakt mit verschiedenen Heilern und Wahrsagern auf, darunter war auch der als gefährlich eingeschätzte Khuundzi. Manchmal schenkten sie mir Fetische oder ich tauschte diese gegen ein Geschenk. Gelegentlich kaufte ich ihnen die mächtigen Objekte auch ab. Ich hob sie in einem trockenen, fest verschlossenen Metallkoffer auf.

Von einem *ngaanga buloki* bekam ich eine Plastiktüte, in der sich verschiedene Gegenstände befanden. Eigentlich war es nur ein Wust aus unterschiedlichstem Krempel: zwei Kugeln, gelbe und rote Kabel, ein Goodyear-Aschenbecher aus Blech, Schneckenhäuschen mit Heilmitteln, außerdem Kalebassen, ein kleiner Kochtopf und einige Fetische. Die Dinge, die ich aus der Tüte nahm, wurden immer dunkler und klebriger. Ich musste an die Fetische denken, die Pater Michel mir gezeigt hatte.

Ich spürte, wie ein Gefühl der Beklemmung in mir aufkam.

Eine Frau kam zu mir und überreichte mir eine weiße Ampulle. Sie hatte diese in ein großes, verdrecktes Stück Alufolie gewickelt. Dankbar umarmte sie mich, als ich ihr das gefährliche Objekt abnahm. Der mexikanische Buschpater Paricio, der die große Fetischverbrennung, das Autodafé, noch miterlebt hatte, überhändigte mir eine ganze Reihe Figuren. Die klassische Geschichte, einmal mehr: Auch er hatte damals die schönsten Stücke vom Scheiterhaufen gerettet, oder besser gesagt – entwendet.

Ich ergriff jede Gelegenheit beim Schopf, egal ob bei Tag oder Nacht, die Heiler und Wahrsager in dem guten Dutzend Dörfer um Yitaanda zu begleiten.

Der Austausch mit ihnen gelang mir immer besser. Ich saß einfach neben ihnen. Manchmal reichte ich ihnen auch Gegenstände an, wie der Assistent eines Chirurgen. Langsam beherrschte ich das ausschweifende, bildreiche

Palavern, mit all seinen Wiederholungen und der wortreichen Kiyaka-Rhetorik.

Während ich mich ganz auf diese Aufgabe konzentrierte, vernachlässigte ich meine Gesundheit. Das Chinin gegen Malaria nahm ich nur noch unregelmäßig, da ich als Nebenwirkung eine Art Ohrensausen bekam. Ich rauchte viel, etwa eineinhalb Päckchen am Tag. Nachts lag ich in meinen verschwitzten Kleidern auf der Liege, ohne eine Decke oder ein wärmendes Feuer. Die Kälte drang durch die dünnen Wände. Die ganze Nacht über schwitzte und zitterte ich. Ich stöhnte laut auf, fast wie ein Kind, nur um die Einsamkeit zu vertreiben. Manchmal schlichen sich Mädchen zu mir und versuchten, mich zu verführen. Sie baten um Zigaretten und rauchten diese kichernd direkt vor meinem Gesicht.

Zum ersten Mal litt ich unter Heimweh nach den scharf umgrenzten, strahlend weißen Haufenwolken und der sauerstoffreichen Luft der Westhoek. Um mich zu trösten, zählte ich die Weiler rund um meinen Geburtsort auf: Geldzak, Haai-Baai, Clachoire, Bonte Hond, Molenwijk und Den Abeele, wo unser Hof stand.

In Gedanken lief ich immer wieder durch die Straßen unseres Dorfes. Die flüsternden, rauchenden Mädchen neben mir schauten mich verständnislos an. Eine von ihnen sprach mir nach und imitierte meine geheimnisvolle Formel: »*Gaaibaaide klokaare, bouya tenonte molewie ndebele.*«

Sie kicherten. Die Mädchen verrieten mir, der gefährliche Khuundzi habe sich im Dorf gezeigt. Man sagte über ihn, er könne sich durch die Luft bewegen, mühelos über das Wasser des Kwango laufen, er habe auf diese Art sogar einen weißen Pater nach Kinshasa mitgenommen, einfach, indem er mit seinem schwarzen kleinen Finger dessen weißen kleinen Finger untergehakt habe.

Khuundzi sah auch Dinge, die keiner sonst sehen konnte.

»Kannst du mir das auch beibringen?«, fragte ich ihn.

»Ja, natürlich. Du musst einige Fledermäuse in einer mit Wasser gefüllten Kalebasse einweichen lassen. Einige Tropfen dieser Flüssigkeit gibst du in deine Augen. Drei Tage lang legt sich eine Haut auf die Augen, und in den Augenwinkeln wird sich Eiter bilden. Für eine Weile erblindest du sogar. Aber dann wirst du Hexer und Hexen erkennen.«

»Ich werde darüber nachdenken«, antwortete ich.

»Und das ist nur ein kleiner Teil der Initiation«, sagte Khu-undzi. »Es ist eine Gabe, die nur über die mütterliche Linie weitergegeben wird. Erst wenn dein Vorgänger gestorben ist, wird diese Gabe bei dir zum Leben erweckt. Hast du hier Vorfahren mütterlicherseits?«

»Nein.«

»Na dann«, sagte Khuundzi knapp. Er berichtete noch, dass die Initiation sechs bis neun Monate dauert, in Isolation. Dann ließ er mich einfach stehen.

Ich musste an meine Isolation während des Noviziats denken, auch an meine Beziehung zum Magister. Ich verstand jetzt, dass Traum und Krankheit die Erzählungen des Körpers sind. Die Wahrsager und Heiler erkennen darin ganz genau die unsichtbaren Konflikte. Sie schälen die Gewalt aus diesen Erzählungen; dadurch können sie die Gefahr, das Undurchsichtige bezwingen.

In der Nacht träumte ich, mein Vater würde mir in einem langen, weißen Nachthemd erscheinen. Er war klein und dick geworden. »Ich trinke zu viel Buttermilch«, entschuldigte er sich und zählte die ganze Arbeit auf, die auf den Äckern noch getan werden musste. Ruckartig erwachte ich mit stechenden Kopfschmerzen und einem großen Schuldgefühl.

Was machte ich hier überhaupt? Brauchten sie mich nicht zu Hause?

Mein Vater hatte in meinem Traum Kiyaka gesprochen, wurde mir plötzlich klar.

Im Rasierspiegel fiel mir auf, dass etwas mit meinem Auge nicht stimmte. Es war blutunterlaufen: Eine Ader war geplatzt. Vierzehn Tage später passierte dasselbe mit dem anderen Auge. Mein Blutdruck war zu hoch, das war mir schon seit einer Weile aufgefallen.

In einem nächsten Traum erschien mir Khuundzi, bellend wie ein böser Hund. Er nahm mich zu einer makabren Versammlung mit. Summend landete ein Mistkäfer auf meinem Arm und dann verwandelte sich der Käfer in einen Mann. Eine Fledermaus fiel aus dem Baum direkt über mir, außerdem eine Schlange und eine Eule, und auch aus ihnen wurden Männer, die mich bedrohten. Ein gewalttätiges Fest kam in Gang. Man tauschte Menschenaugen, Menschenfinger, schwammartige Häute und ein Herz. Mit roten Mündern aßen sie alles auf und ich stand mittendrin. Es erklangen Trommeln, Gewehrschüsse, Donnerschläge. Dann entspann sich ein Kampf auf Leben und Tod. Ich schreckte aus dem Schlaf auf, übermannt von einer Angst, die ich noch nie zuvor gespürt hatte.

Am nächsten Tag wollte ich zu Khuundzi. Ich wollte ihm eine Flasche Whisky schenken und ihn so wohlwollend stimmen. Er musste meine Angstträume vertreiben. Aber mein Vorrat war aufgebraucht. Mir war schwindelig und ich blieb in meiner Unterkunft. Im Laufe des Tages erkundigte man sich beunruhigt, wie es mir ging.

Im selben Moment klingelte das Telefon mehr als vierhundert Kilometer entfernt im Servico in Kinshasa. Ein Arzt rief direkt aus der Westhoek an, aus dem Krankenhaus. Meine Mutter war schwer krank, es ging schnell zu Ende mit ihr. Der Arzt rief mich ans Sterbebett.

Zwei Tage später starb sie, ohne dass mich die erste Nachricht erreicht hätte. Kurz darauf traf die Todesnachricht beim Bischof in Popo ein, der mir sein Beileid persönlich in Yitaanda ausrichten wollte. Er brach am folgenden Tag auf.

Der Bischof traf im Dorf der Yaka gemeinsam mit einem belgischen Pater und dessen jüngerer Schwester ein, die ihren Bruder zufällig gerade besuchte.

Ich saß in meiner dunklen Hütte. Schon seit einigen Tagen war ich nicht mehr hinausgegangen. Meine Nachbarn machten sich Sorgen, aber ich hatte mich in meinen Fieberträumen verirrt. Ich hatte sie mehrmals weggeschickt. Der Bischof und seine Begleitung trafen mich vollständig desorientiert und verwahrlost an. Bedrohlich lange dauerte es, bis ich überhaupt meine Augen öffnen konnte. Meine Hände waren aufgerissen und voller Bisse; das ungesund aussehende Haar stand strähnig von meinem Kopf ab. Mir waren ein dicker Schnurrbart und ein Vollbart gewachsen. Außerdem hatte ich mich mit einem langen Strick selbst am Bett festgebunden. Den Grund dafür wusste ich nicht mehr.

Der Bischof schüttelte mich wach. Endlich stand ich von der Liege auf. Ich konnte kaum atmen, mein Herz hämmerte und mit schleppenden Schritten erschien ich draußen, an der frischen Luft. Der Bischof berichtete mir vom Tod meiner Mutter.

Trotz meiner dröhnenden Schläfen und des Augenflackerns war ich sofort hellwach. Vor dieser Nachricht habe ich mich immer gefürchtet, gestand ich ihm. Ich sah meine Mutter vor mir, wie ich sie in Erinnerung hatte: eine verletzte, besorgte, manchmal allzu missmutige Seele in einem Körper, der genauso fragil wie meiner war. Ich roch noch einmal die Gerüche, die von ihr ausgingen: Anis, Maiglöckchen, Eau de Cologne. Dann auch die erdigen Gerüche der Landschaft. Ich sah meine Mutter, wie sie im kühlen, halbdunklen Wohnzimmer stand, wie sie sitzend in einem Buch las, durch das Fenster schaute, hinter dem nichts zu sehen war. Ich ähnelte ihr sehr, wie ich erst jetzt erkannte. Ich war dieser Welt entkommen. Entkommen? Ja, ich war sogar geflüchtet, um mein Leben vollständig zu ändern.

Ich hätte große Angst gehabt, sagte ich plötzlich auf Kiyaka. Ich berichtete auch, dass die Arbeit Fortschritte machte.

»Arbeitest du denn?«, fragte der Bischof auf Französisch.

Darauf wusste ich keine Antwort. Erst dann bemerkte ich, dass der Bischof nicht alleine war. Neben dem Bischof stand ein Pater, der von einer jungen Frau begleitet wurde. Sie trug ein leichtes Leinenkleid.

Was macht diese Frau bloß hier, schoss es mir durch den Kopf, und schon die Formulierung dieser Frage erforderte meine ganze Konzentration.

Sie war sehr bleich, dachte ich. Sie hieß Anna, drang zu mir durch. Ihre Augen waren makellos blau. Ich musste sofort an Kornblumen denken. Ratlos schaute sie mich an. Ich rückte mein schmutziges, lächerliches Hemd zurecht und entfernte rasch das fürchterliche Seil von meinem Bein. Ich bewegte mich unbeholfen und aufgeregt. Ich räumte ein, schon seit einigen Tagen Fieber zu haben, möglicherweise aufgrund einer Grippe oder sogar einer Lungenentzündung. Seit einer Woche hustete ich zudem Blut.

Der Bischof befahl mir, sofort mit ihm zurückzureisen. An die Fahrt nach Popo habe ich so gut wie keine Erinnerungen. In der Mission schimpfte eine baskische Schwester über meine Leichtsinnigkeit. Sie verabreichte mir eine Spritze mit Penizillin, die sie mir zur Strafe besonders tief in die Pobacke bohrte. Ich blieb drei Wochen dort.

Anna, die blonde junge Frau, schaute jeden Tag nach mir. Ich fantasierte immer noch, aber als ich zur Ruhe gekommen war, erzählte ich ihr von den Menschen, mit denen ich dort lebte.

Einem fiebernden Patienten dürfe man nicht widersprechen, dachte Anna laut. Sie lachte.

»Ich möchte dir erklären, was ich über den Geist gelernt habe.« Jetzt war ich ganz klar im Kopf. Der Fieberwahn war wie verflogen und ich trug ihre meine große Theorie über den

Geist vor, über den Genius und den Daimon. Vermutlich halfen mir meine körperliche Verfassung und die erhöhte Temperatur sogar, derart hellsichtig zu formulieren.

»Du hast etwas über einen Geist gesagt?«, flüsterte Anna.

Ich nickte. »Ja, der Geist. Es ist der Familiengeist, der Geist der Familie, zu der man gehört. Der Geist macht dich, infiziert dich. Der Geist beeinflusst dich dein ganzes Leben lang, genetisch, aber auch durch Gespräche und alte Familiengeschichten, die immer wieder erzählt werden. Manchmal handelt es sich um kleine Erinnerungsstücke, typische Ausdrucksweisen oder die Art, wie jemand etwas sagt, aber es geht auch um die großen, verschleierten Traumata der Familie, über die niemand spricht, aber an die jeder Einzelne nahezu täglich denkt.«

Sie tupfte meine Stirn ab.

Ich erzählte ihr von meiner zerbrechlichen, verletzten Mutter, meinem tapferen Vater, meinem Onkel und seiner *malice.* »Das ist der Geist«, sagte ich, »der Familiengeist. Auch wenn es nur einige Sekunden sind, man wird Tag für Tag damit überschüttet, als würde jemand immer wieder einen Eimer Wasser über dir ausgießen.«

Anna fragte, ob ich etwas trinken wolle.

»Dann der Genius«, sagte ich.

»Genius?«, reagierte sie interessiert.

»Der Genius«, sagte ich, »ist der lokale Geist, der *genius loci.* Er steht für den Ort, in meinem Fall das Grenzgebiet, aus dem ich komme. Das leere, flache Land der Westhoek, mit seiner Schwermut und dem düsteren Schweigen. Dort, bei uns, sind Hunderttausende junge Soldaten und erwachsene Männer gestorben. Kein Monat vergeht, ohne dass einer von ihnen ausgegraben würde, nur weil ein Bauer den Pflug diesmal etwas tiefer durch die Erde zieht. Diese jungen Soldaten und Männer sind alle mit mir verwachsen.«

Vielleicht lag dieser Patient ja doch noch im Fieberwahn – ich konnte aus Annas Gesicht ablesen, was sie dachte.

»Also«, fuhr ich fort, »um den Genius oder lokalen Geist zu erkennen und irgendwie loszuwerden, muss man auf jeden Fall fortziehen. Und auch dann kann niemand seinen Genius ganz verlieren.«

Anna bestand darauf, dass ich etwas Wasser trank. Das tat ich.

»Aber wir sind nicht einfach, wer wir sind«, sagte ich, lauter. »Manchmal berühren sich Menschen, weil plötzlich deutlich wird, dass sie sich im selben Strom befinden.«

»Ein Strom?«

»Ja, die Offenheit, den Austausch, die Bewegung zwischen Menschen kann ich gar nicht anders umschreiben. Ein einzelnes Gespräch kann ausreichen, damit sich unterschiedliche Leben für immer miteinander verbinden.«

Ich erzählte ihr von meinem Novizenmeister, von Vanhove und Lecompte, dem halbblinden Pater Michel in Kimwenza, den Heilern und Wahrsagern in Kwango.

»All diese besonderen Menschen haben sich mir gezeigt«, sagte ich. »Sie sind meine Daimones.«

»Dämonen?«, fragte sie erschreckt.

»Nein, Anna, meine Daimones. Ein Daimon ist nicht böse. Der Daimon ist der Halbgott in einer gottlosen Welt. Er ist der Botschafter und kommt, um dir etwas zu sagen. Seine Nachricht macht einen anderen Menschen aus dir. Wenn man einem Daimon begegnet, ist es so, dass dieser – es kann natürlich auch ein weiblicher Daimon sein – darauf gar nicht vorbereitet ist. Der Daimon benimmt sich unbeholfen, steht irgendwie im Weg, aber gleichzeitigt merkt man, dass es ihn unbeirrt direkt zu dir geführt hat. Man muss dem Daimon zuhören, seinen ungebetenen Rat befolgen. Nichts ist danach noch, wie es war.«

»Warum?«

»Nein, das darf man die Daimones nicht fragen. Es gibt keinen Grund, oder sie kennen ihn zumindest nicht. Aber sie machen dich auf eine Quelle aufmerksam, eine Bedeutung.

In dieser Hinsicht sind ihre Gedanken einzigartig. Sie schicken dich in eine Richtung, die man nie und nimmer selbst gefunden hätte.« Ich saß aufrecht auf meinem Krankenlager, fast wie in Trance.

Ich wollte wissen: »Was bedeutet es, Anna, dass du jetzt hier bist? Wieso bist du hier? Wer bist du eigentlich?«

Anna erzählte, sie besuche hier, mehr oder weniger als Touristin, ihren Bruder. Jeden Abend blicke sie auf der Veranda in die Dunkelheit. So etwas habe sie noch nie in ihrem Leben gesehen. »Wie pechschwarz die Nacht hier sein kann, wie die absolute Schwärze der Nacht alles absorbiert, wie ...«

Ich bat Anna, etwas näher zu kommen. Dabei war sie schon so nah. Ich fantasierte, daran gab es keinen Zweifel. Leidenschaftlich, ungestüm sagte ich: »Heilen, die Menschen genesen. Menschen genesen erst, wenn sie den Heiler erkennen, und wenn man nicht aufpasst, kein Zeichen gibt, ach, dann erkennt man den Heiler erst, wenn es zu spät ist.«

Der Schmerz platzte wie eine große Blase in meiner Lunge auf.

»Ach«, jammerte ich, »ach, ach, ach«, und während mich stechende Schmerzen durchfuhren, spürte ich bereits die Erleichterung der Heilung. Ich sei erlöst, genesen, rief ich fröhlich aus, lachte und ich musste an die Zeit denken, die bald vorüber sein würde. Gleichzeitig sah ich ein Strahlen in Annas anmutigem Gesicht. Ich starb fast vor Schmerzen und sie lachte die ganze Zeit.

Anna dachte: Genesen? Genesis? Worüber spricht dieser kranke junge Mann eigentlich?

Ob ich jetzt auch selbst heilen würde, heilen könnte, fragte ich sie. Und noch einmal mit Nachdruck. »Kann ich heilen?«

»Natürlich wirst du gesund, wirst du auch selbst heilen«, sagte Anna mit der Gewissheit einer Hellseherin. Mit dieser Erkenntnis – oder diesem Missverständnis – fiel ich in einen tiefen Schlaf.

Als das Fieber nach vier Tagen endlich wich, waren meine charakteristische Neigung zur Schwermut, auch mein fast krankhafter Trieb, immer wieder zu flüchten, einfach mit ihm verschwunden.

Siebenunddreißig

Curé Ghislain, *curé* Eddy und ich fuhren von Popokabaka aus südwärts, in Richtung Kasongo Lunda. Für mich war das ein sehr wichtiger, letzter Ausflug, denn das war die Gegend, in der auch Yitaanda liegt, wo Remi vor beinah fünfzig Jahren gelebt hatte. Unterwegs boten wir einer dünnen Frau, die ein erschöpftes Kind auf der Hüfte trug, eine Mitfahrgelegenheit an. Sie lief von ihrem Maniokfeld zurück ins Dorf und hatte ein kleines, braunes Fläschchen dabei. »Gegen Malaria«, erklärte Eddy mit seiner hohen Stimme. Wir nahmen die Frau bis zu ihrem Dorf auf einem Hügel mit. Von dort blickten wir über den Kwango. In der Ferne lagen die silbrigen Hügel Angolas. Unter dem weiten Himmel wand sich der breite, braune Fluss majestätisch.

»Da hast du deine Krokodile«, sagte Ghislain.

Die Frau sagte etwas und Eddy übersetzte es für mich: »Man sagt, Krokodile würden weißes Fleisch verabscheuen.« Aufmerksam schaute sie mich an, sie wollte sehen, wie ich darauf reagierte. Ein breites Lächeln entblößte ihre perfekten Zähne.

Fünfundvierzig weitere Kilometer mussten wir noch mit dem Auto auf schwierigem Gelände zurückzulegen, bevor wir Lutondo, genauer gesagt das Dorf Itenga, erreichten, auf der Hochfläche zwischen dem Kwango und dem Wamba. *Père* Alejandro erwartete uns. Er war Baske und um die siebzig, außerdem ein fanatischer Barça-Fan. Früher war er die rechte Hand des damaligen Bischofs gewesen, in Ath hatte er Veterinärmedizin studiert und dann hier 1967 mit einigen Kühen angefangen. Mittlerweile hielt er auf der Farm rund dreitausend Tiere.

Er zeigte uns den Zuchtbetrieb, freilaufende Kühe in der Savanne, die von Hirten begleitet wurden. Er offenbarte uns, dass ihn mittlerweile pessimistische Gedanken verfolgen würden: Er stecke mitten in komplizierten, heiklen Auseinandersetzungen mit dem Verwaltungsapparat. Kürzlich sei der neue Polizeichef vorbeigekommen und habe eine Kuh von ihm gefordert. »Die gab ich ihm natürlich nicht«, sagte Alejandro, »denn das wäre entweder ein Zeichen von Schwäche oder Korruption gewesen.«

»Denkst du manchmal daran aufzugeben, Alejandro?«

»Dafür bin ich zu alt.« Jeden Abend stellte Alejandro einen Stuhl vor seinen Schuppen. Von seinem Thron, so nannte er ihn, betrachte er die Obstbäume und den Busch dahinter. Dann würde er anfangen zu philosophieren und zu beten, sagte er. Dann trinke er ein Glas. Morgens und abends wasche er sich im Fluss. Diese Rituale reichten, um durchzuhalten.

Wir besuchten die Schule, die er errichtet hatte. Auf dem großen, leeren Dorfplatz standen vier oder fünf einfache Baracken, ärmliche Klassenzimmer mit niedrigen, schmalen Bänken. Alle setzten sich kerzengerade hin, als wir eine der Baracken betraten. An den Wänden hingen vier oder fünf selbstgezeichnete, bemalte Schautafeln aus Karton. Ich erkannte eine Landkarte des Kongo, eine schematische Darstellung des Verdauungssystems von Kühen, und »Stanley begegnet Livingstone«.

Die Kinder der drei unteren Klassen führten uns etwas vor. Geordnet standen sie auf einer Grasfläche, es waren bestimmt hundert Kinder. Mit geschlossenen Augen sangen sie in ihren blau-weißen Uniformen ein Gebet.

»Augen zulassen«, ermahnte sie die Leiterin. In einem strengen Ton rief sie den Kindern zu: »Was müsst ihr sein?«

»Brav!«, riefen sie auf Kommando zurück.

Und was noch? »Klug.« Und außerdem? »Höflich.«

Denn sonst kommt der Nikolaus nicht. »Nein, das wollen wir nicht.«

Wollen wir etwa, dass er dieses Jahr nicht kommt? »Nein.«

Wollen wir das? »Nein, das wollen wir nicht.«

Darum sind wir? »Brav.«

Und was noch? »Klug.«

Und außerdem? »Höflich.«

Die Kinder hüpften auf Befehl, streckten und reckten sich. Danach sangen sie ein Schullied und marschierten währenddessen auf der Stelle. Es handelte von der *Jeunesse catholique.*

Curé Ghislain forderte sie auf, für die Einwohner von Kinshasa zu beten. Mit ihren Gebeten sollten sie das Herz des Präsidenten erweichen. Am selben Tag hatte in der Hauptstadt wieder eine Demonstration stattgefunden, erzählte der Priester, und wieder wurden Menschen erschossen.

Der Direktor bat mich, das Wort an die Kinder zu richten.

»Ich?«, fragte ich überrascht.

»Nun, was ist Ihre Botschaft an unsere Kinder?«

Ich erzählte dieser bereitwilligen Kinderschar, ich sei auf den Spuren eines gewissen Remi unterwegs, der hier vor langer Zeit bei den Yaka gelebt habe; auch, dass ich darüber schreiben wollte.

»Il écrit des livres«, ergänzte der Direktor und zur Verdeutlichung schrieb er symbolisch mit der einen Hand in die andere. Ich erntete Applaus.

Später fragte ich den Direktor, ob er Remi gekannt habe. Yitaanda lag nämlich nur zehn oder fünfzehn Kilometer Luftlinie entfernt, allerdings gab es keine Straßenverbindung.

»Wir kennen ihn«, antwortete der Schuldirektor, »aber ich persönlich bin ihm nie begegnet. Wie ich hörte, konnte er hervorragend tanzen.«

Er betrachtete mich von oben bis unten. Dann wollte er wissen, ob ich der Sohn von Remi sei.

Ich war einen Moment lang sprachlos. Ich musste an einen Beitrag von Remi denken, den ich einmal gelesen hatte. Er handelte vom *mbwoolo*-Kult und im Text wurde eine furchterregende Holzfigur beschrieben, die von Kopf bis Fuß in weiße Leinenkleidung eingehüllt war, sie trug auch einen

Helm und Schuhe. Sie stellte den weißen Mann dar, der dem wiedergeborenen Ahnen ähnelt. So kannten die Kongolesen den Weißen: reich und mächtig, mitunter liebenswürdig und respektvoll, manchmal jähzornig, und überall dringt er schamlos ein. Dieser Weiße wurde *n-hyooka* genannt, aber so wurden auch Schweine bezeichnet. Die schnüffelten auch viel zu neugierig herum und zogen von Haus zu Haus.

Was hatte ich dort im Kongo in Gottes Namen zu suchen? Wer war ich, dass ich nach einem Schatten in der Vergangenheit suchen musste?

38

Überall auf der Welt warten Einzelne an einem entlegenen, fremden Fleckchen Erde darauf, ein Zeichen zum Aufbruch zu bekommen. Das galt nun auch für mich in jenem Yaka-Dorf in Kwango. Der Tod meiner Mutter und ihre Beerdigung lagen mittlerweile gut einen Monat zurück. Die Nachricht hatte mich zu spät erreicht und durch meine langwierige Genesung ergab es keinen Sinn mehr, so hatte ich es zumindest entschieden, nun noch Hals über Kopf nach Hause in die Westhoek zu fliegen. Das sei aber kein Ausdruck von Gleichgültigkeit, versuchte ich mir klarzumachen.

Ich war wieder bei Kräften, sogar geheilt. Von meinen Gefühlen überwältigt, hatte ich Anna geküsst, die nach Europa zurückkehrte. Den Bischof ließ ich wissen, ich müsse noch ein letztes Mal nach Yitaanda. Nur einmal noch, auf jeden Fall dieses eine Mal noch.

Der Bischof schaute mich mit weit aufgerissenen Augen an.

Noch am Tag meiner Ankunft in Yitaanda ging ich zum Priester-Heiler Khuundzi. Ich sagte, dass ich ihn dringend sprechen musste. Es fing an zu regnen und die älteren Männer, die Khuundzi umringten, warteten ab. Nach dem Schauer wollte ich wissen, wann wir anfangen würden. »Wir haben längst angefangen«, entgegnete mir Khuundzi mit einem leicht verächtlichen Lächeln.

»Wir sprechen also über Heilung«, sagte er. »Erst wenn der Schuldige gefunden wurde, kann die Heilung beginnen. Verstehst du das, Remi?«

Währenddessen goss er Wasser in eine Kuhle in der Erde. Mit hoher Stimme, fast schon singend, sagte er: »Ach, wenn es nicht ist, wie es ist, dann ist nichts, wie es ist. Dann würde ich lügen, dann wäre mein Vater nicht mein Vater. Dann würde mein Sohn mich nicht Vater nennen.«

Plötzlich krähte Khuundzi wie ein Hahn, laut und kratzig. Er fing an, auf eine kleine Trommel zu schlagen und in deren Rhythmus zu tanzen.

Ich erzählte ihm, wie ich von meinem Vater geträumt hatte, auch, dass dieser im Traum Kiyaka sprechen konnte. Ich berichtete ihm auch vom Tod meiner Mutter.

»Was erwartest du, dass ich jetzt sage?«, fragte Khuundzi unerwartet scharf. »Ich kenne deine Familie nicht, du bist nicht von hier. Willst du, dass ich dir sage, du sollst zurückkehren? Ist es vielleicht so, dass du zurückkehren musst, weil dein Vater dich hier in einem Traum gefunden hat? Ist es das, was ich sagen soll?«

Khuundzi schwieg. Er markierte meine Stirn mit einem Strich aus roter Erde. »Du hast das Band mit deiner Familie zerrissen, Remi. Vielleicht bist du nur etwas, was vorbeitrottet und neugierig an uns herumschnüffelt. Nichts sonst.«

Hinter uns lief ein Schwein vorbei.

Gemeinsam liefen wir zum Friedhof des Dorfes und mit bloßen Händen fing Khuundzi dort an, in der Erde zu wühlen. Wie ein Hund. Er drückte sein Gesicht in die Erde. Er schnaubte. Er sprang herum, der Speichel floss ihm aus dem Mund. Er seufzte, murmelte vor sich hin, schien aber nicht zu finden, was er suchte.

Auf den Gräbern standen gegabelte Baumstämme, aber es waren nicht die Gräber meiner Ahnen. Khuundzi wurde provozierender, schleuderte mir entgegen: »Ich höre das Knabbern einer Ratte, ich höre eine Grille, etwas kreuzt den Weg, es ist auf der Jagd. Während du immer weiter schwatzt und Fragen stellst, habe ich all das längst gehört.«

Ich klemmte meinen Kopf zwischen meine Hände, ein schweres Gewicht drückte auf meine Schultern.

»Da ist noch jemand im Spiel«, sagte Khuundzi, »ich sehe jemanden, den ich nicht kenne.«

»Wen?« Ich rieb mir die schmerzenden Schultern.

Der Priester sagte: »Ich sehe einen alten Mann, der auf deiner linken Schulter hockt. Wusstest du das überhaupt?«

Ich schaute verblüfft auf. Über mir sah ich das Gesicht meines alten, schweigenden Vaters. Anschließend auch das von Onkel Marcel, der diesmal englische Grabinschriften vorlas. Vor meinen Augen tanzten schwarze Schlieren, die breit in alle Richtungen ausliefen. In diesen Schlieren erschien sogar der schwarze Soldat, Pius, genau wie mein Onkel ihn einst beschrieben hatte. Er saß auf den Schultern von Onkel Marcel, der wiederum auf den Schultern meines Vaters hockte.

Dieser Menschenturm über mir zermalmte mich, mit einem Schlag kippte ich nach hinten. Ich landete hart auf dem Rücken, als hätte mich etwas niedergestreckt; mit geschlossenen Augen blieb ich so liegen. Ich murmelte: *»Dyeeko phaangu dyasiisa mbvuumbi kaanda kukuluka.«*

Khuundzi stand der Schreck ins Gesicht geschrieben, als ich das sagte: »Wiederhole das, Remi.«

»Dyeeko phaangu dyasiisa mbvuumbi kaanda kukuluka.«

»Wo hast du das gehört? Es kann nicht sein, dass du diese Worte kennst.«

Ich rappelte mich auf und setzte mich neben ihn. Ich erzählte, dass vor langer Zeit, lange vor mir, im Ersten Weltkrieg, ein schwarzer Mann in die Westhoek gekommen war. Er hatte *un message* oder *un mensonge*, eine Lüge, aber vielleicht war es auch eine *musaasu*, eine Beschwörungsformel.

»Vielleicht hast du das auch in einem deiner klugen Pater-Büchlein gelesen«, sagte der Priester Khuundzi. »Manche unserer Alten werden etwas redselig, wenn sie zu viel Palmwein getrunken haben.«

»Nein, daher habe ich es nicht«, entgegnete ich.

Die Dämmerung brach ein. Es war Vollmond, er leuchtete rotorange wie Rost. Nach einer Weile sagte Khuundzi: »Vor langer Zeit ist ein junger Mann aus Yitenga mit einem portugiesischen Händler mitgegangen.«

»Hieß er vielleicht Pius?«, fragte ich schnell.

»Nein, er hatte einen anderen Namen«, sagte Khuundzi. »Er war der Sohn eines Stammesführers und wollte mit den Geheimnissen der Weißen zurückkehren. Aber er kam nie wieder. Die Älteren sagten, er habe das Geheimnis der Weißen gefunden, es aber für sich behalten. Andere waren davon überzeugt, dass die Weißen ihn nicht mehr fortließen.«

Dann hob der Priester die Stimme: »Ihr habt ihn getötet. Ein Toter fordert ein Palaver, und wenn das Palaver nicht abgehalten wird, vernichten die Nachkommen sich selbst: *Dyeeko phaangu dyasiisa mbvuumbi kaanda kukuluka.«*

Er stellte eine Wasserschale zwischen uns. Er sagte: »Remi, du bist wissbegierig. Wenn du möchtest, bringe ich dir noch eine letzte Sache bei.«

Ich nickte begeistert.

»Aber sei dir bewusst, dies ist die Stunde der Nacht. Du musst dir darüber im Klaren sein, wenn du jetzt weitermachst, dann gehört, was auch immer du im Wasser sehen wirst, mir.«

Zuerst verstand ich nicht, was er damit meinte.

»Du darfst ins Wasser schauen«, sagte Khuundzi fürsorglich. »Aber du sollst wissen: Was du sehen wirst, gehört zukünftig mir.«

Ich zögerte. Plötzlich bekam ich es mit der Angst zu tun. Was würde ich in der Schale sehen? Ich wusste nicht, was sich darin noch vor mir verborgen hielt. Ich begriff, ich würde immer ein Fremder bleiben, auch für mich selbst.

»Ich höre hier auf«, sagte ich und drehte mich weg. Ich hatte eine Entscheidung getroffen, ich würde nicht ins Wasser schauen.

Wir saßen uns immer noch gegenüber. Beide schwiegen wir. Etwas später nickten wir gleichzeitig ein. Als es Tag wurde, erwachte ich erleichtert. Khuundzi war bereits verschwunden.

Ich sagte: »Ich stehe auf und werde fortgehen«, und erzählte das den Dorfbewohnern.

Der Heiler Kha Nkoongu streute sich weiße Asche auf den Kopf als Zeichen der Trauer, weil ich sie verließ.

Er sagte: »Du hast uns die Worte des schwarzen Soldaten zurückgebracht. Weiß bist du hierhergekommen und schwarz wirst du gehen. Du gehörst zu uns, gib zu, du gehörst zu uns«, und dann fingen alle an zu tanzen. Der Rhythmus der Trommel kam auch über mich. Ich spürte, wie er sich in mich senkte, wie er in meinem Körper bebte. Ich dachte an Onkel Marcel, der auf dem Traktor genau gespürt hatte, wie die Soldaten tief unter ihm noch immer an ihren Tunneln gruben. Meine Hände zitterten.

Ich tanzte, tanzte, bis ich umfiel, und stand wieder auf und tanzte weiter. Während ich tanzte, feuerten die Männer des Dorfes siebenundzwanzig Schüsse ab. Außer sich vor Freude, dass ihr Ahne zurückgekehrt war. Ihr Ahne: ich.

Mein Abschied verlief ansonsten ruhig. Niemand hielt eine Ansprache, keine Versprechen wurden gegeben, kein Rückblick gehalten, und das war auch gut, denn wie hätte man zusammenfassen können, was alles passiert war.

Die Reise zurück durch den Busch, erst nach Popokabaka und dann nach Kinshasa, verlief zügig. Als Bertin, der Fahrer, auf dem Boulevard du 30 Juin in Kinshasa ein ungeschicktes Fahrmanöver versuchte, rief ein Taxifahrer in meine Richtung: »*Espèce de Flamand.*«

Durchgeschüttelt, verschwitzt und schwindlig von der Hitze kamen wir im Servico an. Im Refektorium lag eine Nachricht auf dem Tisch: »*La bouteille est au frigo, à votre soif.*«

An der kalten Flasche im Eisschrank hing ein Zettel: »*Réservé pour Remi.*«

Ich berichtete dem Rektor von meinem Entschluss, den ich schon vor einer Weile gefasst hatte: Ich würde austreten.

»Das wusste ich natürlich schon«, sagte der Rektor. »Wir alle wussten es übrigens.«

Die Pater sagten: »Vielleicht hast du genau das gesucht. Denn du bist zu ihnen gezogen.«

Ich gab ihnen recht. Ich sagte: »Vielleicht bin ich eingetreten, um auszutreten.«

Ich hatte mir diesen Moment oft vorgestellt. Ich hatte einen unterkühlten, einseitigen Wortwechsel erwartet, das Eingeständnis meines Scheiterns. Am Boden zerstört würde ich mich abwenden – aber nichts davon geschah. Etwas war von mir abgefallen, ohne dass ich es bemerkt hätte. Ich unterzeichnete die notwendigen Papiere und wurde von meinem Gelöbnis entbunden.

In den Ordensregeln hatte Ignatius über solch eine Entlassung geschrieben: »Dergleichen muss mit Sorgfalt geschehen, eher väterlich als juristisch.«

Auch erwartete mich ein Brief. Er stammte von Anna. Sie berichtete von ihrem Bruder, der ebenfalls ausgetreten war, und sie wollte wissen, ob wir uns wiedersehen würden.

Ich brachte zwei große Koffer mit seltenen, mächtigen Fetischen in die Musées Nationaux, auf dem Mont Ngaliema in Kinshasa. Kurz bevor ich zum Flughafen von Ndjili losfuhr, sah ich noch, wie ein junger Kongolese im Servico ankam. Er trat als Novize ein. Ich schätzte ihn auf achtzehn Jahre. Seine Eltern und sein Onkel begleiteten ihn. Zum Abschied spuckten Vater und Onkel kurz in die Hände des jungen Mannes.

Achtunddreißig

Am Morgen meines letzten Tages in Popo rasierte ich mich gründlich. Es war noch früh. Ich zog mein weißes Sonntagshemd an und setzte mich, genau wie *père* Alejandro es zu tun pflegte, auf einen Lehnstuhl auf der Veranda des Pfarrhauses. Ich beobachtete die Schwalben, hörte ihrem frechen, fast elektronischen Lärm zu. Hinter dem großen Garten des Pfarrhauses ertönte lautes Kindergejohle, auch eine Trommel.

Ich war mir bewusst, dass meine ganze Reise nur vordergründig den Krokodilen galt. In erster Linie war sie meine Expedition nach einer Reise, auf die sich Remi einst suchend begeben hatte. Eine Reise, auf der er lernen wollte, Menschen zu heilen, und so selbst geheilt wurde – oder war es umgekehrt? Oder eine Suche danach, wie Geschichten Menschen antreiben und begeistern – und sogar ihr Leben lenken.

Ich besuchte die Messe. Vorneweg zog *curé* Eddy in einem festlich grünen Messgewand ein. Er sang hervorragend. Ich saß in der achten oder neunten Reihe neben Diff und dem Caritas-Mann, beide trugen wie ich ein weißes Hemd, aber Diff hatte sich zudem eine Strickweste mit Schottenmuster angezogen. *Curé* Eddy predigte langwierig und eindringlich auf Kiyaka. Diff stieß mich kurz mit dem Ellenbogen an. In seinem französischsprachigen Messbuch deutete er auf den Text der heutigen Lesung: Jona geht nach Ninive und verkündet den Einwohnern, Gott werde die Stadt vernichten. Aber, so wandte sich Eddy nun pathetisch an die Gemeinde in Popo, wenn die Stadt sich bekehre, würde Gott sie verschonen.

Der Chor mit seinen eher schrillen, schneidenden Stimmen wurde von einer fröhlichen E-Gitarre begleitet. Alle wiegten den Oberkörper hin und her oder tanzten auf der Stelle, so auch ich. Die Gläubigen vollführten spontane Gesten zum Lobe Gottes und der Hingabe. Nach der Messe gingen manche Besucher in den Garten des Pfarrhauses. Sie schleppten Felsblöcke und Steine, die zum Teil erstaunlich groß und schwer waren, einfach auf ihrem Kopf. Sie hatten das Baumaterial in Tücher gewickelt, manchmal musste auch ein Büschel Gras genügen. Letzte Woche hatte der Priester dazu aufgerufen, gemeinsam eine große Lourdesgrotte neben der Kirche zu errichten.

Auf der Rückfahrt nach Kinshasa saß ich vorne im Wagen neben Eddy. Die Straße war so ausgestorben wie die Landschaft. Hin und wieder sahen wir ein herausgeputztes Motorrad, darauf saßen immer zwei Männer. Der Fahrer erzählte mir, was die Leute vorige Woche in Kinshasa skandiert hatten, gegen Kabila: Verräter des Volkes, Dieb der Stimme des Volkes, altes Krokodil!

Der Wind wehte durch unseren Wagen, der vollbeladen mit Maniok war. Unterwegs kauften wir leere gelbe Benzinflaschen und Ananas. Leise sangen wir die Lieder im Radio mit. Am Pont Kwango aßen wir in einem einfachen *restaurant de fortune*, eigentlich war es nur eine Hütte mit grünen Gardinen. Auf dem niedrigen Tisch standen tiefe Teller mit Sardinen, Flussfisch und Huhn.

Am frühen Abend erreichten wir Kinshasa. Die politische Ruhe und auch die Betriebsamkeit in den Straßen waren wieder eingekehrt. Nach drei Tagen heftigen Aufstands, man sprach mittlerweile schon von *Les trois glorieuses*, wurde der institutionelle Dialog wieder aufgenommen, wie man feierlich verkündete. Seit einem Tag waren die Geschäfte und der Flughafen wieder geöffnet. Am Straßenrand passierten wir einen ausgebrannten Transco-Bus. Wie viele Tote und Verwundete es genau gegeben hatte, blieb unbekannt.

Abends spielte Kongo-Kinshasa im Viertelfinale gegen Kongo-Brazzaville. Im Wartebereich des Flughafens Ndjili sah ich mir das Spiel auf einem großen Monitor an. Ich saß zwischen den anderen wartenden Reisenden. In der Pause vertraute der Manager mir an, er sei bei der letzten

Weltmeisterschaft für Belgien gewesen. Nur eine Sache habe ihn gestört. Höflich erkundigte er sich erst, ob er sagen dürfe, was das gewesen sei.

»Ja bitte, sagen Sie es ruhig.«

»Dass die Belgier sich *les diables rouges* nennen. Das geht doch nicht?«

»Aber es ist doch nur ein Spiel«, sagte ich.

»Das ist mir bewusst.«

»Fußball ist nicht das echte Leben.«

»Auch das ist mir bewusst. Aber der Teufel ist echt. Er ist das Böse, *tu sais.*«

Das Spiel war ungeheuer spannend. Eine halbe Stunde vor Abflug meines Flugzeuges befanden sich alle in einem Freudentaumel: Kongo-Kinshasa gewann das Viertelfinale gegen Kongo-Brazzaville mit 4:2. Schunkelnd und tanzend stimmte ich mit den kongolesischen Fans in die Nationalhymne ein.

Teil 5

Zurück in der Westhoek

39

»*Bonjour, mbote papa*, hier bin ich«, begrüßte ich meinen alten Vater. Ich küsste ihn und schloss ihn gerührt fester in meine Arme. Das fühlte sich merkwürdig an. Alles an meinem Vater war geschrumpft und rundlich geworden. Sein dünnes, in Büscheln wachsendes Haar stand zerzaust vom Kopf ab und er versuchte es mit der rechten Hand glatt zu streichen. Das gelang ihm nicht. Unbehaglich standen wir draußen, inhalierten die Luft. Als müsste ich zuerst jeden einzelnen Geruchsfetzen der Westhoek wieder kennenlernen.

»Ich habe den Orden für immer verlassen«, sagte ich.

»Bist du dir sicher?«, fragte mein Vater.

Ich nickte. Ich war mir absolut sicher.

»Ist alles in Ordnung mir dir?«

»Ja, mit mir ist alles in Ordnung.«

Vater schaute mich mit seinen blaugrauen Augen an. Erleichtert holte ich Luft. Er war gealtert, hatte sich aber auch verändert: Seine Arbeitslust, seine Entschlossenheit, auch sein so typisches bäuerliches Selbstbewusstsein waren verschwunden. Er war milde geworden; auch seine Starrsinnigkeit, sogar die Schweigsamkeit, hatte er abgelegt.

»Es wird hier abends vermutlich viel länger hell bleiben als im Kongo«, sagte er beiläufig. Er erinnerte sich an diese Beobachtung aus meinen Briefen.

»Es wird hier auch weniger Unwetter geben«, antwortete ich.

Im Wohnzimmer stieß ich auf die kleinen Gegenstände, die noch immer an ihrem angestammten Ort standen. Ich erkannte dahinter die sorgfältige Hand meiner Mutter: ein bronzener Hirsch aus den Ardennen, die kupferne Gedächtnisplakette des Missionars Petrus De Smet, zwei perlmuttene Muscheln aus Ostende. In der Briefmappe mit der Edelweiß-Zeichnung lagen alle meine kongolesischen Briefe. Es waren mehr, als ich dachte.

Auf dem marmornen Kaminsims stand ein großes Schwarz-Weiß-Porträt meiner Mutter. Ich musste an ihr Eau de Cologne denken, ihre Kostüme, dieses Seufzen. Kurz wollte ich fragen, was ihre letzten Worte waren, aber ich tat es doch nicht. Vater sagte, sie habe nicht gelitten.

Meine Schwester und mein Bruder leisteten uns am großen Tisch Gesellschaft. Meine Schwester hatte ihr kleines Kind mitgebracht. Mein Bruder war in Begleitung seiner Verlobten, bald würden sie heiraten.

»Wir konnten nicht wissen, wann Mutter sterben würde«, sagte mein Bruder.

»Plötzlich ging alles sehr schnell«, sagte Vater.

Ich wischte einige Krümel vom Tisch, zündete eine Zigarette an.

Meine Schwester: »Du hast sowieso immer gemacht, was du wolltest.«

»Warum sagst du das jetzt?«, fragte ich irritiert.

Meine Schwester wiederholte: »Gib zu, dass du immer gemacht hast, was du wolltest.«

»Ja. Und gleichzeitig habe ich immer gehorcht.« Ich entfernte den letzten, imaginären Krümel. Ungeschickt kleckerte ich Kaffee auf mein Hemd.

»Gib zu, dass du dich befreit fühlst«, bohrte meine Schwester nach.

Ich nickte. Ich, der verlorene Sohn, war befreit. Oben zog ich ein sauberes weißes Hemd an und dann tranken wir weiter gemeinsam Kaffee. Meine Schwester hatte Kuchen gebacken. Zum ersten Mal nahm ich ihr Kind auf den Schoß. Ich hatte keine Lust, viel über den Kongo zu erzählen; sie fragten auch nicht.

Danach besuchte ich das Grab meiner Mutter. Ich würde das am liebsten alleine tun, sagte ich gleich. Mit dem Auto meines Vaters fuhr ich erst eine Weile über die Straßen, durch Wiesen und Äcker. Die letzten Hecken zwischen den

Feldern hatte man ausgerissen. Manchmal war die Landschaft mit einer geradezu industriellen Effizienz verwüstet worden.

Irgendwo hielt ich am Straßenrand an. Ich kurbelte alle Autofenster herunter, und der frische Westwind wehte durch den Wagen. Aus einem Wassergraben stieg ein Teichhuhn auf. Ich hörte den Lerchen zu, in der Ferne war eine Dreschmaschine zugange. Ich saugte den Honiggeruch der reifen Gerste ein. Ich erinnerte mich an den Kongo: wie an prächtige Filmaufnahmen in satten Farben. Nun stand ich hier, in dieser sacht wogenden, fahlen Sommerhitze der Westhoek. Als hätte sich so gut wie nichts in meinem Leben ereignet. Die Sonne wärmte mein Gesicht.

Ich komme von weit her, sagte ich zu mir selbst. Ich schlummerte in dem stehenden Wagen ein.

Ich schreckte aus dem Halbschlaf auf, als das Sonnenlicht sich plötzlich grell auf dem Ziffernblatt meiner Armbanduhr spiegelte. Ich besuchte das Grab meiner Mutter. Der

Dorfpfarrer, der gerade die Kirche verließ, begleitete mich auf den Friedhof und zeigte mir ihre letzte Ruhestätte. Ich hätte sie auch ohne ihn gefunden. Auf dem Grab lagen verwelkte Kränze und Blumen. Auf einem provisorischen Kreuz stand ihr Name, Bertha Mabesoone.

Da lag sie.

Hier stand ich. Ich war aus der Ferne zurückgekehrt und fragte mich, ob ich wohl genug auf mich geladen hatte: die Schuld meines Vaters, die Mission meines Onkels, das Erbe all jener Soldaten und, vor allem, die Spannung, die das Leben doch ausmacht? Hatte ich meinen Auftrag ausgeführt?

War ich weit genug gegangen?

»Ich möchte mit dir beten«, sagte der Priester.

»Das ist nicht nötig«, bedankte ich mich freundlich. Der Priester ging. Ich fing an, leise in die Hände zu klatschen, murmelte vor mich hin. In einem fehlerfreien Kiyaka, wie es mir die alten Männer in Yitaanda beigebracht hatten, mit allen schmückenden Stilfiguren und den obligatorischen Wiederholungen, sagte ich etwa Folgendes:

Wenn der Mensch uns gleichgültig ist, darf er unauffällig sterben. Wenn er nicht einer der unsrigen ist, ist der Tag schnell vorbei; morgen kommt ein neuer Tag. So geschieht es, so ist es dann.

Aber wenn der Verstorbene von unserem Blut ist, dann schleppt der Tag sich hin, bis der Tag schließlich zu Tode erschöpft in die Haut der Nacht kriecht. Nenne unseren Schmerz unmenschlich, auf dass die Nacht noch länger dauere. Die Nacht ist lang, so geschieht es, so ist es dann.

Wenn wir nicht zueinander gehören, schütteln wir den kurzen Schmerz schnell von uns ab. Man gewöhnt sich daran, weil man sich an alles gewöhnt. So geschieht es, so ist es dann.

Ich befeuchtete meine Hand mit Speichel und legte sie auf das hölzerne Kreuz, das mich sogar an den *makhulu*-Baum der Ahnen in Kwango erinnerte. Ich fuhr mit meinem Gebet fort. »Aber, ich sage: Wenn wir zusammengehören, müssen wir uns laut und weinend verabschieden und sogar diesen erzwungenen Abschied verweigern wir, bis wir nicht mehr können, und danach verkünden wir nochmals, dass wir uns diesem Abschied verweigern. Bis wir nicht mehr können und ihn abermals verweigern.

Manche geliebten Menschen können oder dürfen nicht sterben.

Die Trauer wird noch Jahre andauern und auch dann wird der Schmerz nicht vorüber sein. Manche werden nicht verschwinden, niemals. So geschieht es, so ist es dann.«

Und als wären tatsächlich Zuhörer da, um dieser unverständlich geflüsterten Rede zu lauschen, die ich unendlich oft in Yitaanda geübt hatte, als würden diese perfekt betonten rhetorischen Formeln tatsächlich den Schmerz beschwören können, schloss ich ab: »Denn in Zukunft, ja, in Zukunft, ist es die Nacht, die sich mit diesen Worten an uns wendet: Wenn es nicht in meiner Macht liegt, gehe in Frieden, aber wenn du mir gehörst, wisse, dass ich auch dich vernichten werde. So geschieht es, so ist es dann.«

Dinge dieser Art sagte ich dort am Grab und es schien mir, als hätte ich mich darauf mein ganzes Leben lang vorbereitet.

Danach besuchte ich im Nachbardorf das Grab von Onkel Marcel. Auch dort sprach ich mein Gebet, genauso raunend. Natürlich klatschte ich auch wieder in die Hände. Das Gebet war so schwebend und zärtlich. Die Kiyaka-Worte flossen in einer strömenden Bewegung, wogten über den Friedhof.

Wieder zurück auf dem Hof blätterte ich in alten Fotoalben. Ich glaubte, mein Gesicht auf den Jugendfotos von anderen Familienmitgliedern zu erkennen.

»Wir ähneln alle einander«, sagte mein Vater, der hinter mir stand.

Vater besaß keine einzige Kuh mehr. Jeder gute Ackergrund war inzwischen entweder vermietet, verpachtet oder verkauft worden. Gemeinsam gingen wir den Inhalt der Eisenschatulle durch, in der er die alten Besitzurkunden und Akten aufbewahrte. Er breitete die vergilbten, manchmal etwas eingerissenen Dokumente auf dem Tisch aus. Neugierig faltete ich die Papiere auseinander. Vater nannte nacheinander die dazugehörigen Felder, die Wiesen, die fetten Weiden von Lampernisse. So erwuchs auf dem Tischtuch der Hof noch einmal in seiner alten Pracht – wenn auch nur in Form alten Papiers.

Mir fiel auf, dass mein Vater, als wir zu zweit aßen, ein Kreuzzeichen machte. Ich tat das nicht.

»Es gibt so vieles, was ich ahne«, sagte er, »aber ich kann nicht sagen, was es ist. Ich verstehe, in der Kirche möchte man über Gott reden, also versuchen sie es, aber wer kann uns schon sagen, was dort wirklich ist?«

»Niemand, Vater.«

»Ich bin nicht fromm, Junge, bin ich nie gewesen.«

»Ich noch weniger als du, Vater. Es ist, wie es ist.«

»Dass es ist, was es ist, darum geht es«, antwortete er. »Die Bauern wissen alles und die Bauern wissen nichts. Mittlerweile bete ich jeden Tag, denn ich habe bestimmte Gebete lieb gewonnen.«

Ich ging nach draußen, wo sich der Abend alle Zeit nahm, sich auf das Land zu senken. Weit entfernt, am Horizont, konnte ich noch schwach das Lichtsignal des Leuchtturms von Dünkirchen erkennen. Vielleicht konnte Vater doch auf ein geglücktes Leben zurückschauen: Er war auf dem eigenen Hof geboren worden und durfte dort auch sterben. Das genügte. Vater sagte noch, wir sollten später nicht über Geld oder Grundbesitz streiten.

Das würden wir nicht, versicherte ich ihm. Der Hof sollte an einen Außenstehenden verkauft werden. Vielleicht würde ich zwei Holzräder und eine Deichsel mitnehmen, ein paar alte Holzplanken, vielleicht sogar den rosa Marmor vom Kamin. Und wenn es möglich wäre, wollte ich auch gerne das Zimmermannswerkzeug von Marcel erben, die Hämmer, Hobel und vor allem die Stecheisen. Auch Mutters alten Füllfederhalter; ihr altes, düsteres Tagebuch war verschwunden oder vernichtet worden.

Neben dem Ofen, auf einer groben Decke, schlief Baron, unser Hund. Genauso mysteriös wie er eines Tages verschwunden war, war er an einem anderen Tag wiederaufgetaucht. Er war grau geworden und sein linkes Ohr schmückte ein hässlicher Riss. Mit seinem massigen Körper lag er da, zusammengerollt und unbeweglich, die langen Pfoten ausgestreckt. Er schien fast tot, hätten die braunen Augen nicht weit offen gestanden, jederzeit bereit, aufmerksam in die Nacht hinauszuspähen.

»So«, sagte ich zu Baron, »jetzt habe ich eine Verabredung mit jemandem, dem ich im Kongo begegnet bin. Sie heißt Anna.«

Neununddreißig

Zurück zu Hause habe ich meine Diplomarbeit rasch beendet. Ich hatte mehr als fünfzig Erzählungen oder Erzählfragmente über die Krokodile im Kwango zusammengetragen. Im Kongo hatte ich zwar kein einziges lebendiges Krokodil gesehen, aber das war auch nicht meine Absicht gewesen.

Remi sagte mir noch: »Rückblickend bin ich mir nicht sicher, ob das Krokodil wirklich das beste Thema für dich gewesen ist. Das ist doch eigentlich ein exotisches Klischee, *le croco*? Es ist ein fürchterliches Tier, das Kinder verschlingt und Erwachsene unter Wasser zieht. Es ist wie der Leopard oder der Blitz – denn alle drei fressen sie Menschen. Gefährliche Totemfiguren der Macht und der Anführer sind es; denke nur an den Präsidenten, der in den Straßen auf seine eigenen Leute schießen lässt.«

Meine Diplomarbeit brachte mir ein Magna cum laude ein.

Und der Vollständigkeit halber noch Folgendes: Ein Jahr nach unseren intensiven Begegnungen meldete ich mich noch einmal bei Remi. Der Grund dafür war eine Entdeckung beim Aufräumen meines Schreibtischs, zwischen alten Zetteln.

Eine Weile nach Remis Abreise aus dem Kongo brachte der Postbote ihm nämlich noch eine Nachricht des Bischofs, aus dem fernen Popokabaka. Es handelte sich um eine altmodische, pastellfarbene, sogar etwas infantile Glückwunschkarte, »*Joyeuses Pâques*«. Die Briefmarke zeigte zwei Okapis, braun, prachtvoll, fast samtig, vor einem blassblauen tropischen Hintergrund.

Auf der Karte wünschte der Bischof Remi und Anna alles erdenklich Gute und er ging ausführlich auf die angenehmen philosophischen Gespräche ein, die er mit Remi geführt habe. In seinem betulichen, komplizierten Französisch schrieb der Bischof:

Aber wir können doch wohl kaum Freud zustimmen: Obwohl er dem Homo sapiens die Mythen und Träume als primären Erkenntnisprozess zuschreibt, macht er aus dem Menschen doch eine Art Monster, oder zumindest ein gescheitertes Wesen, aber keinen ertüchtigten Menschen mit einem gesunden Verstand. Auch wenn wir einräumen müssen, dass sich ebendiesem Menschen einige Hindernisse in den Weg stellen, wenn er versucht, seinen Gedanken Form zu geben. Und dann gab es noch diese außergewöhnliche Begebenheit, dass man Dich in Yitaanda für einen mythisch-wiedererstandenen Vorfahren des gerade verstorbenen Stammesführers gehalten hat. Das finde ich noch stets befremdlich.

Diese altmodische Osterkarte, mit den Glückwünschen und den philosophischen, etwas rechthaberischen Einwänden gegen Freud, hatte ich als Lesezeichen in einem Buch gefunden, das mir Remi geliehen hatte. Offensichtlich war die Karte auf meinem Schreibtisch liegen geblieben und zufällig zwischen die Unterlagen für meine Diplomarbeit geraten. Als ich ein Jahr später alle meine Mappen und Skizzen aufräumte, fiel sie heraus. Sie landete auf dem Boden neben dem Papierkorb.

Ich wollte die Karte ihrem rechtmäßigen Besitzer zurückgeben und bei dieser Gelegenheit meinem Professor einen allerletzten Besuch abstatten.

»Da bist du also wieder?«, fragte Remi.

»Ja«, sagte ich, »denn alles handelt vom Weggehen und Zurückkehren.«

»Ja, und vom Geben und Zurückgeben. Ein Pater sagte einmal zu mir: ›*Nous sommes tous des revenants.*‹«

Im Tausch für die zurückgebrachte Karte machte Remi mir ein außergewöhnliches Yaka-Objekt zum Geschenk, eine Fruchtbarkeitsfigur mit einem Doppelgesicht. Sie blickt mich hier auf meinem Schreibtisch an, mit düsteren Augen.

40 / Vierzig

Manchmal, und für manche, ist ein Roman eine Art der Recherche. Das gilt gewiss für den *Menschenheiler*, den ich dankbar Renaat Devisch und seiner Familie widme. Großzügig ließ mich Renaat an seinem Leben teilhaben; vollständig frei durfte ich darauf aufbauen. Ich weiß, dass er mir ein kostbares Geschenk gemacht hat. Auf diesem Weg möchte ich ihm etwas davon zurückgeben.

Man könnte meinen, das Buch höre abrupt auf – aber die wichtigsten Träume von Remi wurden alle erzählt. Die Spuren liegen offen vor uns. Rückblickend auf das Leben von Renaat Devisch, liegt der Schluss nahe, dass diese Träume und Spuren dazu geführt haben, dass er schließlich seine Erfahrungen im Kongo und unter den Yaka in Büchern, Vorlesungen und Filmen, als Anthropologe an der Universität und als Psychoanalytiker in der Tradition Freuds weitergegeben hat.

Ich widme dieses Buch auch den Bauern der Westhoek, den Jesuiten und den Schwestern Mariens sowie den Kongolesen, denen ich in Belgien und in Afrika begegnen durfte. Sie alle haben mir aus ihren faszinierenden Leben erzählt. In unseren Gesprächen durfte ich sie als offen und entgegenkommend, stark, liebenswürdig und gastfreundlich erfahren. Sie sind die freundlichen Daimones, die mir in dieser Geschichte den Weg wiesen. Der Leser sei gewarnt: Sie sind alle zu meinen Romanfiguren verschmolzen.

Ich danke Renaat Devisch und Maria De Leeuw, Johan Devisch und Lieve Rabaey, Maria Devisch und Michel Goudezeune, Fernand Decroos, Franklin Delanote, Hubert Cossey, Jozef Deleu, Tom Houtman vom Literaturhaus »Het Lijsternest«, Dirk De Geest und Wim Chielens.

Ich danke den Jesuiten in Belgien und im Kongo: Wauthier de Mahieu, Robert Hermans, Fernand Boets, Sus Feyen, Antoon Baert (†), Piet Ruttenberg (†), Sus Rens (†), Bob

Albertijn, Marc Cortembos, Fons Swinnen, Johan Allary, Marc Buysse, Jan Evers, Metena N'teeba, Gérard Triaille, Henri de la Kéthulle (†), Gerard Verbraeken (†), André Rosier, Léon De Saint Moulin, Bischof Louis Nzala, Ntima Nkanza, Eddy Lundemba, Ghislain Kabamba Mulumba, Albert Bisweko Lenza Mukadi, Anicet Ngoy Manzanza, Alejandro Aldanondo und allen anderen Patern vom Servico, Kinshasa.

Ich danke den Schwestern der heiligen Maria von Brakel, Popokabaka und Brüssel, namentlich Lieve Leenknecht, Ya Paul Kayolo (†), Françoise Opsomer, den Schwestern Beata und Gonzague, Espérance, Marguerite Mbutulu, Béatrice Zeyesi, Isabelle Itsiaki und allen anderen Schwestern.

In Belgien danke ich Paul Raymaekers, Zana Etambala, Luc Bouckaert, Timothé Mbambu, Mon Nijs, Philippe De Leener und den zwölf Anthropologen von »Die Keure«.

Im Kongo danke ich Pierre Bouckaert, Taata Gabriel, Marcel Mitete, Nuenge Alexandre, Ferdinand Itsungila, Désiré Mbaya, Stammeschef Mathieu Mbemba Nawesi, Déo Katulanya, Anatole Mangala, Denis Kutelama, Thierry Nlandu, Eric Method Nkayilu und dem Fahrer Bertin.

Nochmals meine freundliche Warnung: Trotz dieser Namensliste ist jede Ähnlichkeit in diesem Buch mit tatsächlich existierenden Personen rein zufällig.

Im Januar 2015 reiste ich nach Kinshasa und Popokabaka, mit einer Förderung und organisatorischer Unterstützung der Flämischen Literaturstiftung und der BRS. Tipps für die Reise gaben mir Lieve Joris, Maarten Couttenier, David Van Reybrouck und Guido Gryseels.

Mein Wissen über die Yaka und die Kwango-Region erwarb ich nicht nur aus den im Roman genannten Quellen, sondern vor allem aus den anthropologischen Publikationen von Renaat Devisch. In der Romanfigur Michel überschneiden sich die Biografien der Pater und Ethnografen Michel Plancquaert und Leon De Beir, zwei Jesuiten, die bei den

Yaka arbeiteten, und von Leo Bittremieux, der in Mayombe tätig war. Die Figur des Soldaten Pius wurde vom Kongolesen François Mabilla inspiriert, der vor dem Krieg in Laken lebte. Er wurde Korporal im 9. Linienregiment und fiel während der Schlacht um Merkem 1918. Griet Brosens schrieb in ihrer Studie *Congo aan den Yser* über sein Schicksal.

Abschließend möchte ich noch, um Missverständnissen vorzubeugen, anmerken, dass ich mit diesem Kongoroman keineswegs auf das sogenannte schwarze, primitive Herz der Finsternis, auf Afrika abziele. Es geht nicht um »sie«, sondern vielmehr um »uns«, um den Schriftsteller, die Leser und Leserinnen: Denn jeder versucht in jedem Augenblick, an welchem Ort der Welt auch immer, die eigenen, dunklen Rätsel zu lösen.